高等职业教育理实一体化规划教材·电子商务专业

电子商务与网络营销

严 杰 范新灿 李 勋 主 编
裴 沛 聂 哲 副主编

电子工业出版社
Publishing House of Electronics Industry
北京·BEIJING

内 容 简 介

本书以"营销"和"实战"为基本出发点,合理运用互联网技术原理,分上、中、下 3 篇,共 8 章。上篇:以网络和营销的本质思维开始,从策略和效果的因果关系确定思维方式;中篇:实际操作篇,保证营销效果的各种实战技巧和执行方法;下篇:高手更上一层楼的内容,要让实战的效果转化率倍增,就要在网络营销的文案内功上多下功夫。3 个篇章环环相扣,可以从初级入门升级到实操高手。

在写作手法上,采用"理论+案例"的写作模式,每章穿插了大量具体案例,有助于学生对所学知识的深入理解和反思。

本书不仅适用于学生使用,更加适合作为企业内训教材。理论够用+实战实操+案例丰富,融入互联网思维与新型营销思路与方法,具有很强的可操作性。

未经许可,不得以任何方式复制或抄袭本书之部分或全部内容。
版权所有,侵权必究。

图书在版编目(CIP)数据

电子商务与网络营销 / 严杰,范新灿,李勋主编. —北京:电子工业出版社,2017.1
高等职业教育理实一体化规划教材·电子商务专业

ISBN 978-7-121-29680-2

Ⅰ.①电… Ⅱ.①严… ②范… ③李… Ⅲ.①电子商务—网络营销—高等职业教育—教材 Ⅳ.①F713.365.2

中国版本图书馆 CIP 数据核字(2016)第 188775 号

策划编辑:徐建军(xujj@phei.com.cn)
责任编辑:郝黎明
印　　刷:北京捷迅佳彩印刷有限公司
装　　订:北京捷迅佳彩印刷有限公司
出版发行:电子工业出版社
　　　　　北京市海淀区万寿路 173 信箱　邮编　100036
开　　本:787×1 092　1/16　印张:12.25　字数:313.6 千字
版　　次:2017 年 1 月第 1 版
印　　次:2021 年 1 月第 5 次印刷
定　　价:31.00 元

凡所购买电子工业出版社图书有缺损问题,请向购买书店调换。若书店售缺,请与本社发行部联系,联系及邮购电话:(010)88254888,88258888。
质量投诉请发邮件至 zlts@phei.com.cn,盗版侵权举报请发邮件至 dbqq@phei.com.cn。
本书咨询联系方式:(010)88254570。

前　言

2014年"双十一"交易额为571亿元，2015年"双十一"天猫交易额达912.17亿元。2014年火爆的微商实现了大众创业、全民创新，阿里巴巴做到2000亿元的交易额需要8年，微商只用了一年的时间就做到了1500亿元。2015年3月5日上午十二届全国人大三次会议上，李克强总理在政府工作报告中开始提出"互联网+"行动计划。现在全国雨后竹笋般涌现出各种各样的产业园区……所有这些信号都表明，电商大潮在飞速地发展，同时又反映出一个问题，专业的电商人才缺乏，电子商务人才又一次等到了百年不遇的发展机会。

但是还是有很多毕业生反映"就业难"，与其说是就业难，不如说很多学生在毕业之前掌握的"技能"远远跟不上企业的基础需求，这就是严重的供需不匹配的矛盾。如何找到找工作和用人单位之间更合适的对接切合点呢？本书对于电商技能的掌握做了详细的介绍。

本书以"学好电商技能"为基础，以"做好营销思维"为导向，以"实战实操"为落地，从三大不同角度教会大家"做好人"—"做对事"—"如何做"—"有结果"。本书以"营销"和"实战"为基本出发点，合理运用互联网技术原理，分上、中、下3篇，共8章。

上篇：从网络和营销的本质思维开始，从策略和效果的因果关系确定思维方式。

怎么学好电子商务，电子商务的误区是什么，如何选择适合自己的创业项目等，这些都是教大家少走弯路，不是所有的产品都适合自己，也不是某一种营销方式可以通用，要学会识别不同的根据不同的行业和不同的产品种类确定适合的营销策略。新形势下的电商思维方式，已经远远不仅限于一个或者某几个技能的范畴。这里强调的是学习到电商技能很重要，营销更重要。

中篇：实际操作篇，保证营销效果的各种实战技巧和执行方法。

中篇是实战篇，从网站的设计角度，到用户的体验度角度，再到提高网站转化率倍增的几大策略，都做了高屋建瓴的阐述。相对于很多其他网站建设教科书里的内容而言，第4章更多地打破了以网站技术为核心的教学方式，转换成以用户体验为主导的教学思维方式，大大提高了实用性。

在第5章中，从百度推广这里提出了百度霸屏的新概念，这是很多教科书里不曾提到的一种技术理念。很大篇幅阐述了如何做好搜索引擎的SEO，这也是电商人员在工作中赖以生存的根本。再到百度文库、百度百科，再从博客营销到邮件营销、病毒式营销等，全方位地汇总了所谓的"全网营销"的实操技能。

第6章重点讲述了微商，这是当前最火爆的电商创业模式之一，其中做了很详细的阐述，从基础操作说明到高级营销手法，都做了详细的解析。

下篇：高手更上一层楼的内容，要让实战的效果转化率倍增，就要在网络营销的文案内功上多下功夫。

电商人员的发展轨迹基本是这样的，从新手到高手，从高手到大师，不同级别的高度不同，当然思维方式也不同。从高手到大师之前的差别是，大师说的每一句话都非常有吸引力、感染力和号召力。高手需要用很多话来说清楚问题的重要性，大师只需要一句话，起到很多话也达不到的效果。这就是如何一句话打动用户的高级营销力精髓。

为什么有的文章可以有几十万的浏览量，为什么有的文章无人问津呢？这里讲述的就是高质量的文章是怎么写成的，第8章是电商发展的升华部分。

本书由深圳职业技术学院的庄亚俊（笔名严杰）组织编写。由深圳职业技术学院的庄亚俊、范新灿和郑州新起点计算机技术有限公司的李勋董事长担任主编，由裴沛和聂哲担任副主编。编者在本书的编写过程中，得到了孙湧教授的指导和支持。此外，李粤平、王梅、李云程、李斌、肖正兴、杨丽娟、杨淑萍、袁梅冷等参与了本书部分章节内容的编写和校对工作。在此一并表示感谢。

为了方便教师教学，本书配有电子教学课件，请有此需要的教师登录华信教育资源网（www.hxedu.com.cn）免费注册后进行下载，有问题时可在网站留言板留言或与电子工业出版社联系（E-mail：hxedu@phei.com.cn）。

由于对项目式教学法正处于经验积累和改进过程中，同时，由于编者水平有限和时间仓促，书中难免存在疏漏和不足，希望同行专家和读者能给予批评和指正。

编　者

目 录

上 篇 互联网+新形势下的电商思维

第 1 章 电子商务基础及应用方向 ... 2
- 1.1 怎么学好电子商务 ... 2
  - 1.1.1 理论够用为度，不要为了学习理论而学理论 ... 2
  - 1.1.2 透过现象看网络营销和电子商务本质 ... 4
- 1.2 电子商务学什么 ... 5
  - 1.2.1 怎样理解电子商务的概念 ... 5
  - 1.2.2 用好电子商务该学哪些知识 ... 10
- 1.3 未来从事哪些岗位的工作 ... 12
- 1.4 电子商务常见的误区 ... 13
  - 1.4.1 以产品为中心而不是用户为中心 ... 13
  - 1.4.2 网络营销就是做网站、电商就是淘宝买卖吗 ... 13
  - 1.4.3 漂亮的网站才是最好的 ... 14
  - 1.4.4 推广都应该是免费的 ... 14
- 1.5 大学生如何运用电商选创业项目 ... 14
  - 1.5.1 是否是自己最喜欢、最擅长的 ... 15
  - 1.5.2 不求大而全，但做小而精 ... 15
  - 1.5.3 能合理利用网络思维模式的 ... 15
  - 1.5.4 受众群体能充分利用身边资源的 ... 16
  - 1.5.5 充分利用好无本创业 ... 16
- 本章小结 ... 16
- 课后思考 ... 16

第 2 章 电子商务及网络营销本质揭秘 ... 17
- 2.1 电商及网络营销本质 ... 17
  - 2.1.1 网络只是营销的平台 ... 17
  - 2.1.2 电子只是商务的工具 ... 19
  - 2.1.3 营销才是根本 ... 19
  - 2.1.4 营销是一门艺术 ... 20
- 2.2 新形势下的电商思维方式 ... 21
  - 2.2.1 以用户为中心的思维 ... 21
  - 2.2.2 简约思维 ... 23

2.2.3　极致思维 24
　　2.2.4　大数据思维 25
本章小结 25
课后思考 25

第3章　网络营销的起点是做好定位 26

3.1　营销需要做好定位 26
　　3.1.1　找对人 26
　　3.1.2　做对事 27
　　3.1.3　定位的关键在于占领客户的心智 28
　　3.1.4　独特卖点，占领客户大脑位置 29
3.2　网络营销如何做好定位 31
　　3.2.1　网络营销定位实现步骤 31
　　3.2.2　网络营销定位核心要领 32
本章小结 33
课后思考 33

中　篇　网络营销实战

第4章　营销型网站建设 35

4.1　设计营销型网站的思维框架 36
4.2　营销型网站文案框架 37
　　4.2.1　突破感官的"第一亮点" 37
　　4.2.2　突破感情的"第一定位" 41
　　4.2.3　诉诸理性的"第一信任状" 43
　　4.2.4　诱导行动的"第一主张" 45
　　4.2.5　本节总结 49
4.3　引导消费者内心对话的排版系统 49
　　4.3.1　一个前提：引导消费者"内心对话" 49
　　4.3.2　原则一：数字标题，提问引导 51
　　4.3.3　原则二：信息分块，结构清晰 51
　　4.3.4　原则三：配色美工，简洁大气 52
4.4　5个让网站倍增利润的秘密通道 53
　　4.4.1　找客户的痛点 53
　　4.4.2　找客户的抗拒点 55
　　4.4.3　找客户购买驱动的诱因 56
　　4.4.4　找已有客户的评论 57
　　4.4.5　找客户了解信息的渠道 58
本章小结 59

| 课后思考 | 59 |

第5章 传统网络营销推广 ... 61

5.1 百度营销推广 ... 61
- 5.1.1 百度霸屏 ... 61
- 5.1.2 SEO ... 67
- 5.1.3 百度百科营销 ... 83
- 5.1.4 百度知道营销 ... 88
- 5.1.5 百度文库营销 ... 90

5.2 博客营销 ... 91
- 5.2.1 博客的概念 ... 91
- 5.2.2 如何做好自己的博客 ... 92
- 5.2.3 做好博客推广的24个细节 ... 93
- 5.2.4 博客案例分析 ... 94

5.3 邮件营销 ... 95
- 5.3.1 邮件营销概述 ... 95
- 5.3.2 写好商务邮件的方法 ... 96
- 5.3.3 邮件营销七大禁忌 ... 100

5.4 病毒营销 ... 100
- 5.4.1 病毒营销的概念 ... 100
- 5.4.2 国外病毒营销案例 ... 102
- 5.4.3 国内病毒营销案例 ... 108
- 5.4.4 病毒营销成功要素 ... 113

本章小结 ... 113

课后思考 ... 113

第6章 微时代营销推广 ... 115

6.1 破解微营销的奥秘 ... 115
- 6.1.1 微营销之三大环节 ... 117
- 6.1.2 微营销之一二三黄金法则 ... 119

6.2 如何找到潜在客户——微引流 ... 121
- 6.2.1 微引流之鱼塘 ... 121
- 6.2.2 微引流之鱼饵 ... 123
- 6.2.3 鱼塘微引流找潜在客户的4个绝招 ... 127
- 6.2.4 微引流成功与否四维度 ... 129

6.3 如何吸引潜在客户——微沟通 ... 130
- 6.3.1 互动是微沟通的前提 ... 131
- 6.3.2 "情感"可以黏住人心 ... 132
- 6.3.3 "价值"是品牌形象的核心 ... 133
- 6.3.4 实战微信沟通的几个杀手锏 ... 135
- 6.3.5 微沟通的几个重要误区 ... 140

6.4　如何成交潜在客户——微促销 142
　　6.4.1　微商成交的两大法宝 142
　　6.4.2　大众化产品的微促销 146
　　6.4.3　无法抗拒的成交魔法 150
本章小结 152
课后思考 153

下篇　营销内功

第7章　一句话营销打动用户 155

7.1　从广告语学习一句话营销语 155
　　7.1.1　切合品牌或企业所要传播的定位 155
　　7.1.2　必须有冲击力、感染力 156
　　7.1.3　易于传播 157
　　7.1.4　广告语创作的禁忌 157
　　7.1.5　一句话营销语创作的角度 158
7.2　为自媒体文章起标题 161
　　7.2.1　自媒体文章标题 161
　　7.2.2　好标题的实战攻略 162
　　7.2.3　典型案例 165
7.3　如何一句话打动搜索引擎 167
　　7.3.1　搜索引擎的关键词 167
　　7.3.2　优化技巧 169
　　7.3.3　用一句话来搜索 169
本章小结 170
课后思考 170

第8章　如何写高流量的文章 172

8.1　如何打造热点事件的高流量 172
　　8.1.1　热点事件 172
　　8.1.2　如何借力热点事件 174
8.2　如何借助新闻热点写软文 175
　　8.2.1　软文的概念 176
　　8.2.2　软文和新闻的区别 176
　　8.2.3　写作方法和撰写步骤 176
　　8.2.4　高质量的软文是怎样炼成的 179
本章小结 183
课后思考 183

生态铁军点石成金助力打造阿里巴巴外贸新生态 184

上 篇

互联网+新形势下的电商思维

第 1 章

电子商务基础及应用方向

本章导读

本章将向大家系统地讲述什么是电子商务，怎么学好电子商务基本的知识，通过电子商务的学习我们以后能够从事哪些岗位的工作，如何避免陷入电子商务误区，以及如何利用所学到的电子商务知识在现实市场中寻找前景广阔适合自己的创业项目。

学习目标

1. 掌握学好电子商务的方法
2. 理解电子商务常见的几大误区
3. 了解大学生如何挑选创业项目

本章重点

1. 理解电子商务学习方法
2. 理解学习电子商务需要学习的内容

本章难点

网络营销与现实创业如何有机结合

1.1 怎么学好电子商务

1.1.1 理论够用为度，不要为了学习理论而学理论

学习的最高境界是"学以致用"；学习好电子商务的目的是从事与电子商务相关的工作或创业，学习应该以解决电子商务实际问题为出发点，而不仅仅是为了考试或者拿证书。

纵观当今叱咤风云的电子商务奇才，无一不是将电子商务与实际问题相结合而创业取得的成功，电子商务脱离了现实需求就是一场空谈。

案例一：马云的阿里巴巴

提到电子商务，相信每个人脑海里都会浮现一个人：马云。马云在涉足电子商务平台之前，并没有学习过有关电子商务的专业知识，反而从事秘书、搬运工、教师等与电子商务毫无关系的行业。然而，正是因为在生活中不断地变换角色，了解到当时社会对电子商务的需求，马云毅然正式辞去公职，回到杭州，凑够 50 万元人民币，开始了新一轮创业，提出了"让天下没有难做的生意"的理念，开发阿里巴巴网站，并用电子商务的知识来满足生意来往的需求，解决社会互联网贸易的问题，才有了现在辉煌的阿里巴巴，才有了巨富马云的传奇人生。

案例二：洪晓波的唯品会

洪晓波当年看到妻子在法国 VP（Vente-privee.com）上购买打折的名牌服装（该网站几乎囊括所有世界名牌，并且均有折扣，但需要在规定时间内抢购），受到启发的他正式创立唯品会（VIP.com）。唯品会推崇精致优雅的生活理念，倡导时尚唯美的生活格调，主张有品味的生活态度，致力于提升中国乃至全球消费者的时尚品位，为消费者提供一站式优质购物体验。

唯品会作为一家专门做特卖的网站，在中国开创了"名牌折扣+限时抢购+正品保障"的创新电商模式，加上其"零库存"的物流管理以及与电子商务的无缝对接模式，唯品会得以在短时间内在电子商务领域生根发芽。限时抢购的方式有效解决了打折购买正品的大众需求。

案例三：刘强东的京东

当马云已经在电商领域叱咤风云的时候，浓眉圆脸的刘强东还在北京中关村倒卖 DVD。他毕业后在一家外资企业历任计算机担当、业务担当、物流主管等职。工作两年后，毅然辞职，在中关村创办了京东公司，代理销售光磁产品，并担任总经理，并将公司发展成为 IT 连锁店。2003 年，京东商城的 IT 连锁店已经发展到十多家，但最后由于 SARS 的到来而被迫歇业；之后，通过一年的时间，刘强东开始尝试线上和线下相结合的模式经营产品。2004 年，刘强东初涉足电子商务领域，创办"京东多媒体网"（京东商城的前身），并出任 CEO。

没有人能够想到就是这样的一个人能够在今天成为"电商杀手"，创立了京东（JD.com）。京东作为专业的综合网上购物商城，销售超数万品牌、4020 万种商品，囊括家电、手机、电脑、母婴、服装等 13 大品类。

刘强东创立的京东，通过正品保证，快速的物流配送体系，并且提供优质的售后服务，最大限度地迎合大众良好的体验购物的需求。京东提供的这些品类都与消费者的日常生活息息相关。与以往打包出售所不同，如今在京东商城中一罐可乐、一瓶酱油，消费者都可零买，京东送货到家；加上支持货到付款等服务，真正能帮用户实现购物的"多、快、好、省"。

通过案例，我们发现要把电子商务的知识化作实实在在的利润，最重要的是要从解决电子商务的实际问题出发。

技术链接——电子商务

电子商务是以信息网络技术为手段，以商品交换为中心的商务活动；也可理解为在互联网（Internet）、企业内部网（Intranet）和增值网（Value Added Network，VAN）上以电子交易方式进行交易活动和相关服务的活动，是传统商业活动各环节的电子化、网络化、信息化。

电子商务通常是指在全球各地广泛的商业贸易活动中，在互联网开放的网络环境下，基于浏览器/服务器应用方式，买卖双方不谋面地进行各种商贸活动，实现消费者的网上购物、商户之间的网上交易和在线电子支付，以及各种商务活动、交易活动、金融活动和相关的综合服务活动的一种新型的商业运营模式。各国政府、学者、企业界人士根据自己所处的地位和对电子商务参与的角度和程度的不同，对电子商务给出了许多不同的定义。电子商务分为ABC、B2B、B2C、C2C、B2M、M2C、B2A（即B2G）、C2A（即C2G）、O2O等。

同时网络营销也是电子商务的一种产物，而且对于网络营销来说，在做之前要先做好网络营销方案，那样才便于计划的实施。

1.1.2 透过现象看网络营销和电子商务本质

电子商务利用"电子"（包含计算机、网络、通信技术）的手段来实现商务的目的，电子是工具，商务是核心；网络只是渠道，营销才是根本。

案例一：唯品会联合创始人沈亚——"我们更懂商，而不是电"

与马云、刘强东等互联网或者IT背景的创业者不同，沈亚不懂互联网，也从来不号称自己是"产品经理"，也不想进入电商行业惨烈的"比价"模式圈套，而是通过不断地推出新品来刺激女性的"冲动消费"。这种"逆互联网思维"的举动，攫取了大量城市女性消费者的芳心。

而这种"逆互联网思维"的核心实际上还是利用互联网电商作为媒介。沈亚懂"商"，所以他能利用消费者的各种消费心理，不断推新品来刺激消费。他懂"商"，所以他避免了与竞争对手的价格战。他更懂"电"，所以唯品会能悄无声息地成为中国四大市值互联网公司，而原因正是其对于电子商务的核心"商务"的把握。而不是在所谓"价格战"的道路上越陷越深。不是单纯地为了卖而卖，而是更注重商品的价值和意义，尽最大可能满足消费者的所有想法和需求。

案例二：聚美优品CEO陈欧自我代言的"高调"营销

电子商务，商务是根本，电子是工具；网络营销，营销是核心，网络是渠道；然而，好产品依然离不开好的营销推广。

聚美优品是一家化妆品限时特卖商城，其CEO陈欧与沈亚的低调相比，高调得多，开微博，参加《最佳现场》、《天天向上》、《高朋满座》等综艺节目，加之其一表人才、斯文内敛的形象，打造了一场成功的娱乐营销，同时，也让聚美优品逐渐进入大众的视野。

然而陈欧继续乘胜追击，携手人气明星韩庚推出聚美优品地铁广告，新颖的"双代言"模式受到热烈追捧，同时，也让聚美优品狠狠地火了一把。

而此时，陈欧并没有停下脚步，而是拉上自己的创业伙伴——聚美优品的高管团队，包括戴雨森、刘辉、叶飞、阚洪岩等集体亮相，为网友讲述了一群为梦想和未来奋斗的"80后"的创业故事。引起了广大"80后"的共鸣，打响了聚美优品的营销第三响。

陈欧是一个营销奇才，而其成功之处正是其对电子商务的根本"营销"的把控。

案例三：乐蜂网CEO李静的"专家明星代言"宣传之路

李静，中国著名主持人，没人会想到这样一个明星也会走向电商之路，并用了整整5年的时间进行摸索与总结，最终创办了乐蜂网站，成为"亿万中国女性优质生活的首选入口"。

而在创建乐蜂网电商平台的初期，李静就意识到要想在激烈的电商行业活下来，就必须走区别于其他B2C电商的运营道路，并利用达人在"粉丝"群体中的影响力，开发周边产品，带动"粉丝"消费的运营模式，深度挖掘明星达人背后的经济效应。于是李静直接捆绑《美丽俏佳人》媒体节目，开创了一种全新而有效的营销模式。

业内人士也表示在美妆行业如此艰难的今天，乐蜂网之所以能够脱颖而出，正是因为乐蜂网将网络作为其主销渠道，实现了行业与电商之间的联动，加之达人经济模式的衍生一定程度上拉动了自有品牌网购的业绩。而静佳、欢型等自有品牌在达人的影响下也颇受欢迎。

电子商务作为一个竞争激烈而残酷的行业，每天都有无数的小型电商企业在夹缝中灭亡。要想在电商创业中脱颖而出，最重要的就是要看清"电子是工具，商务是核心，网络是渠道，营销是根本"的电子商务的内在本质。

1.2 电子商务学什么

1.2.1 怎样理解电子商务的概念

电子商务飞速发展，成为当前人们热捧的新兴行业之一。

马云说："不做电子商务，5年后你会后悔的"。

李嘉诚说："互联网是一次新的商机，每次商机到来，都会造就一批新的富商"。

比尔·盖茨说："21世纪要么电子商务，要么无商可务"。

那么什么是电子商务呢？怎么理解电子商务呢？目前，国际社会对电子商务的理解存在两种观念。

1. 狭义的电子商务定义

狭义的电子商务是指通过使用互联网等电子工具（这些工具包括电报、电话、广播、电视、传真、计算机、计算机网络、移动通信等）在全球范围内进行的商务贸易活动。

2. 广义的电子商务定义

广义的电子商务是指通过使用互联网等电子工具，使公司内部、供应商、客户和合作伙伴之间，利用电子业务共享信息，实现企业间业务流程的电子化，配合企业内部的电子化生产管理系统，提高企业的生产、库存、流通和资金等各个环节的效率。

这个表述是将所有商务活动业务流程的电子化，不仅包括了企业商务活动中面向外部的业务流程，如网络营销、电子支付、物流配送等，还包括了企业内部的业务流程，如企业资源计划、客户关系管理、供应链管理、人力资源管理、市场管理、生产管理、研发管理、财务管理等内容。

下面通过几个成功案例来走进神秘的电子商务。

案例一：打车神器——滴滴出行

滴滴出行改变了传统打车方式，建立培养出大移动互联网时代下引领的用户现代化出行方式。相对于传统电话召车与路边打车来说，滴滴出行的诞生更是改变了传统打车市场格局，颠覆了路边拦车的概念，利用移动互联网的特点，将线上与线下相融合，从打车初始阶段到下车使用线上支付车费，画出一个乘客与司机紧密相连的O2O完美闭环，最大限度优化乘客打车体验，改变传统出租司机等客方式，让司机师傅根据乘客目的地按意愿接单，节约了司机与乘客的沟通成本，降低了空驶率，最大化节省了司乘双方的资源与时间。

滴滴出行匹配了用户和司机的需求：①加快用户的叫车速度，优化用户的体验，为大众出行提供了极大的便利，如在路边拦车，可能许久都没有空车经过，或者是好不容易等到的车，司机问了地址之后还可能拒载；②减少司机的空载率，补贴了车辆的油费、过路费和保养费用，甚至是带来新的就业方向，提高经济效益。

案例二：阿里巴巴的崛起

1999年，马云着手创立了阿里巴巴网上公司对公司的贸易市场平台。

2003年，马云投资1亿元人民币建立个人网上贸易市场平台——淘宝网。

2004年，阿里巴巴投资成立支付宝公司，在中国超过40个城市设有销售中心。

2014年，阿里巴巴对高德公司股票进行全面收购。

2014年，阿里巴巴登陆纽约证券交易所，成为美国融资额最大的IPO。

2015年，阿里巴巴成为中国最大的网络公司，世界第二大网络公司。

纵观2015年我国电子商务排行榜，隶属于阿里巴巴电子商务公司的淘宝、天猫列居一、二名，阿里巴巴1688跻身第四，可见阿里巴巴在我国电子商务领域不可小觑的影响力，成为中国电子商务重要的一股力量。

案例三：黑马京东商城

2014年，京东在纳斯达克挂牌，成为仅次于阿里巴巴、腾讯、百度的中国第四大互联网上市公司，并与阿里巴巴、腾讯、百度3家企业进入全球互联网十强公司。

2015年，京东商城入选MSCI中国指数。

京东是中国最大的自营式电商企业，与阿里巴巴相比，京东进入电子商务领域的时间相对较晚，却以黑马之势，成为我国第二大电子商务平台。

纵观阿里巴巴电子商务公司与京东公司的数十年的飞速发展史，让人不禁感到电子商务的巨大商机与传奇魅力，也愈来愈意识到电子商务也终将成为新时代的消费主流。

电子商务是21世纪最具有发展前景的商业领域，无数人投身于电子商务从而如愿地挖到自己人生的第一桶金；但是也有人在电子商务输得一败涂地。

要想在当前竞争激烈的电子商务领域占有一席之地，首先就要深入了解什么是电子商务。通过下面这个公式我们来理解一下电子商务：

电子商务＝互联网＋贸易

在没有电子商务的时候就已经有贸易存在了，互联网仅仅是贸易的工具和媒介。

下面我们来理解贸易的几个核心要素。

（1）第一个是需求匹配。

我们在购买产品的时候，通常会选择和自己需求匹配的产品。任何一个贸易都需要去匹配并找到合适的交易对象。

案例一：滴滴快的——打造移动出行的超级大脑

滴滴快的的最大价值是匹配用户和司机的需求，减少司机的空载，提高了效率。再加上这款软件还能完美地解决司机因为地方偏僻不接单的现象,这样对客户和司机而言都是一种互赢的合作,很好地解决了两种人群的需求匹配。

案例二:疯狂的美国鲤鱼

中国人对美味可口的鲤鱼一直有很大的需求,每年都花费巨资进行人工养殖来满足国内需求。而在美国的五大湖拥有大规模的鲤鱼种群,美国人却基本不吃鲤鱼,导致鲤鱼在五大湖泛滥成灾,美国政府花费巨资用来治理鲤鱼却收效甚微。于是一些捕鱼公司向美国政府提议由政府提供补贴来鼓励渔民捕捞鲤鱼向中国出口,这个提议很快得到政府的同意并拨款。对中国大规模出口鲤鱼有效缓解了五大湖的鲤鱼种群数量泛滥问题,而对渔民的补贴也比治理鲤鱼的花费低,节省了政府支出并增加了出口外汇,形成了双边贸易合作。

由以上案例可以看出,正是因为需求匹配才促成了此次中美两国的贸易合作。

可见,交易过程中,能达到需求匹配是实现贸易合作最为关键的因素之一。

(2)第二个是信用。

网络营销存在一个非常大的障碍就是信任;任何一个贸易都是基于信用的,任何一个贸易最大的成本实际上都是信用成本,也就是怎么解决彼此信用的问题。

案例:海尔销毁问题冰箱

海尔公司作为中国最先走出国门的代表企业,一直以极佳的信用度获得了国内外大众的欢迎,人们一提到海尔首先想到的就是海尔值得信赖的形象。原因还要追溯到 30 年前,1985 年,青岛冰箱总厂生产的瑞雪牌冰箱(海尔的前身),在一次质量检查中有 76 台冰箱的质量不合格,按当时家电市场供不应求的状况来看,海尔完全可以将有质量问题的产品重新加工再次出售,但是海尔的厂长张瑞敏做出了一个惊人的决定:张瑞敏在现场决定将 76 台冰箱全部砸毁。而在当时一台冰箱 800 元钱,一台冰箱的价格等于一个工人两年的工资。对于张瑞敏的决定,很多人表示可以便宜一些卖给工人。但是张瑞敏对客户与职工说:"如果便宜处理给你们,就等于告诉大家可以生产这种带缺陷的冰箱。今天是 76 台,明天就可能是 760 台、7600 台……因此,必须解决这个问题。"

最终,海尔将 76 台冰箱全部销毁,这一行为不仅改变了职工对质量标准的看法,同时也提高了海尔在人们心中的信用度,还造就了海尔今天的无限辉煌。

(3)第三个是资金。

做生意都需要资金,资金在整个贸易中充当媒介的作用。

(4)第四个是物流。

贸易最终是要通过流通来解决的。

国内最成功的电子商务应用就是淘宝。淘宝实际上是零售,是互联网+零售,是电子商务在零售当中的体现。

下面介绍贸易的 4 个要素在淘宝中的实际运用。

第一是需求匹配,我们作为一个消费者在淘宝购物,搜索自己需要的关键词,系统自动匹配出和需求相关的产品。例如,一个想要买奶粉的妈妈,在淘宝搜索"三岁宝宝的奶粉",淘宝系统就自动将相关商家产品显示到客户面前。

第二是信用，淘宝上的支付宝作为一个买卖中介，买家把钱先支付到支付宝，卖家发货，等买家确认收货后，支付宝再把费用转给商家，从而，支付宝有效地解决了买卖双方的信任问题。而且买家的评价会影响商家评级，我们会看这个店铺的评价、评级，这些也是信用数据。

一个网上淘宝店或者微店能否成功取决于其商品信用、能否得到顾客的认可，所以淘宝店要取得经营成功就要守信，对顾客负责。

第三是资金，资金在电子商务过程中起媒介作用，支付宝这样的第三方支付平台，致力于提供"简单、安全、快速"的支付解决方案。

第四是物流，数据把物流这个传统的线下流程聚合了，产生更高效率、更低成本的物流流程。所以我们知道，之前在没有淘宝时，我们所看到的快递和速递，"速"和"快"是不存在的。但今天，因为线上化，我们才看到了真正的快递和速递。

知道和理解电子商务概念只是个基础，关键在于如何运用好电子商务。

3．电子商务的交易模式

电子商务从交易模式来划分，可以分为 B2C、B2B、C2C、B2G 四种基本模式。

（1）B2C 模式。

B2C 是 Business to Customer 的简写，即"商对客"，表示企业对消费者的模式。

B2C 是电子商务中企业直接面向消费者销售产品和服务商业零售的模式（零售的商业模式）。这种形式主要以网络零售业为主，主要借助于互联网开展在线销售活动。

B2C 模式为消费者提供一个新型的购物环境——网上商店，消费者可通过网络进行网上购物、网上支付等消费行为。

就目前国内采用 B2C 模式的电子商务巨头而言，主要以京东、天猫与凡客诚品为主，这三大电商平台虽然都采取了 B2C 的模式，但又各有各的特色。

案例一：天猫商城——只做网络销售的平台

天猫商城在 B2C 模式的电子营销行业始终处于领先地位。其模式主要就是只做网络销售平台，各大卖家可以通过天猫平台销售各种商品，这种模式类似于现实生活中的购物商场，而天猫的功能主要就是为商家提供一个销售平台，而不参与任何销售交易，但前提是进驻天猫商城的任何商户都不得违反天猫商城的规定，否则将会受到处罚。

天猫商城采用的 B2C 模式就像一把双刃剑，有利有弊。

优势在于天猫商城的平台较大，商户相对自由，商户自负盈亏。对于商城与商户来说收入都比较稳定。

劣势在于天猫商城这种 B2C 的电子商务模式对于商户来说利润比较低。

案例二：京东商城——自主经营，自主销售

京东商城同样采用的是 B2C 的电子商务模式，但与天猫商城具有明显的区别。京东商城开始就融资 15 亿美元，进行自建物流、重金砸广告、与行业竞争对手大打价格战。京东商城的模式就像沃尔玛、乐购、家乐福类这样的大型超市，自主经营、自主销售。但同样有利又有弊。

优势在于京东商城大大地扩充了自己销售的产品种类，给京东带来巨大的综合利润，加大了自身的竞争力。

劣势在于京东商城的内部机构庞大，市场反应较慢，竞争对手非常多。

除此之外，当当网也采取了与京东类似的B2C商务模式。

案例三：凡客诚品——自产自销，进行品牌营销

凡客诚品所采用的B2C模式与现实生活中美特斯邦威、特步与李宁等服装专卖店相类似，主要是自产自销的经营模式。具有利弊不同的影响。

优势在于凡客诚品的整个产业链条的控制性较好，目标利润可从生产时制定，没有供货商的货源限制。

劣势在于很难进行品类扩张。

珂兰钻石、梦芭莎与麦包包等都采取了与凡客诚品类似的B2C模式。

很多B2C企业都普遍面临着资金周转困难、商品定位不准、支付体系不健全以及电子商务立法出现漏洞等问题。但另一方面，采用B2C网络平台进行电子商务活动，商品的品种齐全、种类繁多，大大地满足了客户一站式购物的需求，进而使之成为网购的首选。

（2）B2B模式。

B2B是Business to Business的缩写，是指"企业对企业"进行数据信息的交换、传递，开展交易活动的商业模式。

将企业内部网通过B2B网站与客户紧密结合起来，进而为客户提供更好的服务，促进企业的业务发展。

案例一：阿里巴巴诚信通（www.1688.com）——全球最大的B2B网站

提到B2B网站，马云带领的阿里巴巴便成为一个不可不提的经典案例。其最大的优势在于其用户访问量与覆盖数要远远地高于国内任何的电子商务平台网站。更是我国电子商务市场上无人能够取代的"龙头老大"。

就目前而言，B2B模式单一、压力过大。活动方式盲目以及观念薄弱是B2B领域里普遍存在的一些问题；但从2007～2015年的时间里，B2B电子商务交易额的上涨速度惊人，让我们再次看到了B2B电子商务巨大的发展空间。

案例二：阿里巴巴国际（www.alibaba.com）——世界最大的B2B平台

阿里巴巴国际是目前世界最大的互联网国际贸易供求交流市场，其用户可以获得来自全球范围各行各业的即时商业机会、公司产品展示、信用管理等贸易服务。其中包含了32个行业7000多种产品分类的商业机会。

尤其是在对外经济贸易方面，阿里巴巴国际似乎已经成为企业之间最大的、最权威的商务往来平台。

案例三：HC360（www.hc360.com）——国内贸易行业第二大的中文B2B网站

HC360的中文简称是慧聪网，是国内工业品排名第一、工艺品行业行业排名第二的中文B2B网站。

目前，HC360的会员已达到200多万家，已成为国内唯一一家可以和阿里巴巴相抗衡的内贸B2B网站。

（3）C2C 模式。

C2C 是 Customer（Consumer）to Customer（Consumer）的缩写，即"个人与个人"之间的电子商务。例如，一个消费者有一台计算机，通过网络进行交易，把它出售给另外一个消费者，此种交易类型就称为 C2C 电子商务。

案例：易趣网与淘宝网的十余年论战

淘宝网和易趣网作为当今国内最大的两大 C2C 电子商务网络平台，为了在国内市场上一争雌雄，从 1999 年开始，便开始了一场长达 15 年的竞争大战。而易趣网与淘宝网的竞争历程也向我们再现了 C2C 模式近 10 多年来在我国的发展脉络。

10 年间中国 C2C 电子商务领域几乎被易趣网和淘宝网两大平台垄断，这两大平台 10 年来的竞争大战，不仅向我们展示了电子商务市场的惨烈竞争，同时也向我们展示了电子商务近 10 年来在我国市场的发展走向。

（4）B2G 模式。

B2G 是 Business to Government 的缩写。B2G 比较典型的例子是网上采购，即政府机构在网上进行产品、服务的招标和采购，并以电子数据的形式发回投标书。通过这种方式，供货商可以尽可能多地获得全世界范围内的投标机会。这种通过网络进行投标的方式的最大的受益者，就是规模较小的公司，它们也能获得投标的机会。

纵观 B2C、B2B、C2C、B2G 这 4 种基本模式，我们不难发现其都是依托于电子商务的发展走向而形成的，但这 4 种模式又存在着明显的不同，尤其是在所服务的主要对象方面。

B2C：企业对个人用户的服务。

C2C：个人对个人的服务。

B2B：企业对企业的服务。

B2G：政府对企业（企业对政府）的采购服务。

1.2.2 用好电子商务该学哪些知识

从某种意义上说，一切利用电子工具从事的商务活动都叫电子商务。这不仅包括了企业商务活动，如网络营销、电子支付、物流配送等，还包括了企业业务流程，如企业资源计划、客户关系管理、供应链管理、人力资源管理、市场管理、生产管理、研发管理及财务管理等内容，范畴非常广，可以说包罗万象。

作为大学生，重要的是学会运用电商工具，下面列举了一些用好电商应该学习的知识点。

1. 营销型网站建设与运营

网站的好坏不仅仅在于多么漂亮，更重要的在于用户体验的功能，模拟人的思维方式，好的网站就是一个会自动卖货的业务员，同时要符合搜索引擎优化（Search Engine Optimization，SEO）规则。

2. 网络营销推广

好酒也怕巷子深，建站容易推广难，如何让精准客户知道自己呢？有百度推广、SEO、博客、E-mail 营销、微信、微博等多种推广方式。

是不是所有的推广方式都需要使用呢？并不是，根据目标客户来选择合适的推广方法和渠道即可。例如，小商品类的产品如果走零售方式，选择淘宝就比较合适；大型机械的网络推广方式选择百度和1688就更加合适一些。

3. 网络营销内功修炼

网络营销的本质是把营销理念和营销思想通过网络渠道传递给精准客户，那么如何表达好营销理念呢？进行表达，网络营销内功和大家分享如何写好高流量的标题、高流量文章写法秘籍、各种营销型文章的写法、如何借力热点事件和如何写好大学生自我推荐信等营销内功方面的知识。

京东和苏宁的电商竞争从未停止过，而更为让人津津乐道的莫过于双方的网络营销内功的博弈，每一次的交锋都引起了网民的论战，这对于提高京东及苏宁的知名度起到了一定的作用。

案例一：京东"618"，邓超"出轨"成头条

2015年6月18日，又到了每年京东商城的店庆日，而今年京东商城更是为了备战"618"店庆日做足了促宣传与造势准备，而就在京东一切准备就绪时，当天苏宁易购的代言人邓超被曝"出轨"。

因为邓超一直以"好男人"的形象示人，此次曝光更是引起了广大网民的热烈讨论，尽管邓超的工作室在第一时间就发表了"邓超出轨实属谣传造谣"的声明，但截至6月18日下午18时，微博热搜"邓超出轨"的数量已达4亿多，"邓超出轨"的收索量更是位列百度搜索首位，风头迅速盖过了京东"618"的宣传势头。

与明星绯闻炒作的路数不同，很多网友将矛头直指邓超所代言的苏宁易购，认为此举纯粹是苏宁易购为了阻击京东"618"年中大促而使出的营销"杀手锏"。

无论此次"邓超出轨"的谣言从何而来，是否真的是苏宁易购的一种另类营销方式与巧借热点宣传，不可否认"邓超出轨"一度成为搜索热词，其热度明显高于"京东618年中大促"。"苏宁易购炮制代言人邓超出轨事件，在上午10点流量全涌向微博，京东冷冷清清，顺利打压京东618店庆，京东大半年的营销被一招打趴。"也让苏宁易购借势"京东618"与"邓超出轨"两大热点话题的"顺风车"大大地火了一把。

但京东明显也不甘示弱，在6月18日当天下午14时左右，京东商城晒出了"618"年中大促从0时到12时的半日销售业绩，总额远远超过了去年年中店庆全天的销售额。

总而言之，就此次借势营销而言，无论是苏宁易购，还是京东商城，两家电商平台显然没有受到损失，相反都收获了不少的关注度。

案例二："奶茶妹妹"的"网红效应"营销

"网红"一词最近在网上盛行起来，尤其近年来"网红效应"也飞速传播开来，而作为"网红"界的鼻祖，"奶茶妹妹"章泽天可以说是当之无愧的。尤其是"奶茶妹妹"与京东CEO刘强东的"爱情故事"更是家喻户晓，而"奶茶妹妹"的"网红效应"也成了京东商城的宣传资本。甚至苏宁与天猫也常拿"奶茶妹妹"来进行借势宣传。

首先，"东天"忘年恋一经推出就激起了广大网民的热议，加上刘强东作为京东商城CEO的特殊身份，也让京东商城随着"东天"恋绯闻登上热搜榜而迅速火起来。

随后，"东天"恋情变得更加扑朔迷离，多次情变的传闻使"东天"恋情稳居热搜榜，京东商城也随之长时期地成为了人们热议的话题之一，这在一定程度上对京东商城来说无外乎是一种最有效的直接的宣传。

再后来,"奶茶妹妹"于纽约进入微软实习,刘强东也出现在纽约并与"奶茶妹妹"举止亲密,双方从否认到承认恋情,这给予广大网民以话题性,而刘强东在 IPO 上也获得了大量的关注度,最终促成了京东抢在阿里巴巴前面登陆美股。

直到现在,两人仍然时不时地秀恩爱,更有刘强东的助理"机场打人"的闹剧传得沸沸扬扬。纵观"东天"的整个恋爱史,我们不难发现,"奶茶妹妹"的"网红效应"给京东商城带来了巨大的营销利益。

当然,任何一本书不可能面面俱到,很多知识点只需要知道如何运用好,如电子支付,只需要知道运用支付宝、微信等方式进行支付,而不必要研究支付宝是怎么做出来的,物流配送环节也不要大家去送货,只需要知道选择合适的物流公司去解决物流配送问题即可。本书以大学生实用性为原则,主要介绍了网络营销推广类知识。

1.3 未来从事哪些岗位的工作

电子商务就业的岗位是比较宽泛的,并不是具备所有的电子商务能力才能胜任,只要掌握了电子商务某方面过硬的本领,就可以找到对应的岗位。在大学期间,需要对今后从事的职业有所规划,有针对性地学习。

电子商务类岗位大致可以分类为营销类、客服类、技术类和文案策划类。营销类岗位在整个淘宝运营过程中起着大脑的作用。

1. 营销类:网络推广专员、淘宝推广专员、淘宝运营专员

岗位要求如下。

(1)了解电商平台基本的运营环境与交易规则。

(2)了解当前流行的各种营销工具,精通网络推广知识与技巧。

(3)熟悉电商平台各类社区的情况以及可利用的资源。

(4)熟练掌握软文、交换链接、邮件推广、SNS 推广等推广方式。

2. 客服类:网络客服、电商客服人员、淘宝客服人员

岗位要求如下。

(1)具备良好的服务意识与服务态度。

(2)具有一定沟通能力与销售技巧。

(3)清楚地了解电商平台经营管理的各个环节。

(4)熟悉自己电商平台所售的产品信息及分类,能够及时快速地给予客户回复。

3. 技术类:网页制作人员、网站开发人员、平面设计、美工人员

岗位要求如下。

(1)具有良好的手绘功底、艺术触觉与美术色彩搭配功底。

(2)能够独立完成网站设计与图片修饰,能独立进行平面网页的创意设计。

(3)懂得 SEO、B2C 电子商务网站工作流程以及各种网页设计软件的使用。

(4)能手写 CSS、XHTML 样式代码,了解交互设计与前段开发,能独立完成网站规划与静态页面的制作。

4．文案策划类：网络编辑、文案策划、淘宝等商家的文案编辑创作

岗位要求如下。
（1）具备较强的语言组织和信息采编能力，具有独立方案策划能力。
（2）具有敏锐的市场洞察力，熟悉互联网类网络媒体、B2B。
（3）头脑灵活，思维敏锐，具有强烈的营销意识。
（4）熟悉 SEO、论坛、微博、SNS、搜索引擎等网络应用。

1.4 电子商务常见的误区

1.4.1 以产品为中心而不是用户为中心

很多大学生创业都采用以产品为中心的模式，想到自己有什么产品，而不是先考虑有没有这方面的需求的客户。目前是产品过剩供大于求的时代，很多急于创业的大学生，选择电子商务创业之前先需要考虑的问题是：①你服务的目标人群是谁？②他们的痛点是什么，他们的问题是什么？③你的解决方案是什么？④你的优势是什么？

案例一：深职院卖学校队服团队

绝大多数的创业团队，创业半年或者一年就无声息，而这个创业团队能够生存下来，是什么原因呢？

他们服务的目标人群非常清晰：他们服务于身边的同学，因为学校很多班级、很多社团都有制作"团队服装"的需求。

有做队服需求的学生的痛点和问题是什么呢？这些决策者主要是班长、学生会负责人和一些学生干部，他们的需求和痛点就是，做出的队服是否是定制化的，是否最符合他们班级自己的需求。这个时候他们想到的是找校园做队服的公司，因为学生更懂学生的需求，而不去找社会上这样的企业，因此，给了定制队服的校园公司一个巨大的生存土壤。

案例二：高科技塑料瓶变环保外衣

另外一个创业团队就没有那么幸运了，他们在学校收集矿泉水塑料瓶，再通过高科技把塑料瓶处理变成环保外衣，一件很普通的 T-Shirt 成本都需要 100～200 元，卖 245 元，有没有同学购买呢？有，但数量非常少，等待他们的只有倒闭的厄运。

因此，创业不一定要找"高大上"的概念，而是实实在在地解决身边的人的真正需求和问题，这才是学生创业的王道。

1.4.2 网络营销就是做网站、电商就是淘宝买卖吗

电子商务涉及互联网技术、网站建设、网络营销、电子支付、网络安全等诸多方面，做网站只是其中一部分，淘宝仅是众多购物平台之一，做电子商务需要系统化的学习，而不是简单地理解成做网站、做淘宝。

案例：中国电商平台的花团锦簇

纵观 2015 年，在 B2C 领域，阿里系淘宝、天猫，京东等电商巨头仍占据着较大优势，占据了 B2C 电商交易额中的较大部分。京东的销售额更是占整体家电网购市场的 60%，而剩余产业主要则由天猫、苏宁与国美所占据。而唯品会、乐蜂网、糯米团、聚美优品、蘑菇街等电商平台也位列中国电商行业的领先地位，除此之外，被大众所熟知并经常使用的电商平台就有 150 多个。

可见所谓的电商并不仅仅只有淘宝而已。

1.4.3 漂亮的网站才是最好的

很多人都误认为漂亮的网站才是最好的。网站不是花瓶，网站之美不在于多漂亮，而在于成交。

案例：优衣库的 3D 试衣设计

2014 年，优衣库自建 B2C 官网上推出了 3D 试衣间，网站设计色彩轻简，并没有优于其他电商平台的漂亮抑或出格的设计，但消费者在输入自己的性别、身高、腰围等十几项数据后，可以选择一个跟自己体型相近的模特，然后只需要单击模特的各个部位，就可以"换上"不同款式的衣服。这一 3D 试衣模式为广大客户带来了更多便利，进而也使优衣库官方商城的销量一路攀升。

可见成交型网站才是做得最"漂亮"的电商平台。

1.4.4 推广都应该是免费的

网络营销并不是免费的是最好的，很多时候，直接用钱解决问题，借力用力才是王道。

案例："双十一"，看苏宁的一石三鸟

2015 年 11 月 3 日，京东实名举报阿里巴巴，开启了京东与阿里巴巴互撕戏码，同时也为"双十一"造势。而就在这时，苏宁在自己的电商平台与各大微博上贴出"To 某东，老板若是真的强，头条何须老板娘"的海报，不仅表明了其对小伙伴阿里巴巴的支持，同时也给予京东以重击，最重要的是其借力刘强东与"奶茶妹妹"的恋情为苏宁自己狠狠地推广了一把，而且效果极为显著。

可见借力推广才是电子商务推广的王道。

1.5 大学生如何运用电商选创业项目

近今年来，国家一直鼓励大学生创业，对于广大毕业生来说，这是千载难逢的好机会。但俞敏洪成立天使基金指导大学生创业发现：大学生创业项目 95% 的没创新。

大学生创业，存活率是非常低的，到底如何选择创业项目呢？下面几点可供大家参考。

1.5.1 是否是自己最喜欢、最擅长的

大学生创业一定要做自己喜欢且擅长的事情，如果你喜欢的事情有很多，就挑选自己最擅长做的事，这样就能在感受快乐的同时取得超乎常人的成就。

当然如果能找到自己最喜欢又最擅长的项目就更好了。

创业本身也属于职场，职场中人最好的选择就是要能够充分利用和发挥自己的资源、能力优势，做自己最擅长的事。做自己擅长的事，会让自己的能力得到充分的发挥，让自己的工作有事半功倍的效果，让自己更有成就感。

聪明的人绕开短处、经营长处，把智慧用在自己擅长的方面，就很容易在人生的赛道上领先别人、领跑众人；而愚蠢的人是抛弃长处，经营短处，把心思和精力用在自己不熟悉的或不擅长的方面，结果是远远地落在别人的后面。

1.5.2 不求大而全，但做小而精

大学生创业型公司忌讳搞多种经营，做生意一定要集中精力、集中资源做自己最擅长的事情，成功的机会才会更多一些。

从小做起，更容易启动，更容易成功。可以尝试找一些很多人看不上或者看不见的领域。大多数人都看到的好项目未必是好项目，大多数人都看到了，就意味着它已经是一片红海，竞争肯定相当激烈。行业里已经有很多老资格的前辈，如果跟在别人后面走，一个没钱没经验的大学生如何竞争和生存呢？

那些校园小店、2元店、饮食业，反而是当今投资见效快的行业。

比较适合大学生的创业项目应该是"短、平、快"的创业项目。例如，流行饰品、时尚服饰、特色小吃、健康产业等众多"短、平、快"的创业项目，具有投资少、收效快、风险相对较低等特点，成为市民预约投资的热点，也是最适合大学生创业的方向之一。

1.5.3 能合理利用网络思维模式的

网络推广模式很多，有以百度为代表的搜索引擎推广，有以阿里巴巴为代表的B2B模式，有以淘宝为代表的C2C模式，还有以微信为代表的社交媒体推广模式。

不是所有的电商都要定位成体积小重量轻的小商品，大型工业化机械类的也适合作为电商创业项目。例如，现在比较流行的是垂直行业门户类创业，如中国服装网、中国化工网、中国建材网等；还有某个领域的技能网络培训科目，河南的云和数据培训机构在短短1年时间融资2000万元，成为电商网络培训领域里的一匹黑马；现在最流行的创客，也是集成了大量的培训课件作为资源整合的一种融资电商模式。

所有的项目都要和互联网思维模式相结合。所谓互联网思维模式，就是在互联网时代冲击下对人们思维模式、思考方式的一种变革，是一种非线性的思维模式。平台化、草根化、社区化，是互联网思维的精髓，任何一个想立足于社会的企业和个人都要有这样的思考方式。

我们所有的项目都要尽量和电商模式相结合，利用互联网工具和互联网模式去实现项目的最终价值。

1.5.4　受众群体能充分利用身边资源的

做任何商业模式，资源都是很重要的一个环节，首先要想好自己身边的资源是什么，对创业项目有多少利用的价值。如果没有资源那就是空想。

如果你身边最大的资源是学生，就找适合学生消费的创业项目；如果你身边最好的资源是培训小升初，就适合做家长工作的项目；如果你最大的资源是游戏，就做初中、高中、大学等年龄段孩子的创业项目。

1.5.5　充分利用好无本创业

网络创业不同于传统创业，由于它门槛低、成本少、风险小、方式灵活，特别适合白手起家的创业者。目前网络创业主要有两种形式：①网上开店，在网上注册成立网络商店；②网上加盟，以某个电子商务网站门店的形式经营，利用母体网站的货源和销售渠道。易趣、阿里巴巴、淘宝等知名商务网站有较完善的交易系统、交易规则、支付方式和成熟的客户群，每年还会投入大量的宣传费用。加盟这些网站，创业者可近水楼台先得月。

本章小结

本章详细介绍了在新的形势下，大学生应该怎么学会电子商务，学习方法应该注意些什么；怎么理解电子商务的概念；电子商务需要学习哪些知识以及未来从事什么岗位的工作；在电子商务运营实战中，常犯的错误和误区是什么；作为当代大学生，怎么结合自己的兴趣爱好选择适合自己的电商创业项目。

有很多学生在学习的过程中，会忽略第一章的学习，因为第一章里讲到的都是理论，并没有太多实操的技能，他们认为大道理没用，这种做法是错误的。

做互联网和练武术有很多类似的道理，如学习太极拳，太极拳最讲究体悟，如果悟性不够，想成为太极高手几乎是不可能的，如果缺少了科学理论指导，那将是十分危险的。

另外，如果有一天你成为老师，只会教招数不会讲原理的老师不是好老师。

课后思考

1. 你对本章印象最深刻的内容是什么？并阐述你印象深刻的理由。
2. 你最理想的工作岗位是什么？你认为需要具备什么技能？
3. 你能通俗易懂地表述什么是网络营销吗？
4. 你认为身边最适合作为你创业的项目是什么？为什么？
5. 请谈谈你认为应该怎么学习好电子商务与网络营销。

第 2 章

电子商务及网络营销本质揭秘

本章导读

本章将告诉我们网络只是电子商务的一个平台，电子只是电子商务的一种方式与工具，而电子商务的根本则是营销，那么，如何体现营销这门艺术的价值则显得至关重要。

学习目标

1. 认识网络在电子商务领域中的平台作用
2. 充分利用好电子商务的工具——电子
3. 充分发挥营销在电子商务活动中的根本性作用
4. 认识营销艺术

本章重点

1. 发挥电子在电子商务中的工具作用
2. 发挥营销在电子商务活动中的根本性作用

本章难点

学习利用营销手段促进电子商务的发展

2.1 电商及网络营销本质

2.1.1 网络只是营销的平台

商业的本质是满足需求，无论是网络市场还是传统市场，商品交易的本质都没有任何变化的，以前是在一个具体的空间如商场、交易展会、超市或者其他一些地方，而网络销售只是把具体的空间搬到了网络这个虚拟的空间。网络营销推广包含的内容如图 2.1 所示。

图 2.1　网络营销推广包含的内容

网络交易的本质和传统的市场没有任何变化。主要表现在以下几个方面。

1. 产品的销售对象没有变

LV 包定位为奢侈品,无论是传统商场还是网店,购买它的都是高端消费人群。

MK 包定位为轻奢品,无论是在网上商城还是在传统专柜,购买它的也都是一些白领等中产阶级。

2. 客户的需求没有变

在传统市场购买商品和在虚拟市场购买商品的是同一群人,他们的需求并不会因为上网而发生变化。

一个想减肥的人,在传统市场需要购买减肥产品,不会因为上网就改买其他产品,其需求是没有变化的。

同样一个打算在 4S 店购买 SUV 汽车的客户,也不会因为在网上商城进行购买而不买 SUV,而选择自行车,这都是一样的心理。

3. 客户的选择过程没有变

无论是传统市场还是网络市场,客户购买产品都需要不断挑选做比较,然后才会决定购买,这个选择的过程也不会因为上网而发生改变。

大众在购物的时候,大多基于需求而进行购买活动,而其整个购物过程要受到价格、折扣、实用性等多个因素的影响。即使人们采取网上购物的形式,这些因素也仍然是影响其购物的一个重要因素。客户从设定购物目标,到进行挑选比对,再到结款的整个消费过程不会因为上网而发生改变。

网络营销与传统营销一样,本质没有发生变化,改变的只是交易平台。电子商务平台的出现让我们的生活变得更加便捷、多样化。

提到网络营销,很多人就会想到用互联网来销售产品,我们先撇开网络,先看销售产品。同样是销售产品,我们来看看低手、中手和高手分别是怎么做的。

案例一：假如你有一款能帮客户减肥的药，普通人会怎么卖？

一般人会告诉客户自己卖什么药，需要的就来买。

或者秀资质（产品证书、产品客户见证），开始证明自己。

于是客户比来比去，还是没有答案。

案例二：同样的减肥药，网络高手会怎么卖？

高手会把问题看得深入一层，客户为什么要买药呢？

原来客户的目的不是药，而是减肥。

也就是说，客户的需求是减肥。

请记住，客户买的永远不是产品，而是产品带来的好处。

那么高手会怎么卖呢？高手不会一开始就和客户谈产品，而是直接教客户减肥，教客户如何实现自己想要的结果，在教的过程中，再巧妙地教客户如何使用所谓的"减肥药"。

看出了什么？高手不直接卖产品（药），只卖客户想要的结果（减肥）。

案例三：还是同样的产品，顶尖高手会怎么卖？

顶尖高手，同样不卖产品，也是教客户怎么减肥。

只是不仅仅教客户减肥，而且把自己打造成减肥领域的明星和专家。

顶尖高手会认真研究客户减肥的需求和问题，提出一套减肥理论，再做成书籍或者视频，用书籍和视频去教育客户，去解决客户确实存在的减肥问题。

同样是卖产品，顶级高手是以专家和权威的身份销售一套完整的解决方案的。

如果你是客户，你会选择向谁购买呢？你会相信一个卖药的业务员，还是相信权威专家呢？

可见，做营销，不应该一味地想着销售产品，而是应打造成专家，做个人品牌，销售自己，通过健康的销售思维模式、销售理念改变客户的思维方式，做到产品不销而自销。

那么网络的作用又是什么呢？主要还是把这套理念通过网络的方式传递给消费者（精准客户）。

简单地说，整个高手做减肥产品网络营销的过程就是，减肥专家的视频、书籍通过互联网（微信、微博、营销型网站）等手段传递到精准客户（想减肥的肥胖人群）的过程。

因此，网络是渠道工具，营销才是根本。

2.1.2 电子只是商务的工具

很多接触电子商务的人，都会刻意学习一些具体的推广技术，如 SEO、微信加粉等，这些只是网络营销的具体手段和方法，网络营销中掌握本质比掌握方法更加重要。理解了网络营销的本质，就会明白网络就是一个平台，电子只是实现商务目的的工具。

电子只是商务的一个工具，就像办公室里面的计算机，计算机替代了纸、笔、计算器等这些工具。

2.1.3 营销才是根本

既然网络只是营销的渠道，电子只是商务的工具，那么营销的本质是什么呢？

营销的本质是满足客户的需求，有这样的几个境界。

1. 第一层境界：仅仅是卖产品

案例一：小贾刚刚大学毕业，通过应聘成为一家国内健身体验馆的销售顾问，好胜心强的小贾希望能够尽快做出业绩，于是决定到外面跑业务。为了尽可能多地销售健身卡，小贾遇到路人就推销自己的健身卡，而忽视了健身卡是否能够满足客户的需要，也没有指出客户购买他的健身卡所能给客户带来的利益与改变。结果可想而知，一个礼拜下来，小贾没有卖出一张健身卡。

你觉得他应该怎么做呢？

2. 第二层境界：发现痛点、解决问题

案例二：张凡大学毕业后应聘进入了一家婚恋网站成为了一名销售人员。为了实现好的销售业绩，张帆并没有急着去销售自己网站的会员产品，而是仔细地阅读和了解了当时网站潜在客户的一些个人信息及需求，并针对每个相亲会员的需求，为其做出了相应的相亲规划与选择范围，并在各种活动中解决了很多客户找对象的问题，大大地满足了客户的真正需求。最终，张帆以优异的销售额成为该婚恋网站的季度销冠。

张帆同学成为销售冠军背后的原因是什么？

3. 第三层境界：讲故事改变人的观念

案例三：小李大学毕业后一直从事国内某知名的减肥药品代理销售工作，至今已经有近10年的时间了。由最初的不懂到现在的八面玲珑，小李的销售额一直位列公司前茅，这不仅得益于小李长达10年的工作经验，还要归功于小李独特的销售方法。

小李习惯整理每一位用户的信息，并定期对老客户进行回访。同时对于效果显著的用户，小李还拍摄其减肥前后的对比照片，整理成册，久而久之，小李的成功案例册子越来越厚。小李还会将她听过的一些感人的、人生逆袭的故事赋予成功案例的主人公身上，以此讲故事来吸引顾客购买自己的商品。这就是小李的销售秘籍。

4. 第四层境界：没有营销只有人性

案例四：刘女士是一位单亲妈妈，为了照顾孩子学习的同时赚取生活费用，刘女士多年来一直辗转于各大教育机构从事销售工作，并不断地研究不同教育产品的优劣。因为刘女士是一位母亲，所以她深知劣质的教学产品对孩子的影响之大，因此她最终选择了目前的这家教育机构进行教学用品的销售与咨询工作。尽管这家教育机构给刘女士的薪资并不高，刘女士却做得淡然舒心，对于老客户，她还会定期地进行回访，并根据客户的意见向公司反馈。久而久之，刘女士的踏实人品获得了客户们的一致好评，口碑相传使刘女士的销售业绩不断上升。

而刘女士说她的销售秘籍就是实实在在为客户解决问题，良好的人品是作为一名销售人员最基本的素养。

世界上根本不存在营销，只有人性。悟透了人性，一切营销都将迎刃而解。

2.1.4 营销是一门艺术

（1）网络销售销的是什么？

世界汽车销售第一人吉拉德说，"我卖的不是雪佛兰汽车，我卖的是我自己！"

销售任何产品之前首先销售的是你自己。产品与顾客之间有一个重要的桥梁：销售人员本身。

面对面销售过程中，假如客户不接受你，他还会给你介绍产品的机会吗？不管你如何向客户介绍你所在的公司是一流的，产品是一流的，服务是一流的，只要客户不认同你，不接受你，一般来说，客户就不会愿意跟你谈下去。你的业绩会好吗？

因此，你要让自己看起来更像一个好的产品。为成功而打扮，为胜利而穿着。销售人员在形象上的投资，是销售人员最重要的投资。

（2）销售过程中售的什么？

答案：观念。

卖自己想卖的比较容易，还是卖顾客想买的比较容易呢？

改变顾客的观念容易，还是去配合顾客的观念容易呢？

当然，都是后者。

所以，在向客户推销你的产品之前，先想办法弄清楚他们的观念，再去配合它。如果顾客的购买观念与我们销售的产品或服务的观念有冲突，就要先改变顾客的观念，再销售。

是客户花钱买他想买的产品，而不是你花钱；我们的工作是协助客户买到他认为最适合的。

（3）买卖过程中看后买的是什么？

答案：感觉。

人们是否购买某一件东西通常有一个决定性的力量在支配，那就是感觉。感觉是一种看不见、摸不着的影响人们行为的关键因素。它是一种人和人、人和环境互动的综合体。

假如你看到一套高档西装，价钱、款式、布料各方面都不错，你很满意。可是销售员跟你交谈时不尊重你，让你感觉很不舒服，你会购买吗？假如同一套衣服在菜市场屠户旁边的地摊上，你会购买吗？不会，因为你的感觉不对。

企业、产品、人、环境、语言、语调、肢体动作都会影响顾客的感觉。

在整个销售过程中能为顾客营造一个好的感觉，你就找到了打开客户钱包的"钥匙"。

（4）买卖过程中卖的是什么？

答案：好处。

好处就是能给对方带来什么快乐和利益，能帮他减少或避免什么麻烦与痛苦。

客户永远不会因为产品本身而购买，客户买的是这个产品或服务能给他带来的好处。

二流的销售人员卖产品（成分），一流的销售人员卖结果（好处）。

对客户来讲，客户只有明白产品会给自己带来什么好处，避免什么麻烦才会购买。所以，一流的销售人员不会把焦点放在自己能获得多少好处上，而是会放在客户会获得的好处上。

当客户通过我们的产品或服务获得确实的利益时，他就会把钱放到我们的口袋。

2.2 新形势下的电商思维方式

在当前的新形势下有 4 种电商思维，即以用户为中心的思维、简约思维、极致思维、大数据思维。

2.2.1 以用户为中心的思维

1. 得"粉丝"者得天下

"粉丝"文化是依附于大众文化滋生的一种文化形式，是指一个个体或者群体由于对一个对象的崇拜和追捧的心理造成的文化消费甚至过度消费的一种综合性的社会文化现象。

可见，获得"粉丝"的支持与信仰在产品销售的过程中具有至关重要的作用。

案例：疯狂的苹果"粉丝"文化

苹果公司推出的历代手机、计算机等数码产品多以优越的性能、特造的外形、完美的设计以及时尚的品位而获得一众"粉丝"的热爱与青睐，而这种青睐甚至上升为对于苹果的一种科技信仰。这正是乔布斯做到了让苹果在创新产品和创造文化上占据首位而有一个营销的起点。

奉承迎合的销售模式并不适合所有的消费者，尤其是对于全新一代的人们而言，控制供应量，吊足胃口的营销模式往往更符合"80 后"、"90 后"乃至"00 后"的消费取向。苹果恰恰利用客户的这种消费心理大打市场饥饿模式的营销方式，实现了对消费者精神与价值观的一种统领与号召，大大地超越了产品本身的价值，正是这种"粉丝"文化打造了当今苹果在世界不可撼动的地位。

2. 参与体验感

互联网思维的核心是口碑为王，口碑的本质是用户思维，就是让用户有参与感。

但这并不适合所有的企业，一旦产品的质量不达标或是还没有要达到客户的需要标准，这种给客户参与体验感的方法往往会造成适得其反的效果。

案例：小米的口碑营销

短短的两年时间，在三星、华为、苹果等巨头竞争惨烈的数码市场，雷军让一个默默无闻的小米成为无人不识的黑马产品，并形成了一种小米"粉丝"文化。

面对小米在社会媒体上的快速引爆，大家对于小米的传奇爆红充满了好奇。小米的成功秘诀是什么呢？

答案就是口碑营销，而口碑营销的成功之处就在于小米给客户所带来的参与体验感。

小米在进行研究的初期，雷军就邀请了 100 位"发烧友"参与到整个手机制作的体验过程中，并由这 100 位"发烧友"形成了小米研发的领袖。

除此之外，小米的整个制作过程，包括产品的设计、运营过程，也都对客户采取了开放的方式，让客户能够最大限度地体验到小米的不凡魅力。长此以往，使小米制作人员与用户的关系日渐亲密，甚至还打造了小米社区，进而为小米的问世打下了良好的群众基础。

就小米的品质而言，其质量过硬，性价比又高，受到了广大"米粉"们的热烈追捧，口碑更是非常好。而且小米在卖点传播时也采用了通俗易懂、接地气的风格，更是受到了消费者的喜爱。

3. 用户体验至上

案例：三只松鼠"用户体验至上"的营销模式

不知从什么时候开始三只松鼠成为朋友们佳节送礼的佳品，并在广大消费者中受到了一致的好评。这要归功于三只松鼠"用户体验至上"的营销模式。

在客户沟通方面，三只松鼠开辟了一种全新的类似于 Cosplay 的模式，一改淘宝客服"亲"的称呼方式，而称呼消费者为"主人"，给人一种主人与宠物关系的感觉，也在一定程度上提高了客户的地位。

在包装方面，三只松鼠更是从客户的角度出发，在产品的包装袋里为客户准备了果壳袋、密封夹、纸巾、微杂志以及坚果食用的工具，如此细微的服务在一定程度上牢牢地抓住了客户的心,进而打造了三只松鼠良好的口碑。

最后三只松鼠还通过微信、微博平台等媒体途径与消费者直接沟通,有奖征求客户对于三只松鼠的建议与不满,并及时进行改正。

三只松鼠通过 3 个方面的细节管理,给客户一种用户至上的优越待遇,进而使三只松鼠在诸多消费群体中形成了良好的口碑。网络营销推广方式如图 2.2 所示。

图 2.2　网络营销推广方式

2.2.2　简约思维

随着互联网技术的飞速发展,21 世纪的我们已经进入了一个信息爆炸化的时代,人们的生活也变得越来越快,在这样的社会背景下,要想留住消费者,就要在最短的时间内抓住客户的心,这就需要我们的简约思维。

1. 专注少即是多

每个人、每个企业的精力与能力都是有限的,而只有当你专注于较少商品的研发时,你的产品品质才会更加精致,也才能获得更多消费者的青睐,进而收获更多的利润。

案例一:苹果公司的绝地反击

1997 年,苹果公司出现长时间的亏损状态,甚至面临着即将破产的危机。就在此时,乔布斯再次回到了苹果公司,并做出了一个重大的决定,即放弃苹果目前 70%的产品生产,集中精力主要研制 4 款产品,而正是这一举动使苹果反亏为盈,迅速发展起来。而这种"专注少即是多"的理念一直影响着苹果人,直到推出 iPhone 5S 的时候,苹果的手机产品也只保持了 5 款。

案例二:roseonly 是一家最近在网络上飞速走红的网络花店品牌,其品牌定位主要为高端的人群,消费者在进行鲜花购买的时候,要与收到鲜花的人绑定身份证号,任何人只能绑定一次,以表达对一个人至臻的爱情。

总而言之,只有专注才能做到精致,而只有精致才能获得消费者的认可,而只有得到消费者的认可才能获得更多的利益与长远的未来。

2. 简约即是美

简约不等于简单，纵观世界上的时尚品牌，我们不难发现越是昂贵的产品，其设计风格越趋近于简约的风格。而在产品设计方面，我们也要学会做减法，使外观更加简洁，简化操作流程，以满足 21 世纪人们的审美要求。

例如，Google 凭借简洁清新的首页设计受到了大家的喜爱，而苹果手机与特斯拉汽车也都以简约的外观设计被称为时尚潮品。

2.2.3 极致思维

随着时代的发展，而人们对于产品的需求不再仅仅局限于对生理上的满足，更加追求产品所能满足自己的精神期待。而要想做到既在生理上满足客户的使用需求，又在心理上达到客户的心理期望，就一定要将企业的产品、服务与体验做到极致。什么叫作极致呢？

1. 从"渠道为王"到"产品为王"

无论是微软公司，还是苹果公司，或是任何一个世界 500 强的企业，你会发现，它们能够在竞争激烈的国际市场上，在长时间的时代变迁中拥有一席之地，可见其并没有将渠道作为其竞争的法宝，而是始终将产品的质量作为影响其发展方向最为关键的一大影响因素。

案例：2014 年，小米对外宣布，小米 1 年共销售手机 6000 多万台，比 2013 年全年的手机销售额增长了 227%。这标志着，2014 年小米进入了一个新的阶段。

小米的成功告诉我们，以渠道运输为主的商业化阶段已经结束，而全新的商业中，产品的质量及其与市场的匹配程度直接影响着一个企业的兴衰。

小米通过互联网直销模式，在最短的时间内创造了一个销售神话，彻底打破了"渠道为王"传统模式。

2. 打造让用户尖叫的产品

想要用最为极致的思维方式打造最精致的产品，主要可以参考下面的 3 种方法。

第一，要在充分了解市场与客户心理的前提基础下，抓准消费者的痛点、痒点与兴奋点，并学会对症下药。

第二，企业要不断地进行自我反省与学习，进而达到自己力所能及的极限。

第三，产品经理对于企业的发展与管理都起着至关重要的作用，所以一个企业应该加强企业管理，培养出出色专业的产品经理。

一切产业皆媒体，在这个社会化媒体时代，好产品自然会形成口碑传播。能够获得大众的尖叫支持，则意味着必须把产品做到极致，而这里所说的极致，就是超越用户想象。

3. 服务即营销

案例：阿芙精油是知名的淘宝品牌，有两个小细节可以看出其对服务体验的极致追求：①客服 24 小时轮流上班，使用 Thinkpad 小红帽笔记本工作，因为使用这种计算机切换窗口更加便捷，可以让消费者少等几秒钟；②设有 CSO，即首席惊喜官，每天在用户留言中寻找潜在的推销员或专家，找到之后会给对方寄出包裹，为这个可能的"意见领袖"制造惊喜。

2.2.4 大数据思维

曾经有一美国男子怒电塔吉特超市："你们居然向我上高中的女儿邮寄孕妇产品广告，想鼓励她怀孕吗？"一周后，这位父亲去电塔吉特道歉，因为他女儿真的怀孕了。塔吉特通过数据分析发现：女子怀孕后会买许多无香味护手霜、多维元素和钙片。通过该指数，塔吉特能够准确预测女顾客的怀孕情况，并开始邮寄广告。

本章小结

本章解释了电子商务与网络营销的本质。网络只是营销的平台，电子只是商务的工具，而只有营销才是根本。

网络营销，当然是以营销为主题，有很多学生对网络营销的定义理解得不全面，更多的是把学习计算机技能作为头等重要的事情，而忽略了营销思维的研究，这种做法是错误的。

本章更多地介绍了营销的思维，揭秘了网络营销的本质。"网络只是营销的平台，电子只是商务的工具，营销才是根本"，很明确地阐述了"营销"在网络营销中的重要位置。

当然，技术和营销思维两者都很重要，是需要彼此结合，不能分开的。

课后思考

1. 你认为网络营销的核心是什么？
2. 你能根据本章里的一个案例说明案例的成功之处吗？
3. 请简述电子商务与网络营销的本质。
4. 请谈谈什么是以用户为中心的思维方式。

第 3 章

网络营销的起点是做好定位

本章导读

本章将告诉我们网络营销最关键的一点就是要做好定位，如何做到"找对人"、"做对事"，快速占领消费者的心智，以及如何以独特的卖点抓住客户的主要点。

学习目标

1. 掌握找对人、做对事的正确方法
2. 掌握快速占领消费者心智的方法
3. 掌握抓住独特卖点定位来吸引客户的方法

本章重点

1. 学习快速占领消费者心智的方法
2. 通过抓住独特卖点定位来吸引客户

本章难点

如何通过抓住独特卖点定位来吸引客户

3.1 营销需要做好定位

3.1.1 找对人

几年前，有家酒店对姚明下榻的超级客房进行"原味拍卖"。所谓"原味拍卖"，就是对姚明住过的客房不清洁、不打扫，对姚明穿过的拖鞋和内衣也保持原状。"原味拍卖"的住宿高达两万元。如果这个故事讲给足球迷，即使广告投入再大，收效也是甚微的，可是讲给篮球迷,效果就完全不同了。两位 20 多岁的篮球迷驱车千里,特意为这个"原味"房间而来。

世上没有"能治百病"的药,更没有适合所有人的产品,一定要给产品选择好特定的人群,也即是目标客户。烧香切忌拜错佛,销售最大的忌讳就是找错人。

网络营销应该以人的需求为核心,而不是以产品为核心。很多企业总是把焦点放到了产品上面,忽略了产品所针对的特定人群。

卖减肥产品的商家应该找什么样的人群才是对的人群?基本是一些肥胖人群。

卖高端奔驰汽车的商家应该找什么样的人群呢?基本是消费比较高的人。

整形医院的商家应该找什么样的人群呢?想做整形的人大多数是女性。

奶粉供应企业应该寻找什么样的客户呢?想购买奶粉的基本是年轻妈妈。

在这些精准人群的平台中才能实现营销和销售,所以,精准网络营销就是在精准定位的基础上,实现营销目的,为企业精确锁定目标客户。

找对人是做好网络营销的第一步。

3.1.2 做对事

如果产品不能满足客户的需求,营销推广做得再好,客户也不会购买。产品是营销的基础,如果营销脱离了这个基础,万能的上帝也只能沉默。就好比一个饭店,如果饭菜很难吃,不管怎么营销推广,最后也只能是倒闭。

案例一:阿拉斯加瓶装水的消失

阿拉斯加瓶装水(Alaska Water),产品注明的是"Alaska Premium Glacier Drinking Water: Pure Glacier Water From Last Unpolluted Frontier(阿尔斯加优质冰川饮用水:来自最后一块净土的纯净冰川水)"优质水源的传说,让阿拉斯加的销售火爆一时。但经媒体曝光:其水源来自市政供饮水,很快阿拉斯加瓶装水就倒闭了。

案例二:三鹿奶粉的衰落

"宝宝优秀,妈妈成就,三鹿 U+奶粉",这是三鹿奶粉曾经红遍中国大江南北的一个广告语,遥想当年多少年轻妈妈因为这句广告语而疯狂地采购三鹿奶粉。

然而在 2008 年,很多婴儿在食用过三鹿集团生产的婴幼儿奶粉后被发现患有肾结石,经过国家相关部门的检测,发现在三鹿婴幼儿奶粉中含有化工原料三聚氰胺。而截至同年 9 月 23 日,因使用三鹿婴幼儿奶粉而接受门诊治疗咨询且已康复的婴幼儿累计已达 4 万余人,更有 4 名婴幼儿因此死亡,事件迅速恶化,包括伊利、蒙牛、光明、圣元及雅士利在内的 22 个厂家 69 批次产品中都检出三聚氰胺。该事件亦重创了中国制造商品信誉。从此,当年辉煌的三鹿集团开始走向衰落,并逐渐消失在我们的视线中。

案例三:周六福登上质量"黑榜"

周六福珠宝为最早发展起来的国内珠宝品牌,一直受到广大市民的喜欢与青睐,周六福的工作人员更是自豪宣言:"我们生产的每一件产品都是精品"。然而从 2013 年开始,周六福的珠宝随着其质量的降低而两年登上"315"打假"黑名单"。

事情还要追溯到 2012 年年底,广州工商局对当地的一些珠宝品牌企业进行了样品抽查,发现部分产品存在金量不足、黄金纯度不够以及所卖与标签标称不符等质量问题。其中就包括周六福的部分金镶玉、项链玉石等,有质量问题的商品当场被工商部门要求下架、停止销售。

而这并没有让周六福认识到事情的严重性,在后期的调查中周六福又多次出现了与之相似的质量问题,仅在2012年一年里周六福就曾4次登上质量"黑榜"。

此次事件被媒体曝光之后,很多周六福的老顾客携带之前购买的黄金饰品到专卖店内要求退货,一度引起周六福的销售混乱。尽管事情已经过去了3年多,但周六福的销售额仍然没有回温的迹象,而一提到周六福,大家立刻想到的就是周六福质量差,这严重地影响了周六福的品牌形象与信用度。

做对事的意义在于保证产品的品质,保证产品是客户所需要的,在这个基础上做营销才能事半功倍。

3.1.3 定位的关键在于占领客户的心智

在当前激烈的市场竞争中,要想占有一席之地,最重要的就是要长久地占领客户的心智,简单来说,就是客户想到这类产品,脑海里想起的是你的品牌。而如何能够占领客户的心智,这就要看企业对客户心理的揣测能力了。

为了进一步了解客户的消费心理,很多企业采用市场调查的形式,但这种形式的调查结果往往因为各种客观原因与客户的真实想法大相径庭。一旦以此为依据来实施往往会造成企业在市场竞争中处于尴尬的境地。

因此,如实地了解客户的真正想法,占领客户的心智,也就是清楚客户的需求到底是什么则显得尤为重要。

而相关调查发现,客户对于品牌的认知往往停留在3个层次。

1. 第一个层次:品牌标志

越鲜明越具有特点创意的符号越容易给客户留下深刻印象。

案例一:麦当劳是与肯德基竞争极为激烈的快餐连锁行业。我们一想到麦当劳首先脑海里出现的就是"M"的标志,它给人的印象既简洁又深刻。

然而大家对于麦当劳的品牌认知也不是一蹴而就的,如果细心地观察你就会发现,无论店外或店内,但凡人眼所及之处:点餐台、各种食品包装或员工制服、玩具上都清晰、醒目地印着黄色的"M"符号。这样日积月累,人们便树立起了对麦当劳的品牌认知。

案例二:香奈儿是国际知名的奢侈品品牌,当我们看到两个背对交叉的C字母标志时,我们就知道这是Chanel——香奈儿,并瞬间联想到它优雅时尚的品牌定义。

但香奈儿同样也不是一开始就被大家直接所认知与接受的;所有香奈儿产品上面背对交叉的C字母的标识都设计得非常明显,而且在商品的包装袋、专卖店的装饰上我们都可以发现香奈儿这个品牌标识无处不在。时间久了便树立起了人们对于香奈儿的品牌认知。

2. 第二个层次:品牌联想

所谓品牌,是指客户所认同的品牌文化与情感趋向,是连接企业与客户的情感纽带,同时也是企业最有力的竞争武器,每个品牌都有其独有的魅力及文化理念,同时也能够给予消费者以情感上的共鸣与认同。

案例:可口可乐作为世界知名的碳酸饮料品牌,在世界各地都有着不可小觑的销量与追随者。并且人们对于可口可乐的着迷甚至跨越了整整3个世纪,如此魅力可不仅仅只是你所看到的那一瓶深色液体的碳酸饮料，而是因为"可口可乐"是美国的一大象征。

第二次世界大战中，可口可乐让美国大兵摆脱了孤独和苦恼，是稳定军心、提高士气的军需品。因此，可口可乐是有着历史价值感的，这也就造就了可口可乐在消费者心中的不可取代性，这便是一种品牌联想性的影响。

3. 第三个层次：潜意识

所谓潜意识，是指客户对于产品最真实的感受，因为大部分的消费者在进行购物的阶段，其所追求的不仅仅是生理上的满足，更多的是对于产品价值的认同与自我心理感觉的符合。而只有品牌才能赋予消费者需求被认同的心理满足。

案例：1999年，星巴克咖啡首次进驻中国，在北京国贸大厦开了一家中国分店，并受到了大众的喜欢与青睐。总之，星巴克成为一种时尚文化的休闲生活体验。并且以极为迅速的速度将商业版图划到了我国各大一、二、三线城市，甚至成为装点都市白领生活门面的地方。

纵观星巴克的选址，我们发现将"小资"定位为其消费对象的星巴克，大部分店铺都置于时尚、潮流的商场与写字楼附近，巧妙地利用了白领小资们的消费心理特征，为那些希望自己被划分为都市白领身份的人们提供了一种全新的消费体验。

企业要想在激烈的市场竞争中立于不败之地，占领消费者的心智、读懂你的消费者的需求至关重要，同时这也是当今品牌战争中的制胜法宝。

3.1.4 独特卖点，占领客户大脑位置

什么是定位？就是在客户心目中的位置。比尔·盖茨＝世界首富，李嘉诚＝华人首富，卡耐基＝人际关系专家，迈克尔·杰克逊＝摇滚之王，易中天＝三国专家，这就是定位。

什么是企业的定位？麦当劳＝速食店，微软＝软件的霸主，沃尔沃＝安全，格兰仕＝微波炉，这就是企业的定位。

企业定位是指定给顾客的印象和感觉，以及你要切的市场的这块饼。纵观全球500强企业，它们在整个运营的过程中所销售的不是真正的商品，而是其商品在消费者心中的形象，也就是其企业定位。

你的定位要想吸引大众，最重要的就是定位好你的企业的独特卖点。例如，人们一提到沃尔沃汽车，就会想到它安全；一想到沃尔玛超市，就会想到天天低价；一说到海飞丝，就会想到去头屑；一看到云南白药，就会想到祖传秘方；一喝到百威啤酒，就会想到百威全球第一的销量。而这些都是企业定位给独特卖点的成功案例。

当当书店以多种选择、产品具有深度与广度作为自身企业的一大卖点；中国春秋航空以低成本取胜定位为企业卖点；Seven-Eleven以方便、地理位置优越、货源充足、递送迅捷、24小时服务为企业卖点；来自于法国的香奈儿以非比寻常的产地为独特的卖点；张裕葡萄酒以悠久的历史优势来定位产品的独特卖点；苹果手机以创新、时尚与科技为其产品的卖点定位。

而在众多独特卖点的定位上，有一种卖点定位方式总是能够俘获一大批消费者的热情拥护，这种独特卖点就是打造"第一"胜过"更好"的原则，这就需要企业学会如何创造品类第一。

创造品类第一，定位你的独特卖点，这是成功的第一步。

计算机企业中的品类第一案例如下。

IBM——第一家进入计算机领域的领头企业。

DEC——第一个进入微型计算机领域的企业。

Dell——第一家采用电话销售的计算机企业。

英特尔——第一家进入微处理器的公司。

微软——第一个进入软件领域的计算机公司。

水饮企业中的品类第一案例如下。

娃哈哈——第一种矿泉水饮水。

乐百氏——第一种纯净水。

可口可乐——第一个碳酸饮料。

鲜橙多——第一种果汁饮料。

乌龙茶——第一种茶饮料。

农夫山泉——第一种天然水。

星巴克——最大的咖啡饮料。

蒙牛——乳制品饮料的领导品牌。

红牛——功能型饮料第一品牌。

学会创造第一对于企业产品独特卖点的定位具有至关重要的作用，但随着市场竞争的日益激烈，想要创造这个"第一"很难。

但如果能够衍生到大类别下的小类别，或者对产品卖点加以整合，还是有机会的。例如，深圳点石成金大学生创业团队，每年利润在100万元以上，就是在阿里巴巴国际站营销推广这样的细分领域，在一个小的领域深耕发展。

那么我们到底要如何进行独特卖点的提炼呢？可以参考下面的四大法则。

法则一：确有其能。

这种方法就是真实地提炼你的产品的功能与产品的优势，并用生动、直接有感染力的语言进行加工与描述，再通过有效的途径加以传播，获得客户的认可与青睐。长此以往，就会在客户中形成一个固定的产品卖点，这样的提炼方式就成功了。

法则二：确有其市。

在提炼产品的独特卖点的时候，一定要以当前的市场需求为导向，卖点要指向比较集中且容易锁定的消费人群。市场的细分已成为在激烈的市场竞争中取胜的法宝，但细分的程度要在一定的范围之内。

法则三：确有其特。

在提炼自身产品的卖点时，一定要区别于其他品牌的同类产品，要突出自我品牌产品的个性化与特色，更要巧妙地加以传播，卖点内容尽量通俗易懂，这样也有利于大众的记忆、识别和传播。但不能过于哗众取宠抑或违背习俗道德。

法则四：确有其途。

在提炼传播卖点的时候，一定要考虑自己的传播卖点是否符合当前大众媒体的传播形式，对于过于难懂、耗时较长的卖点可以直接放弃，要让自身产品的卖点易懂而不庸俗。

这样好的核心卖点是能够找到其"廉价"的快速传播通路的；产品的核心卖点，若能让消费者为了显示自己"见多识广"、"胜人一筹"而主动传播（口碑或民谣等），则是一种最为成功的卖点提炼。

3.2 网络营销如何做好定位

3.2.1 网络营销定位实现步骤

网络营销和传统市场营销的差别如表 3.1 所示。

表 3.1 网络营销与传统市场营销的区别

项目	传统市场营销	网络营销
营销观念	大规模的目标市场	影响精准目标人群
沟通方式	提供单向的信息传输,企业难以及时得到消费者的反馈信息	交互式营销沟通模式
便捷性	受时空限制,不能迅速、快捷地达到营销目标	相隔的时差几乎不复存在,能够提供 24 小时服务
技术性	没有特殊的技术性要求	计算机是网络营销的基础
成本	成本相对较高,但基本不需要技术投资	成本相对降低,只要求一次的计算机技术投资

有了市场定位的标准,网络营销企业需要按照一定的步骤来实现准确的目标市场定位,与传统市场定位相似,网络营销目标市场定位按照如下步骤完成。

1. 找出自身特色,识别竞争优势

对于网络营销企业来说,必须在充满了竞争的网络市场找到自身的优势所在,这个步骤往往是通过找到自身与竞争对手间的差异性来完成的。这些差异性体现在 4 个方面,网络营销企业需要从以上的差异中,选择出企业的优势,这些优势可以使企业更准确地找到定位切入点,增强在网络市场的竞争力。

2. 在细分领域,选择合适的竞争优势

网络营销企业可以通过找到自身与竞争对手间的差异来获取竞争优势,但此时往往可以列出多种竞争优势,企业需要从若干个潜在的竞争优势中选择其中几个竞争优势,建立起市场定位战略。选择竞争优势时的"合适"主要是指该优势最能使企业在目标市场中发挥出全部能量,获得最大的利益和发展空间。

对于同一企业来说,最适合的竞争优势也会随着企业的发展而不断变化,企业应该及时把握现阶段的竞争优势,调整市场定位。阿里巴巴现今的市场定位是为中国中小型企业提供贸易服务,这里的贸易服务包括国内贸易和国际贸易,其中定位重点放在国际贸易。这与阿里巴巴早期的市场定位有区别,发展初期阿里巴巴将定位重点放在国内贸易,因为那个时期阿里巴巴的最大竞争优势体现在所能向客户提供的服务和贸易理念上,商务资源对于阿里巴巴来说当时还比较缺乏。经过了一定时期的累积性发展,如今的阿里巴巴已经融会了大量的商家,其中以中小型企业居多,这成了阿里巴巴现今的最大优势。分析国内国际贸易需求,国内的中小型企业希望加入国际贸易的洪流,而国外企业希望能了解和接触到更多的中国企业,因此,阿里巴巴利用手中巨大的商务资源接轨国际市场,形成了新的具备极强竞争力的市场定位。

3. 市场定位的表达与传播

选择好市场定位,必须采取适当的切实表达和文字,把市场定位传达给目标消费者,企业所有的市场营销组合都必须支持这一市场定位战略。对于网络营销企业,可以采用传统和网

络相结合的方式传递市场定位,以保证其市场定位深入人心。例如,知名饮品"王老吉",其市场定位为具备清火功能的功能性饮料,摒弃了不被大多数中国人接受的"凉茶"概念,以一句"怕上火,喝王老吉"的广告词作为宣传口号,通过电视广告、广播、杂志、网络广告等媒体宣传,使此定位深入人心。在国人渐渐接受并喜欢上此类产品后,其后的同类竞争产品便开始以"凉茶"的概念为品牌形象定位,这就要求企业除了选择传统宣传理念进入市场外,还要将"老字号"、传统、正宗等作为诉求重点进行宣传。因此我们看到,同类产品在进行市场定位时,不一定只有一种定位标准,应按照当时的市场情况进行最准确恰当的定位。

网络营销企业的市场定位除了产品、服务对象外,还要通过网站设计、特色服务等来将定位有效传递给目标对象,这一步是企业定位中的关键环节,也是企业定位策略是否得以最大化实施的前提。

3.2.2 网络营销定位核心要领

以上学习了网络营销定位的步骤,那么具体做好网络营销定位,有哪些要领呢?

1. 目标客户定位

关于"找对人"方面,主要问以下几个问题:什么是目标客户?目标客户在哪里?他们是谁?在什么地方可以找到?谁才是企业的目标客户?目标客户都有哪些共性?找出这些共性,企业的目标客户自然就浮出水面了,这也是判断谁是企业目标客户的准则。

2. 核心产品和独特卖点定位

核心产品是客户最重视的,也就是核心价值,是客户真正的需求和真正的目的。有形产品是可以看得见、摸得着的。购买产品时,销售员讲的都是有形产品,即产品是什么规格、样式,功能如何,品牌是什么,外包装是否漂亮,这些都是有形的。有形产品不是客户真正需要的东西。所谓的核心产品定位,就是你在客户心中的地位。

什么是独特卖点?就是给客户的印象和感觉,以及你要切的市场的这块饼。你的公司=什么字眼,如麦当劳=速食店,微软=软件的霸主,沃尔沃=安全,格兰仕=微波炉,比尔·盖茨=世界首富,李嘉诚=华人首富,卡耐基=人际关系专家,迈克尔·杰克逊=摇滚之王,易中天=三国专家。一流的企业都不是销售产品或服务的企业,它们销售的都是其在消费者心目中的印象。你如何去找到一个专属的字眼,深入人心,这就是定位。说白了,独特卖点就是你与众不同的核心竞争力的表现。

3. 关键字定位

什么是关键字定位?其实就是按部就班地对你的关键字分类,按照关键词定位潜在客户的方式。以下列出了几类常见的关键词。

(1)产品词。

产品词可以是你提供的产品/服务的大类,也可以是产品细类,可能具体到产品的种类、型号、品牌等。

对不同行业、企业来说,产品词的大类和细类的区分可能不同,如"雅思培训"对于专门的雅思培训机构来说可能属大类,而对代理各种培训业务报名的机构来说可能属细类,请根据自身业务性质灵活把握。

由于网民的搜索习惯各不相同,对一些特定的产品名称,还可以考虑使用一些缩写、别称形式,如"雅思"、"雅思英语"、"IELTS","干洗机"、"干洗设备"等。

(2)通俗词。

通俗词即网民可能使用的一些口语式表达,可能以疑问句式和陈述句式出现,如"我想开干洗店"、"哪家英语培训机构好"、"怎样才能学好英语"等。使用这类搜索词的一般为个人消费者,搜索目的可能以信息获取为主,对商业推广结果的关注程度不同,所带来的转化效果和商业价值也有所不同,建议个人根据自身业务特点进行尝试。

(3)地域词。

地域词即以上产品词、通俗词等与地域名称的组合,如"北京法语培训班"、"上海同城速递"等。搜索这类词的网民的商业意图更为明确,一般希望在本地消费/购买,建议在创意中突出产品/服务的地域便利性。

(4)品牌词。

品牌词即含有你的自有品牌的关键词,如"百度"、"有啊"等,或一些专有品牌资产名称,如你的企业拥有的专有技术、专利名称等,但不能提交侵犯他人知识产权的关键词。

(5)人群相关词。

网民未直接表达对产品/服务的需求,但搜索词表达了其他相关的兴趣点,与你的潜在客户群可能存在高度重合。你可以把推广结果呈现在这些有潜在需求的网民面前,吸引他们的关注,激发他们的购买欲望。例如,关注韩国留学、韩企招聘的网民,都可能有学习韩语的潜在需求,也可能是你的潜在客户。

本章小结

本章详细介绍了做好网络营销的起点是做好定位,简单地说,就是找对人,做对事,去占领对的人的心智,当客户想到这个品类就能联想到你的品牌,就像想到凉茶就想到王老吉一样。

"找对人,做对事"永远是营销最真理的定位。很多新手,尤其是刚毕业的学生,做业务的时候思路不清晰,方法不得当,以至于受到很多挫败和走了很多弯路。

好好总结一下,问题的原因都是"没有找对人,没有做对事",烧香切忌拜错佛,销售最大的忌讳就是找错人。

希望大家好好体会本章的精髓,学以致用。

课后思考

1. 你认为"高血压检测仪"的目标客户是哪些?为什么?
2. 如何做好"湿巾"的网络营销的定位?
3. 如何通过关键字做好产品定位?

中 篇

网络营销实战

第4章

营销型网站建设

本章导读

从教十余年，遇到很多学生创业，想做一个网站通过互联网宣传产品，花了很多时间学习网页三剑客（Dreamweaver、Fireworks、Flash），好不容易做出静态网站，又再学习动态网页编程，最后终于做出一个"电子商务"网站，最后发现做出来的网站仅仅只是一个摆设，不具有任何营销的作用。

当然，网站也是电子商务不可缺少的环节，对于个人来说当然可以作为一个就业的职业岗位。对于企业来说，网络营销网站的成与败不在于网站做得多花哨、多漂亮，好看当然是一个重要因素，而网站是否具有"营销"功能，让网站本身就成为会说话、会销售的业务员更加关键。

因此，并不是所有的网站都叫营销型网站，营销型网站和普通展示型网站的区别不是美工做得是否漂亮，而在于网站的"思想和灵魂"，其中最大的区别在于：①是否按照消费者的采购决策习惯来进行设计，是否读懂了消费者的内心对话；②是否符合百度等搜索引擎的排名习惯。

本章将通过营销型网站案例来详细介绍搭建营销型网站的设计要领和排版细则。

学习目标

1. 理解设计成交型网站的框架思维
2. 掌握营销型网站的文案设计要领
3. 掌握营销型网站的排版设计要领

本章重点

1. 理解消费者购买流程
2. 提炼出产品的亮点、定位、信任状及成交主张

本章难点

第一亮点、第一定位、第一信任状、第一主张在实际案例中的设计

4.1 设计营销型网站的思维框架

设计营销型网站之前，首先需要思考网站的消费者是如何做购买决策的。美国著名的感官逻辑学大师丹·希尔在《Body of Truth》一书中指出了消费者购买决策的真正顺序，如图 4.1 所示。

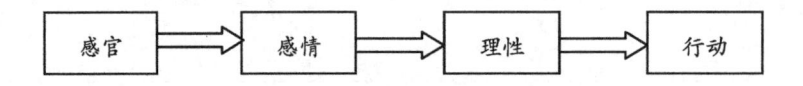

感官 → 感情 → 理性 → 行动

图 4.1 消费者购买决策顺序

（1）"感官"是基础，也是最重要的一环。不能吸引人的注意力，如不能冲击感官屏障，就没有"决策"的产生。
（2）"感情"是第二位的环节。决策产生于"感情"。
（3）"理性"做判断处于第三位，有时甚至可以忽略。
（4）"行动"是结果。

典型案例

举例阐述这个模型。例如，我们到超市去购买矿泉水，在一排排货架上面，我们常常一眼扫去，就把外包装最吸引人的那个产品拿了出来——这就是外包装刺激了我们的"眼球感官"，它吸引我们的注意力。（感官）

接下来，我们会看产品的品牌名。一看到是"农夫山泉"，就联想到了在电视广告里，曾看过到的"山泉流淌"的画面，心底里产生了"纯天然"、"健康"的感觉，认为这种"泉水"喝着放心——这实际上就是"感情"的刺激，内心产生了购买的欲望。（感情）

接下来，我们又看到出厂日期，以及相关的说明都基本满意——这是"理性"分析；很多时候，我们的购买决策是不通过"理性"辨别的，所以，有时这个环节直接省略并跳过。（理性）

最后，我们把"农夫山泉"拿走到前台结账了，这就是"行动"部分。（行动）

无论我们购买任何产品，其决策流程基本都是上面的顺序。
（1）"感官"：吸引我们的注意力。
（2）"感情"：影响我们是否产生购买欲望。
（3）"理性"：为购买欲望寻找理性依据。
（4）"行动"：最后付诸购买行动。

网上销售的营销推广也不得不遵从这样的顺序，因为这就是"人性"，是根深蒂固的行为；是受人类的潜意识支配的，人类自身很难改变。

当然，网站设计师更没有可能去改变，而只能是顺从。

根据客户采购决策流程，我们设计了营销型网站的文案框架，如图 4.2 所示。

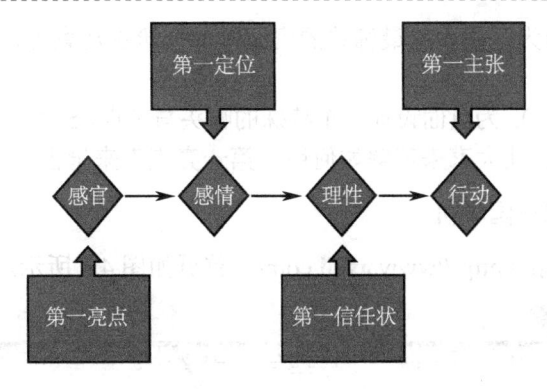

图 4.2　营销型网站的文案框架

重点内容

第一亮点：突破"感官"。
第一定位：突破"感情"。
第一信任状：诉诸"理性"。
第一主张：诱导"行动"。

SRO 文案系统必须依从消费者的"心声"，根据他们的"决策模型"、"内心对话"来设计成交流程及网页结构。

技术链接——SRO

SRO 即 Sale Rate Optimization，是指"成交率优化"。SRO 是通过改变产品描述、网页排版、成交主张等方法，将网页成交率倍增的优化过程。成交率可以理解为：当 100 个新顾客访问你的网站，而仅有 1 人成交时，你的网站成交率为 1%。

现实中，90%的网站设计师是没有想过要根据什么样的"决策模型"来设计的，他们只是凭着自己的"感觉"来做事；然后凭着自己的"感觉"来修改。

所以，网络营销，不仅是"艺术"，更是"科学"；必须采取科学的原理及方法论，才能让网站成为"赢利流水线"，而不是手工小作坊。

4.2　营销型网站文案框架

营销型网站的实施方法需要思考以下两个问题。
（1）你的购买决策有哪几个环节？
（2）如何突破这几个环节？
本节讲解如何设计按照购物决策的成交型网站。

4.2.1　突破感官的"第一亮点"

21 世纪是信息爆炸的时代，广告无处不在，信息无孔不入，消费者每天都接触成千上万的营销信息。

所以,"注意力"成为互联网上最稀缺的资源,如何抢占注意力,已经成为网络营销的第一火力点。

第一亮点(Highlights):为页面设计一个特殊的噱头与亮点,5秒之内就吸引浏览者的注意。下面通过几个案例,让大家来理解如何用"第一亮点"来抢占注意力。

1. 案例一:学而第一国学机

学而第一国学机网站(http://www.gxzjj.com/)首页如图 4.3 所示。

图 4.3 学而第一国学机网站首页

图 4.3 中销售的是一款儿童学习国学的国学机,购买的人群是谁呢?不是儿童,是儿童的家长,"谁毁了孩子的一生"这样的画面,马上就牢牢地抓住了家长的注意力,会让家长继续认真研究网站。

浏览者的注意力是很容易分散的,大多数人只会用 5 秒来判断网站的价值,并决定是否留下。

2. 营销型网站——点石成金网站

点石成金网站(http://www.alirank.net)首页如图 4.4 所示。

图 4.4 点石成金网站首页

这个大学生创业项目，没有太多花哨的美工，用的也是非常简单的技术，每年利润在100万元以上，首屏也非常简单，告诉客户它是做阿里国际站营销推广的，以及一些阿里巴巴邀请演讲分享的图片。

接下来，在后面的页面里，又展示了媒体报道和深圳卫视采访团队的视频，如图4.5所示，进一步吸引了浏览者，为网站的成交打下牢牢的基础。

图4.5 网站亮点展示

技术链接——销售型单页设计成功的关键元素

所谓单页销售型网站，就是从头到尾一个页面，把页面做成会说话的业务员。要设计一个成功的销售型单页需要遵循以下原则。

1. 坚持以销售为本为总体原则

"单页销售"由"单页"和"销售"两个词语组成，重点在"销售"二字，这就告诉我们，在设计和制作单页时，必须以销售为本，一切为销售目的服务，单页销售能够有效地提高和促进产品销售。所以，企业在制作单页时，技术部门应该从销售部门取材，以销售部门的需要为要点进行制作，让其最贴近和满足销售部门的需要。

另外，单页在设计过程中，要简洁明了地呈现产品，让客户在进入单页界面时第一眼就能看到产品并能吸引客户的眼球，让客户高度关注产品，并产生强烈的占有的欲望，进而引导客户消费，这样，单页销售的目的就达到了。

2. 以逆向思维为设计原则

单页销售的核心理念在于要了解和分析潜在客户的所思所想，引导客户消费。所以单页设计时就应该基于这个理念，那么如何达到这一点呢？这需要换位思考，也就是说，要把自己假想成潜在的消费者，自己在看到何种单页时能够产生购买欲，只有对目标客户进行精准的分析，才能制作出有利于促进销售增长的单页。

例如，设计手机单页，文字描述应强调其"功能性"、"专业性"、"良好的售后服务"，如手机可以炒股、可以在线玩时下流行的游戏等，对功能性描述，可以浓墨重彩地渲染；可以通过一些技术参数的书写，给消费者呈现一个专业性强的产品；售后服务也是非常重要的环节，也是电子产品类单页的重要环节，可以通过对产品使用周期的研究，提出一个让消费者放心的有利于提高销售业绩的售后服务承诺，让大家买得放心。

3. 单页上灵活运用传统销售策略

第一，可以结合产品的实际情况，采用打折促销的方式（注意不要虚高原价），这是近年来各行业广泛使用的策略，因为这样较容易吸引客户的眼球。

第二，标注价格尽量避免整数或10的倍数，标注199和200的差异很大，这个可以借鉴现在超市或者一些网站上的标价。

第三，客户弱点刺激，通过一些加粗或者放大的字体、夸张的图画等，来刺激客户的弱点，塑造不改变的痛苦，同时结合产品使用前后的变化进行直观的对比，能产生强烈的视觉冲击，从而刺激客户购买该产品。例如，宣传减肥药，必须让客户认为自己肥胖是痛苦的，会影响身体健康，影响人际交往，失去很多工作机会等，再配上某人减肥前后带来的各方面的变化对比，让人即刻产生购买的想法。

第四，典型案例分析结合和直观的客户咨询，空洞的理论说教远不如切实的案例来得直接。国人喜欢看论点，更重要的要看论据进行论证的过程，目前使用较多的是用淘宝的客户评价区进行复制，但是要注意客户性，不能100%都是好评，那样容易让人质疑真实性。同时还可以去客户讨论区、论坛或是旺旺聊天记录等进行截图，向客户直观地呈现客户自选的全过程。

第五，适当地进行买赠活动，要相信很多人会因为可爱的、实用性超强的赠品而购买一些物品，甚至是暂不需要的物品。所以买赠的促销活动是非常有效的。

第六，页面重点要突出，如订购区的订购按钮、订购电话等一定要设计的醒目。推荐页面最好多设计一个按钮，这样能够让客户在产生购买冲动的第一时间内就选择订购。

第七，一定要做好前期的工作，有很多产品就是通过前期不断的客户介绍，有的通过邮件，有的通过在线交流等方式，在和客户做好充分的沟通后再进行销售的，产品的销售业绩也相当可观。

所以说任何传统的营销方法在单页销售中都可以进行尝试，作为一种微型的销售系统，可以在实践中尝试，在尝试中感受这种营销的效果。

3. 案例三：营销型网站——阿里外贸机器人

阿里外贸机器人网站（http://www.alirobot.net）首页部分样式如图4.6所示。

图4.6 阿里外贸机器人网站

网站的技术看起来非常简单，首页页面却直接通过阿里机器人的好处："阿里外贸机器人让您的外贸订单 6 个月翻番"，牢牢抓住目标客户的注意力，留住客户。

切记：抢夺客户的注意力是该类型网页设计的第一要务。

4．案例四：点石成金营销型旺铺装修

阿里巴巴国际站营销型旺铺装修网站（http:www.alirank.cn）首页如图 4.7 所示，这是一个反面案例。这个网站也成功抓住了客户的注意力，"网站注入灵魂，让海外客户瞬间爱上你"也打动了消费者，为什么是反面案例呢？

起初该网站吸引了很多客户购买该网站的产品，然而点石成金不具备这些装修的技术实力，装修起来十分费力，完全没有回头客。就好比，一个餐厅饭菜做得不够好，餐厅装修得再豪华，宣传做得再好，也不可能持续性发展。因此，产品是根本，网络只是平台和渠道。

图 4.7　阿里巴巴国际站营销型旺铺装修

重点内容——"第一亮点"的价值

使用浏览者前所未见的手段，突破感官屏障，在 5 秒之内牢牢抓住他们的注意力，吸引他们继续看下去。这是"第一亮点"的基本要求。

因此，建设一个网络营销网站项目，不能把网站设计的工作都委托给设计师，更不能依赖于美工人员的"艺术创造力"，而应该从看网站的消费者出发，提出大胆而又明确的创意，让网站与众不同，让人惊叹。

最后记住，客户进入你的网站，前 5 秒网站能否抓住受众注意力就决定了网站的成与败了。

4.2.2　突破感情的"第一定位"

"第一定位"（Position）：为产品打造一个独特的卖点与定位，使之立即超越同类产品，牢牢占据消费者的心智。

提到凉茶的时候，你会想到什么品牌呢？答：加多宝。提到中国首位进入太空的宇航员，你会想到谁？答：杨利伟。这些产品的第二位是谁呢？答：不记得了。

想到可乐，能想到哪几个牌子呢？可口可乐、百事可乐，好像想不起其他品牌了。

很多人问，营销的战场在哪里？其实在目标客户的大脑，整个营销的过程就是不断影响目标客户大脑的过程。然而在目标的大脑里面，每个品类很难记住超过 7 个品牌。

"第一定位"的意思就是,"不断告诉客户,你是细分领域的第一"。

成为消费者心智中的第一才是关键,大部分客户认为自己不是第一,这就需要开创一个新的品类,不断给消费者暗示自己是这个品类的第一。

1. 案例一:七喜饮料

当年七喜在美国还是一个不知名的小品牌时,它将饮料定义为可乐和非可乐两个类目,宣传自己是"非可乐的代表",如图 4.8 所示。如此一来,七喜很快达到了与可口可乐齐名的程度。在七喜提出"非可乐代表"的第一年,其汽水市场占有率就达到了 15%,之后不断上升,终于成为美国非可乐饮料的第一品牌。

图 4.8 七喜饮料营销

重点内容——强化"第一"

在情感深处,人们都有"第一情结",总会自主地把"第一"和"最好"画上等号。所以,在策划网站信息文案时,必须不断宣传以下内容。

(1) 我们是行业领导品牌。
(2) 我们是第一。
(3) 我们是销量最大的。
(4) 我们是市场占有率最高的。
(5) 我们是历史最悠久的。
(6) 我们是最正宗的。

2. 案例二:深圳点石成金的产品

点石成金创业初期,员工都在大学宿舍办公,一直用采用"第一定位"的法则,营销推广应用了如下的"第一"的定位。

(1) 深圳点石成金——阿里巴巴国际站营销推广第一品牌。
(2) 阿里外贸营销兵法——国内首部阿里外贸实战著作。
(3) 橙果营——国内第一个国际站在线特训营。
(4) 阿里外贸机器人——中国第一款阿里巴巴国际站自动化营销利器。

注意:不是第一款网络营销自动化营销利器,而是阿里巴巴国际站,是定位一个小的领域,不断成为行业老大。

在国内同行、小领域、大市场,点石成金都在不断强调和暗示自己的第一,这个是重要的秘诀。

4.2.3 诉诸理性的"第一信任状"

客户被"第一亮点"吸引了注意力，并看到"第一定位"之后，他们需要我们来证明："为什么你是第一，你用什么来证明自己的说法"，接下来需要做的就是用事例和案例来证明自己了。

"第一信任状"（Credentials）：使用某种突出的说服工具，快速建立起信任感，打破消费者心中的坚冰。下面用案例来说明。

1. 案例一：海量见证的百花散

百花散网站（http://www.baihuasan.com/bl.htm）如图 4.9 所示，首页"百花散"指明了自己的"第一定位"："百花散，中国肠胃病首选品牌"。

图 4.9 百花散网站

那么怎么证明自己是首选品牌呢？网站列举了 5 类证据。

证据一：600 年传世植物食疗方，采用现代技术和传统工艺相结合的方法精制而成。

证据二：天台山纯天然植物组方，药食同源，避免了化学药品对身体的伤害，安全无副作用。

证据三：独特配方多道工序提取植物精华，直捣病灶食疗效果好。

证据四：百花散现代传人梅安富郑重承诺：1～5 天不见效，无条件接受退货，退款有保障。

证据五：5 年已经让 30000 个病痛患者恢复健康的案例。

上面 5 类证据，哪个是最有说服力的呢？

无疑是第五个，客户名单遍及整个中国，"百花散"把康复的病患者变成了代理商，直接用消费者来说话，说服力极强。

通过看庞大的"客户名单"（图 4.10），客户感受到了网站强悍的"第一信任状"有以下几个特点。

图 4.10 代理商的宣传

数量庞大：整个网页有 20 屏，都是满满的客户见证。

资料翔实：不仅有姓名、地址，甚至还有电话、手机和淘宝店地址。

覆盖面广：客户名单地址覆盖了大半个中国，让人感觉"百花散"无处不在。

虽然该网站页面设计得不够美观，甚至显得凌乱，但是产品成交效果非常好。其思路是把客户变成了推广的业务员，起到了很好的效果。

2．案例二：点石成金阿里外贸机器人客户见证

阿里外贸机器人产品，基本是自动化成交的产品，不需要夸张的自吹自擂，很大篇幅都是客户见证和客户的真实聊天记录，如图 4.11 和图 4.12 所示。一切都是让客户自己得出结论，用真实的数字和业绩在客户中奠定了信任。

图 4.11 阿里外贸机器人成功案例

▶ 2015年3月部分阿里巴巴国际站中国供应商真实效果展示	发布时间：2015-04-03 16:38:41
▶ 2015年1-2月部分阿里巴巴国际站中国供应商真实效果展示	发布时间：2015-03-23 22:11:51
▶ 一个大学老师和马云和阿里的真实故事[2014年终汇总]	发布时间：2015-02-05 18:59:52
▶ 2015年1月部分阿里巴巴国际站中国供应商真实效果展示	发布时间：2015-01-05 19:19:01
▶ 2014年11月部分阿里巴巴国际站中国供应商真实效果展示	发布时间：2014-12-10 16:57:07
▶ 2014年10月部分阿里巴巴国际站中国供应商真实效果展示	发布时间：2014-11-01 16:53:45
▶ 2014年9月部分阿里巴巴国际站中国供应商真实效果展示	发布时间：2014-10-10 12:15:41
▶ 如何3个月稳定在阿里国际站行业前十Top10-新海创新何海莲	发布时间：2014-04-21 14:01:00
▶ 阿里巴巴新手阿里国际站3个月接到近20个外贸订单-王秋霞	发布时间：2014-04-14 13:59:00
▶ 2013年7月部分阿里巴巴国际站中国供应商真实效果展示	发布时间：2013-08-01 17:22:00

图 4.12 阿里外贸机器人效果的客户见证

关于如何让客户自己得出结论，下面学习东京迪士尼乐园情感营销的案例。

3．案例三：东京迪士尼乐园

东京迪士尼乐园是如何实现并长期保持其高水准服务质量的呢？先看一个故事。

典型案例——东京迪士尼乐园

一天，一对老夫妇抱着一个特大号毛绒米老鼠（卡通毛绒玩具）走进我们餐厅。虽然平日里可以见到很多狂热的迪士尼迷，但抱着这么大毛绒米老鼠的老人走进餐厅还是第一次。

我走到他们身边与他们打招呼："这是带给小孩儿的礼物吗？"听到我的询问，老妇人略显伤感地答道："不瞒你说，年初小孙子因为交通事故死了。去年的今天带小孙子到这里玩过一次，也买过这么一个特大号的毛绒米老鼠。现在小孙子没了，可去年到这里玩时，小孙子高兴的样子怎么也忘不了。所以今天又来了，也买了这么一个特大号的毛绒米老鼠。抱着它就好像和小孙子在一起。"

听老妇人这么一说，我赶忙在两位老人中间加了一把椅子，把老妇人抱着的毛绒米老鼠放在了椅子上。然后，又在点完菜以后，在毛绒米老鼠的前面也摆放了一份刀叉和一杯水。

两位老人满意地用过餐，临走时再三地对我说："谢谢，谢谢！今天过得太有意义了，明年的今天一定再来。"

看着他们满意地离去，一种莫名的成就感油然而生。我为自己有机会在这里为客人提供服务而感到无比的自豪和满足。

这是东京迪士尼乐园一名餐厅服务员的自述，没有直接说服务员要如何对客人微笑、如何倒酒、如何上菜等，而是通过一个小故事让客户感受到迪士尼的温情，于无声处见真情，细节中黏着客户。

4.2.4 诱导行动的"第一主张"

当前面各项工作都做好之后，到了最后一关"成交"，这临门一脚至关重要。

"第一主张"（Offer）：用一种消费者无法抗拒的"成交主张"来化解消费者成交前的抗拒与风险意识，促成交易。

提升成交率，需要理解，成交的关键在于增加和放大快乐、减少痛苦。成交公式如下：

成交＝增加快乐＋减少痛苦

实施的关键是：放大产品的价值和好处，降低客户购买的风险。

1．案例一：淘宝的"7天退还"保障

由于有了"7天退换"保障（图 4.13），我们可以放心试用。虽然绝大多数人即使对产品不满意，最终也不会退货；但是，由于有了这个保障，购买的时候，就可以"麻痹"这个"未来痛苦"的考虑因素了。

图4.13 淘宝"7天退货"保障

重点内容——风险规避，强有力的"退换承诺"

实际上，我们处理的并不是痛苦，而是对"痛苦的忧虑"；我们处理的是解除客户大脑的"预警系统"。

重点内容——价值回报：让消费者感觉"不买就亏了"

网络营销，一定要学会"价值包装"，需要切中消费者的利益点，价值和价格是分离的，可以让1元钱的东西看起来值10元。

下面的这个小广告充分展示了"AD收腹机"的多个成交主张。

（1）折扣：5折抢购。

（2）赠品：买就送24K纯金币。

本来"5折抢购"就已经很吸引人了，再加上"金币赠送"，就大大增加了产品的诱惑力。同样的道理，在成交主张里面设置超级赠品，对产品销售的效果是不言而喻的。

2．案例二：橙果营在线课程价值塑造

橙果营在线课程（www.vgmc.hk）的部分介绍展示如图 4.14 所示。它针对阿里巴巴国际站用户询盘少、排名靠后和P4P太烧钱这3个痛点设计系统化在线课程。

特别提醒：集中注意力，你将马上知晓阿里国际站**不为人知的秘诀**……

"还有谁…渴望获得

阿里不可思议的赚钱秘诀，

零风险倍增国际站利润，

90天打造Top10赚钱机器！"

图 4.14　橙果营在线培训

这个网站的第一亮点、第一定位、第一信任和第一主张是什么呢？

（1）第一亮点。

三大痛点（排名靠后、询盘少、P4P 太烧钱）怎么办？直击用户痛点，快速抓住客户的注意力。

（2）第一定位。

国内首个国际站系统化在线特训营。

阿里巴巴国际站的培训已经有很多，一定要在一个新创的细分领域成为老大，因此，细分出在线特训营，而且是首个。

（3）第一信任。

怎么让客户相信你呢？

① 各种阿里官方颁发的荣誉和证书，如图 4.15 所示。

图 4.15　培训宣传 1

② 几个完全真实的客户见证，不是自吹自擂，而且用客户的声音来说明这个课程的价值。

（4）第一主张。

90天打造国际站自动化赚钱机器。

如何来支撑这个主张塑造价值呢？为了引导客户，先提出两个问题。

第一，目前市场上，类似的阿里巴巴国际站培训课程，价格是每人7800～12800元，连续几天几夜上课没有时间去消化。学习类似的内容，采用网络的方式，你不需要担心住宿和差旅费，只用一根网线就能轻松获取同样的内容。

第二，阿里平台每年年费最低为29 800元（金品诚企为8万元），你至少需要请一个外贸业务员（也可能是你自己），办公场地也需要费用；如果阿里平台没有得到最大化运用，每个月白白损失的平台费和各种费用接近4000元。《橙果营》将透露的秘诀和方法，已经帮助过上千家阿里外贸供应商零成本倍增他们的利润，如果完全靠自己摸索，你将耗费10倍，甚至100倍的代价。我敢肯定，99%的可能性，你终生无法知晓这些秘诀。

通过这样提问，引导客户思考并认可，这个课程价值是上万元的，巧妙的地方就是最后报价的地方，如图4.16所示。

此外，我每年投资10万元以上在脖子以上用于各种学习和自我提升，可以这样说，为了创作这套《橙果营》课程体系，所有的投资和学习成本已经远远超过50万元，只为了更多的国际站供应商能够从中受益，打造出更多的成功案例！综合所有因素，《橙果营》最终决定的价格是……

"不是5万元，

不是2万元，甚至也不是1万元，

而是6800/人"

前6家报名的企业，还有特别的优惠，**特惠价4980元/人**，同一公司每增加1人增加1200元（也就是说，4980元同一个公司1人，6180元2人，7380元3人，仅限于同一个公司）

此外，为了真正帮助到有需求的国际站企业，本次培训还为**前6家报名的企业**准备了**三大超级赠品**：

超级赠品一	原创的国际站实战宝典《外贸营销兵法》	市场价1980元（淘宝有售）
超级赠品二	阿里外贸机器人软件、P4P机器人软件各一个月	市场价398+168元（官网有售）
超级赠品三	华邦云客户管理系统半年+2万条邮件群发服务	市场价1980元

图4.16 培训宣传2

有没有发现玄机？

投资自己脖子以上已经超过了50万元，课程的费用不是5万元，不是2万元，甚至不是1万元，而是6800元/人，前6家报名的企业特惠价：4980元/人，而且有价值超过4500元的赠品。

这样的成交主张，对于有强烈需求的用户有没有强大的说服力呢？

4.2.5 本节总结

我们对营销型网站的文案框架做个回顾,如图 2.17 所示。

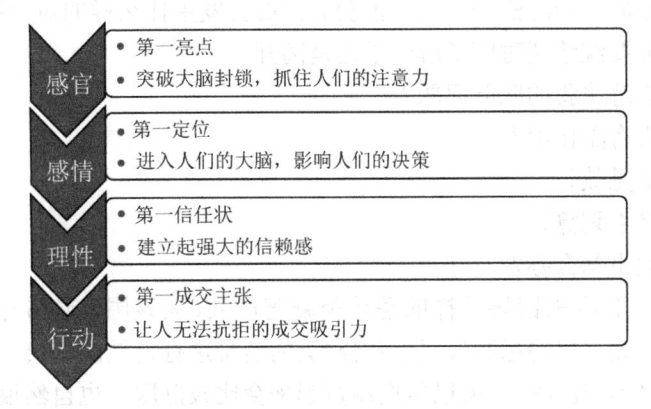

- 感官
  - 第一亮点
  - 突破大脑封锁,抓住人们的注意力
- 感情
  - 第一定位
  - 进入人们的大脑,影响人们的决策
- 理性
  - 第一信任状
  - 建立起强大的信赖感
- 行动
  - 第一成交主张
  - 让人无法抗拒的成交吸引力

图 4.17 文案架构图

根据图 4.17,可以清晰引导文案的加工与优化。

文案虽好,也需要"形式"的包装,下面学习营销型网站的排版系统。

4.3 引导消费者内心对话的排版系统

前面介绍了营销型网站里面最核心的文案系统,那么这些文案如何最佳地排列呢?营销型网站排版要遵循一个前提和三大原则。

4.3.1 一个前提:引导消费者"内心对话"

不管你通过网站展示什么样的产品或者服务,每个消费者在做购买决策之前,都会有一系列的"疑问",不论是否用嘴表达,他们都有一套大致相似的"流程化提问",即"内心对话"。

因此,设计网站之前,你必须首先了解你的潜在客户的"内心对话"。

当你的网页与消费者的"提问流程"不合拍的时候,即使你说得再多,消费者也疑虑重重,甚至转身离去。

相反,当你的网页内容与消费者的"提问流程"完全同步时,消费者浏览你的网页会感到非常舒服,很容易理解你的产品信息与价值,很容易下达购买决策。

1. 案例一:阿里巴巴国际站的在线培训《橙果营》

潜在用户(阿里国际站商家)会有哪些潜在的"内心对话"呢?

(1)这个课程值得我注意吗?
(2)《橙果营》课程教什么内容?
(3)学习过的学员有没有效果?
(4)谁来主讲?有没有知名度和实力?
(5)这个课程和其他同类培训有什么区别?
(6)怎么报名?学费多少?

因此，整个成交型网站的设计是围绕着这些客户的潜在对话来展开的。

2．案例二：医药类产品潜在客户的"内心对话"

如果销售的是减肥类的医药类产品，消费者内心会发生什么样的对话呢？

（1）这个药我需要继续花时间了解一下还是离开？

（2）这个药能否解决我的肥胖问题？

（3）这个药有没有副作用？

（4）多长时间能见效？

（5）多少钱？是否划算？

（6）如果没有效果怎么办？

如果是想通过互联网来销售这样的医药类减肥产品，应该围绕这6个问题来组织信息。然后把问题都变成"数字化的标题"，从而将网页的信息进行自然的分块。这样设计出来的网页，符合消费者的"提问流程"，所以他们浏览起来会比较舒服，也自然很容易引导出成交的结果。

每个产品、每个细分市场、每类消费者的"提问流程"都是有差异的。作为一个网络营销的高手，需要通过大量的调研分析，找到市场消费者的"提问流程"，再通过网页排版方式展示出来，如图4.18所示。

图4.18 《橙果营》营销型网站部分展示

4.3.2 原则一：数字标题，提问引导

营销型网站的本质是让消费者从内心产生信任，激发消费者对产品的渴望。然而，如果网页的信息过长、过于复杂，任何一点问题的出现，浏览者都会注意力不集中，甚至离开网页。

问句对人的大脑有天生的吸引力，如何对客户的注意力做"定期的牵引"呢？实践发现，使用"数字标题序号+提问"的标题组合最有效。客户看到阿里外贸机器人网站的时候，内心自动产品疑问，这个机器人到底能做什么呢？

营销型网页需要设计如图 4.19 所示的标题"1 阿里外贸机器人能做什么？"，请注意，前面有数字"1"的序号引导，后面有"？"让客户潜意识发问。

当然客户的内心对话都是很多的问题，内心对话反映消费者内心对话的顺序，解决了销售网页排版问题，如图 4.20 所示。

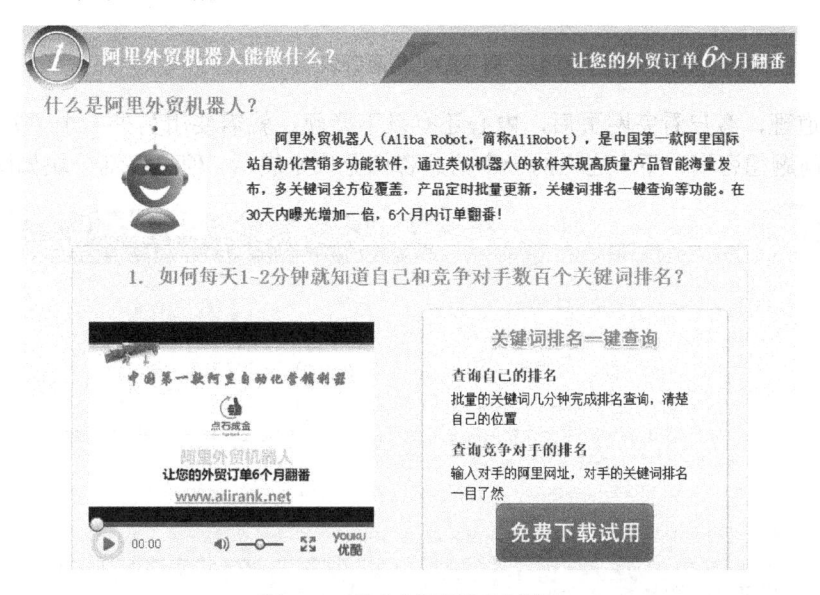

图 4.19　数字标题的网站样例

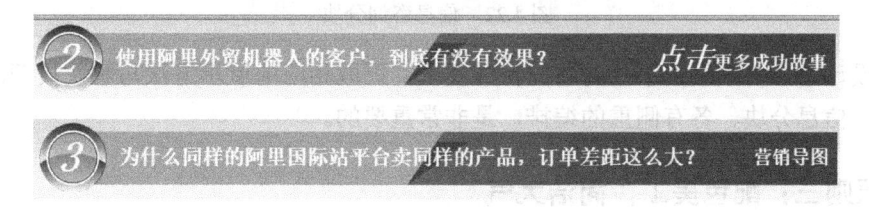

图 4.20　网站排版样例

4.3.3 原则二：信息分块，结构清晰

客户要购买一个产品，需要考虑的点比较多，如产品效果问题、售后问题，不同的信息点，就需要不同的侧重点和表现形式。

例如，阿里外贸机器人到底有没有效果，就需要专门用一个信息分块来展示，如图 4.21 所示。

图 4.21　信息分块

同样的道理，客户看完网页后，内心还有以下疑问，就需要用另外一个"7 感觉不错，我还有一些问题想咨询一下"这样的一个信息咨询分块来展示。信息咨询分块如图 4.22 所示。

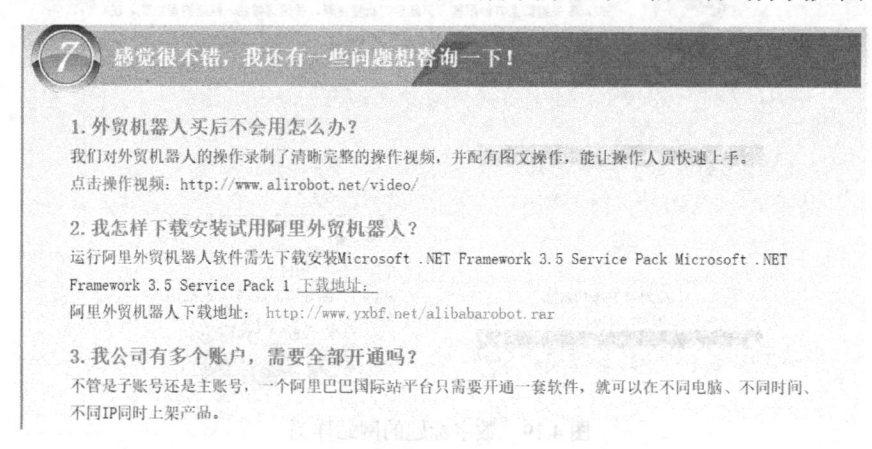

图 4.22　信息咨询分块

网页设计中，必须根据不同问题的特殊要求，采取相应的展示方法与解决技巧。

因此，信息分块、各有侧重的编排，是非常重要的。

4.3.4　原则三：配色美工，简洁大气

不管你的产品的卖点是什么，目标客户有什么特殊之处，只要你的目标是完成销售，你就要保持信息的简洁、直接。

你的网页不能让浏览者感觉很杂、很乱，事实上，越是简洁的，杀伤力越大。网页之所以经常被设计得很复杂，是因为设计师没有"化繁为简"的功力。

爱因斯坦说：白痴都可以让事情变成更复杂；但只有天才才能让复杂变简单。

"简洁"符合这个世界的基本规则，也符合商品经济的价值原则——傻瓜化、低成本解决问题的产品，就是好商品。

因此，消费者不需要"复杂"，他们甚至憎恨复杂。你不用绕弯子，直截了当，直接告诉他们。

总之，网页的信息排版与组织极为重要，它可以直接引导消费者的"内心对话"，从而对销售起到巨大的推动作用。

实用技巧——配色美工

（1）配色比例：70%的主色，25%的铺色，5%的点缀色，色相≤3种。
（2）色相离得越远，对比越明显。对比最为强的为互补色，即红和绿、橙和蓝等。
（3）色相相间，明快活泼。
（4）色相离得越近（相邻色），对比越弱，柔和协调。

例如，红和绿对比明显；红和黄（相间色）明快活泼；红和橙（相邻色）对比弱，柔和协调。

（5）冷暖色：暖色调（红、橙、黄）、冷色调（青、蓝）和中性色调（紫、绿、黑、灰、白）。暖/冷色调分别给人以亲密/距离、温暖/凉爽之感。

4.4　5个让网站倍增利润的秘密通道

4.4.1　找客户的痛点

从客户感受找问题：精准调研统计客户在使用产品之前有哪些痛苦、有哪些担忧、有哪些烦恼、有哪些犹豫。客户痛点定位如图4.23所示。

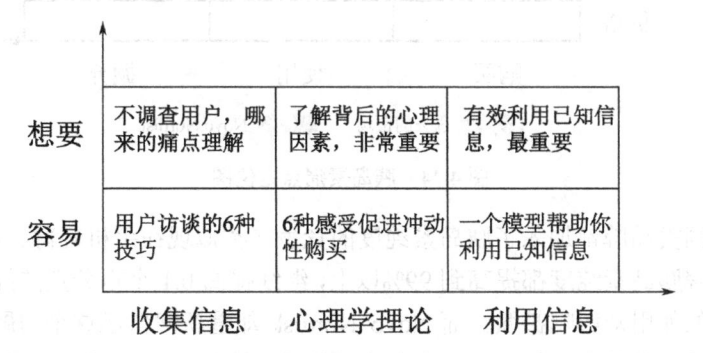

	收集信息	心理学理论	利用信息
想要	不调查用户，哪来的痛点理解	了解背后的心理因素，非常重要	有效利用已知信息，最重要
容易	用户访谈的6种技巧	6种感受促进冲动性购买	一个模型帮助你利用已知信息

图4.23　痛点定位图

找到问题并解决问题：有人想减肥但是又不想多运动，就出现了很多懒人减肥法，如汗蒸减肥法、推拿减肥法；有人想减肥但是又管不住嘴，就出现了各种科学的减肥食谱，并美其名曰"饮食减肥法"。

面对推广效果不佳，很多企业会选择更抢眼的创意、更多样化的营销手段和更高频次的轰炸模式来提升转化率，实际上却收效甚微。营销的本质是拉近企业产品与客户之间关系的纽带。当媒介高度发展背景下客户消费逐渐从"盲目"转为"理性"时，企业推广就一定要一针见血地直击客户痛点。挖掘其深处的需求。客户需要什么，而企业能解决什么，就是关键点所在。

1. 为什么我们需要不停地寻找痛点

因为用户需求和行业都在不断变化，过去被所有人"想当然"认为是痛点的属性，可能很快就不再是痛点了。而这时在大多数厂商一窝蜂聚焦于"曾经的痛点"时，你挖掘了新痛点，就可能逆流而上。

大多数人的思维是"基于原有的问题，我的解决方案是对的吗？"——"如何比别人更好地提高性能？"

而"寻找痛点"则是考虑"我是否提出了正确的问题？"——"提高性能是不是一个好问题？如果不是，应该问什么新问题？"所以，寻找用户痛点的过程，往往意味着"提出新的问题"，而不是"对原有问题提出正确的解决方案"。

2. 如何寻找痛点

（1）纵向寻找。

在同一个过程中，纵向寻找阻碍用户的最大因素，如过去的胰岛素（病人买回家自己注射，用来治疗糖尿病）市场，大部分公司的聚焦点在于使用过程中的"性能"和"风险"，致力于研发更高纯度、更高稳定性的胰岛素产品。这在过去是合理的，因为比起纯度10%的胰岛素，纯度50%的胰岛素显然更能解决病人的问题。其痛点定位图如图4.24所示。

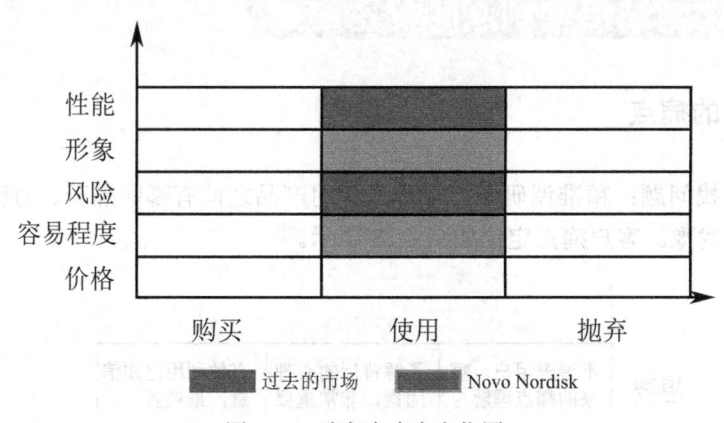

图4.24 胰岛素痛点定位图

这个时候，同类品牌都加入了胰岛素纯度的竞争（类似现在手机轻薄、屏幕等竞争），随着大部分知名品牌胰岛素纯度都提高到99%以上，继续提高0.1个百分点的纯度虽然耗费巨额资金，对消费者的使用却影响甚微。而Novo Nordisk却重新问自己这个问题：此时，阻碍消费者使用最大的因素是什么？然后它发现其实并不是"性能"和"风险"，而是"形象"和"容易程度"。

形象：胰岛素消费者其实都不想让别人知道他们是糖尿病患者。

容易程度：过去的注射器非常麻烦，需要提前消毒并且注射。

所以他们转变了战略的聚焦点，不再花费大量精力提高纯度和稳定性，而是帮助消费者提升形象和容易程度。

最终，他们研发出了一种"笔形"的胰岛素，不容易被识别，帮患者遮盖了"糖尿病人"的形象，同时不需要用针注射，提高了使用的容易程度。

所以，纵向寻找痛点，你需要先找出影响某个环节的全部因素，然后看哪个因素是消费者现在的最大阻碍。

（2）横向寻找。

你还可以横向寻找：如果所有的竞争者都在关注用户的"使用"阶段，那么你可能应该关注其他阶段有没有痛点机会。

例如，汽车行业，用户前后经过了购买、使用、修理、抛弃（转售）这几个环节，其痛点定位图如图 4.25 所示。

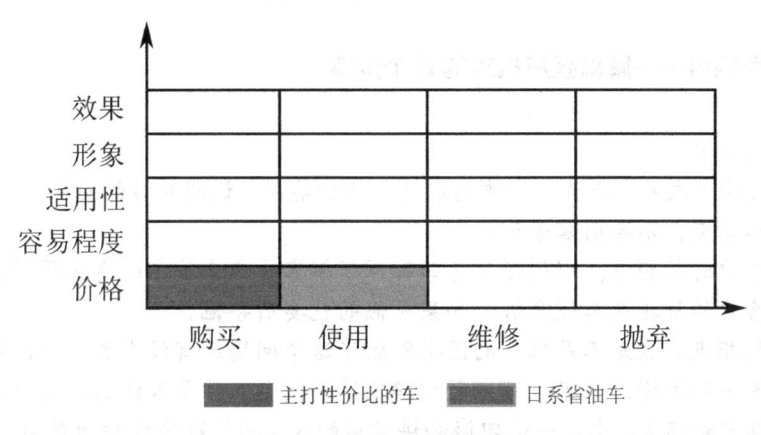

图 4.25 汽车痛点定位图

而在大众甲壳虫之前，欧洲所有的汽车公司几乎都聚焦于用户的"使用环节"，为用户制造出性能越来越好，也越来越让人有面子的汽车。

而甲壳虫却发现这并不是当时对用户的最大障碍，因此它适当降低了在使用阶段"效用"和"形象"上的投入，转而优化所有阶段的"容易程度"，同时提高使用阶段的"适用性"（适应更多的路面情况）。

因此大众造出的甲壳虫外观常年不变，也不能让开车的人更有面子，但是容易买到（销售渠道）、容易驾驶、维修方便（因为使用了标准化配件），同时容易转售（因为外观常年不变）。

再如，20 世纪 70 年代在美国主打性价比的汽车品牌，这个时候如果问：价格敏感用户的最大阻碍是什么？就会发现这个关键阻碍并不发生在"购买阶段"，而是发生在"使用阶段"。因为石油危机，不论买的车多便宜，高昂的油价让人"买得起开不起"。所以，主打省油的日系车大举进入美国市场，大获成功。

所以，寻找痛点时，可以问自己：消费者用我的产品分为哪几个阶段？现在哪个阶段是他们的关键障碍？

4.4.2 找客户的抗拒点

从客户感受找问题：客户看过之后为什么没有立即购买？可能是因为价格太高、包装不好、物流时间太长、产品说明不够清晰等。

找到问题并解决问题：要充分说明价格"高"的原因；包装质量差或不符合客户的审美习惯，是为了更加环保；物流时间太长是为了更好地保证包装产品的安全；若产品说明不够清晰，请客户指出哪里不够好，并进一步完善。

寻找抗拒点的流程如图 4.26 所示。

```
1. 确定决策者  →  2. 完全接受  →  3. 确认抗拒点
                                        ↓
6. 取得客户的承诺 ← 5. 锁定抗拒点 ← 3. 辨别抗拒点

7. 再次框定和确认 → 8. 以完全合理的解释来解除这个抗拒点
```

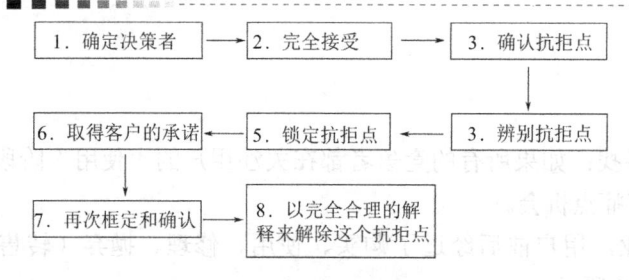

图 4.26　寻找抗拒点的流程

重点内容——解除客户抗拒的 8 个步骤

（1）确定决策者。

（2）完全接受（微笑、点头、身体向前倾、语调柔和，认同对方的感受，无论如何，对客户的意见要表示尊重，不要引起争论）。

（3）确认客户的抗拒点，以问题代替回答，了解客户产生抗拒的真正原因。

（4）辨别客户的抗拒是真还是假，如果是假的就要引导他。

（5）锁定抗拒点。这是不是唯一的困惑？除了这个问题还有没有其他的问题？

（6）取得客户的承诺。如果我可以帮你解决这个问题，你是否能够立刻下决定。

（7）再次框定和确认。您是一位坦诚和讲信用的人，相信解决你的问题后，你会作出一个明智的选择。

（8）以完全合理的解释来解除这个抗拒点。

重点内容——解除客户抗拒的 10 种方式

（1）先发制人，以防为主。

（2）充分准备，万无一失。

（3）客户忘记，不要再提。

（4）转换话题，转移客户注意力。

（5）巧将异议变成卖点。

（6）用产品的其他利益对客户进行补偿。

（7）提供适当资料以解答反对理由。

（8）让客户回答自己的反对理由。

（9）承认对方的反对理由。

（10）使反对具体化。

4.4.3　找客户购买驱动的诱因

从客户感受找问题：什么因素促使客户购买的行为呢？免费试用、打折、形象代言好、绝对品质好、售后服务好、客户评价好等。

找到问题并解决问题：确定好产品价值，设置好成交环节，如果客户对售后不放心，很多商家就推出免费试用、签订合同、无效免费退货等。

一般来说，客户在购买某种产品的时候，都有一个最重要的购买诱因，如图 4.27 所示。同时也有一个最重要的抗拒点。

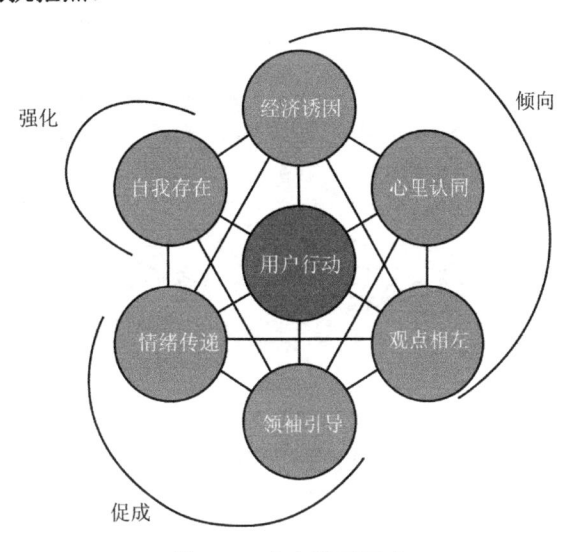

图 4.27 客户购买驱动

因此，推销员的主要工作就是找出客户购买此种产品的主要诱因是什么，以及客户不购买这种产品最主要的抗拒点是什么。如果能够找出这两点，把所有的注意力都放在客户了解并且相信这种产品所能够带给他们的利益，并且有效地解除他们购买产品的抗拒心理，那么客户就会购买你的产品。

（1）如何找到客户的购买诱因。

我们的产品或服务所具有的优点可能有 10 项，而真正能够吸引客户的可能只有其中的一项或两项。所以，我们必须花费 80%以上的时间详细地解说这一项或两项优点，并让客户能够完全地接受与相信。

（2）提到所有的利益。

利益永远是客户最关心的事，所以要提到所有对客户有用的利益，而并非只陈述我们认为是最好的。把客户已知的利益说出来，这样有两个好处：一是强化客户的印象；二是避免客户可能的怀疑。

销售人员讲的话不会 100%完全留在客户的记忆里，而且很多时候，就连你强调的部分也只是经过对方的耳朵却不留下任何痕迹。因此，你想强调说明的重点内容最好能反复说出，并且从不同的角度一再说出，这样，可以使客户加深印象。

4.4.4 找已有客户的评论

从客户感受找问题：很多成交的最大因素就是案例，大家都说好才是真的好，所以多收集客户的评论，不论是改善建议还是赞美。

找到问题并解决问题：把这些建议展示在网站上，如图 4.28 所示，让大家帮忙做营销。

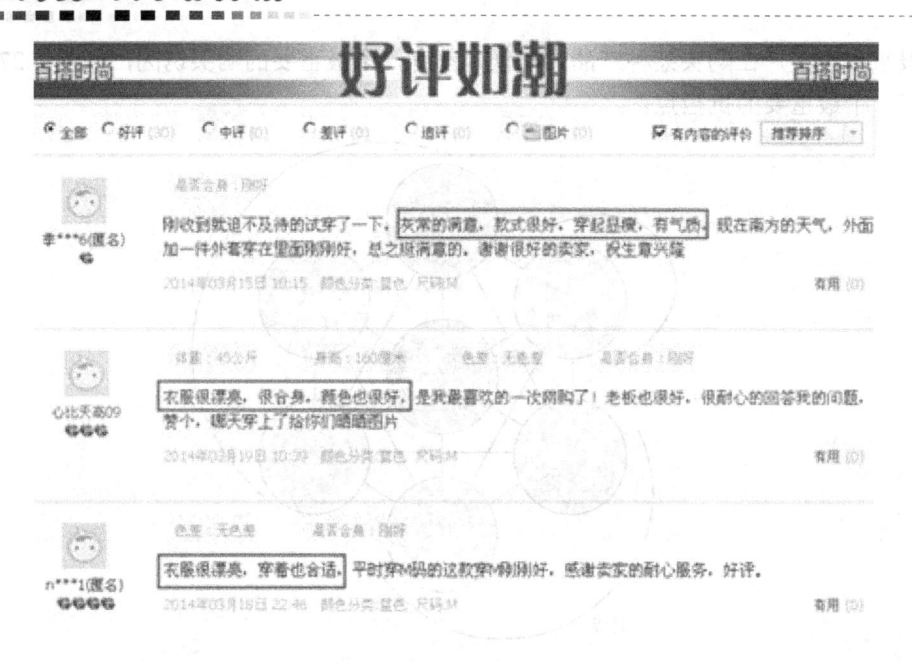

图 4.28　客户评价

为了保证网站与用户之间的互动性和获得更多的链接，在 SEO 圈内，现在的网站中都会开设一个评论性功能，并且这样功能的网站越来越多，在整个互联网营销领域它占据着不可忽视的地位。

当客户有了购买的欲望，可能会想这么便宜是不是有质量问题呢？接下来就要做好权威的说服。例如，售卖的商品是女装，重要的是其口碑、客户评价、试穿报告，大多数人会选择买家评价，但是简单地把评论放在那里有效吗？买家愿意一个一个去读吗？最有效的办法是将最好的评价凸显出来，并对评价进行解说点评。

4.4.5　找客户了解信息的渠道

从客户感受找问题：调研客户是从哪里找到产品信息的，如百度竞价、淘宝、微信朋友圈或者其他论坛等。

找到问题并解决问题：知道了客户找信息的习惯，就可以进一步精准投放广告，提高广告的性价比，当然这也是使网站利润倍增的秘密通道之一。

重点内容——客户获取信息的 10 种渠道

（1）搜索：通过搜索引擎，搜企业网站、新闻报道、行业评论等。优点：信息量大，覆盖面广泛。缺点：准确性、可参考性不高，需要经过筛选方可放心使用。

（2）权威数据库：国家或者国际上对行业信息或者企业信息有权威的统计和分析，是可供参考的重点，对企业销售具有重要的指导作用。优点：内容具有权威性和准确性。缺点：不易获得。

（3）专业网站：很多是免费的，各行业内部或者行业之间为了促进发展和交流，往往设立有行业网站，或者该方面技术的专业网站。优点：以专业的眼光看行业，具有借鉴性，企业间可做对比。缺点：不包含深层次的信息。

（4）展览：各行业或者地区定期或不定期会有展览，会有很多企业参展。优点：有更丰富具体的信息。缺点：展览时间的不确定性。

（5）老客户：老客户同你的新客户之间会有一定的相同之处，而同行业之间会有更多的相似之处，因此，老客户也会很了解其他客户的信息。销售企业可根据同老客户的关系，获得行业内部的一些信息。优点：信息具有针对性和具体性，可参考性高。缺点：容易带主观思想色彩。

（6）竞争对手：让对手开口告诉你你的客户信息。

（7）客户企业：他会为您提供相应的一些必要信息。

（8）市场考察：想畅销就得做。

（9）会议与论坛：注意那些头脑们的观点，这些观点对行业的发展会起到很深的影响。

（10）专业机构：为你提供专业信息。

技术链接——集客营销

集客营销是一套完整的全渠道数字营销方法体系，作为为用户释疑解惑的线上营销平台，通过对用户行为的分析，引导企业将公司网站从单一的提供信息转变为向用户提供有价值的内容，并以互动的形式吸引潜在客户主动了解和接触产品，从而促成转化率。

当潜在客户寻找某种产品或者服务信息时，最常见的一种方式是通过搜索引擎对需求信息进行搜索以获得更多的了解，其次是利用社交媒体、新闻等相关内容得到有价值的信息，甚至直接进入产品官方网站或者直达门店进行沟通，获取对产品的信任，最终进行交易。然而用户的这些行为都在一定程度上表达了对某种产品的切实需求，恰好集客营销可在平台上记录用户的信息需求，并将它以数字化的形式传达给企业，在企业获取这些信息之后，则可制定适应于自身目标用户的营销方案，并对潜在客户采取引导方式，刺激消费，最终达到营销的目的。通过集客式营销可帮助企业进行精准营销，避免撒网式地推送营销信息，造成成本高效率低的结果，同时对目标用户定位准确，消费者拥有更多的主动权。

本章小结

本章介绍了很多实战的知识点，做好一个网站和营销之前，需要做好哪些准备工作，在本章体现得很全面。

本章重点体现的是前期构思，前期的构思和后期技术能够完美地配合，才是做好最终效果的主要因素。

课后思考

1. 消费者购买决策行为的顺序是什么？

2．SRO 系统怎么解释？

3．你能设计一个绿色食品的招商网站文案框架吗？

4．对于本章的阿里外贸机器人案例中，你印象最深刻的是什么？它有什么营销特点？

5．举个产品例子阐述客户对购买该产品的顾虑。

6．找一个产品介绍，或者新闻事件，找 10 个人写 10 条评论，最后选择出 3 条最受欢迎的评论。

7．找一个优秀的网站案例，讨论一下你认为优秀的地方，有没有可以改善的细节？

第 5 章

传统网络营销推广

本章导读

目前网络营销方面,主流方式还是搜索引擎百度,如何做好百度、360等搜索引擎营销,是必须要研究的课题。在百度营销里面,重点需要掌握的是百度霸屏技术;除了搜索引擎以外,SEO、百度百科、博客和邮件营销也是很重要的营销手段。

学习目标

1. 理解百度营销推广、博客营销、邮件营销疾病营销的概念
2. 掌握百度霸屏技术,做好广告定位
3. 掌握博客营销和邮件营销的内容和创意

本章重点

1. 做好百度霸屏的广告定位
2. 落实百度推广排名的实际操作方法
3. 博客营销和邮件营销的重点——内容和创意

本章难点

1. 百度霸屏定位和操作手法
2. 博客营销和邮件营销的创意

5.1 百度营销推广

5.1.1 百度霸屏

1. 百度霸屏的概念

对于任何一个企业来说,出现在用户搜索的结果首页无疑是有利的。但是,各大搜索引

擎的首页显示条数有限，而搜索引擎搜索结果的显示页是根据公司知名度、口碑及用户关注度来进行排名的。所以，如何公司没有知名度，是很难进入到某一个关键词的显示页面的。

百度霸屏即是针对搜索引擎搜索结果排名而进行的一项服务。百度霸屏顾名思义，是当用户在百度搜索框搜索某一个关键词时，出现的搜索结果全部都是你们公司或你的信息。百度搜索结果的首页、第二页甚至后几页都被你的信息霸屏了。

百度的市场份额如图 5.1 所示。

图 5.1　百度的市场份额

百度霸屏是最近才流行开来的一种网络传播营销新概念，严格来说，百度百分百地霸屏是不可能实现的，所以我们常说的百度霸屏效果有两种理解方式：① 通过品牌词做到百度的全部霸屏；② 通过营销类关键词达到百度页面大部分的排名位置。

百度霸屏技术就是 SEO 技术，通过站群或者借助高权重网站大量发布信息，把某个关键词集中推荐到百度首页，达到霸屏的效果。

百度霸屏如何做？百度霸屏并不是百度搜索结果首页全都是你的信息就可以了，重要的是我们应该让那些对我们最有价值，最能体现自身实力的信息出现在首页。例如，官网、百度百科、百度地图、官方电话、百度知道、百度文库、视频、新闻、微博等，如图 5.2 所示。

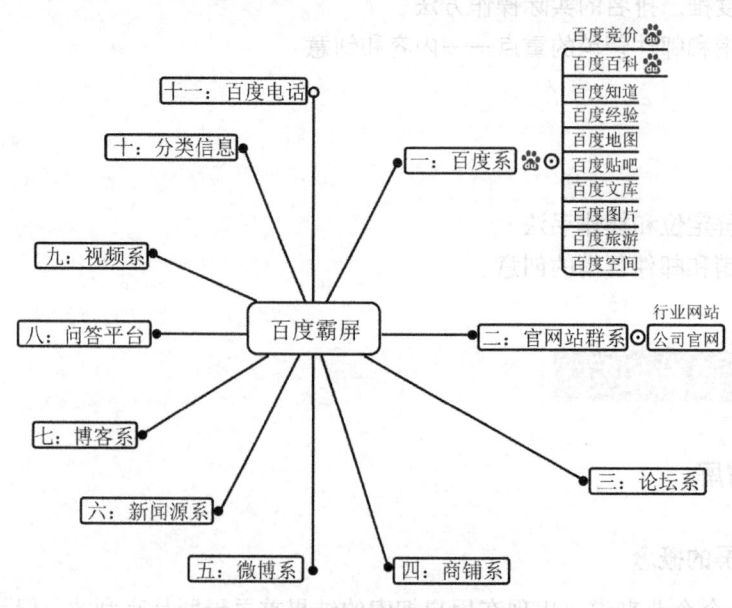

图 5.2　百度的搜索市场占有量

2. 百度霸屏的实施

（1）关键词定位。

把比较适合做百度霸屏的关键词定位成两类：第一类是品牌霸屏关键词；第二类是流量霸屏关键词。

品牌霸屏关键词一般是指公司名、商标名、专利名、品牌名，或者某个新闻事件的标题关键词，这类关键词尽量是独一无二，没太大竞争力的，才更加容易达到霸屏效果。

典型案例——如何策划品牌关键词

假如已经有产品关键词"空气净化器"做到了百度霸屏，如果想继续围绕"空气净化器"做霸屏，那么就要把霸屏关键词定位成"德国制造空气净化器"、"国家专利空气净化器"或者"李勋牌空气净化器"等。在做对外营销的时候，可以告诉客户你的联系方式是：百度一下"李勋牌空气净化器"。当客户百度搜索"李勋牌空气净化器"，就看到了百度霸屏效果。

流量霸屏关键词是指客户在不知道具体品牌的情况下，习惯通过百度查找的一些关键词。这些关键词也是做百度推广营销常用的一些关键词，具有很高的流量，经常被需求客户搜索，如办公家具、办公设备、农用机械、小吃车加盟、礼品批发等。

（2）关键技术。

百度霸屏的最简单有效的办法就是分析竞争对手，分析行业冠军，分析优质企业，模仿对手，注重细节，引入场景，形成销售。

① 霸屏技术一：泛站群。

因为百度给二级域名的初始权重高于普通链接，通过二级域名之间互相链接形成链轮，页面数量越来越多，权重越来越高，形成霸屏。

② 霸屏技术二：跳转。

在网站中设置跳转代码，修改百度链接，限制用户的搜索范围。

③ 霸屏技术三：借力。

竞价圈曾分享过快速排名的手法，可以按照这个思路，借用百度本家的产品放上自己的联系方式，如在贴吧发帖、百度文库上传、百度经验等。例如，一些商务软件，填好信息后，一键自动注册各大商贸平台、B2B 平台，然后发布信息，由于这些大平台本身权重高，网站本身在发布框就设定了关键词布局，所以发布内容秒收录是很容易的事。

典型案例——"双汇"的品牌关键词霸屏效果

第一名是双汇食品的官网，第二名是双汇的百科，第三名是双汇的新闻，第四名是双汇的 400 电话，第五名是双汇的股票，第六名是双汇的商城，第七名是双汇的新浪报道，第八名是双汇的贴吧，第九名是双汇在第三方平台的信息，第十名是双汇的另外一个百科，效果如图 5.3、图 5.4 所示。

图5.3 "双汇"关键词霸屏效果1

图5.4 "双汇"关键词霸屏效果2

流量霸屏关键词"旋雕加工"的百度霸屏效果如图5.5、图5.6所示。

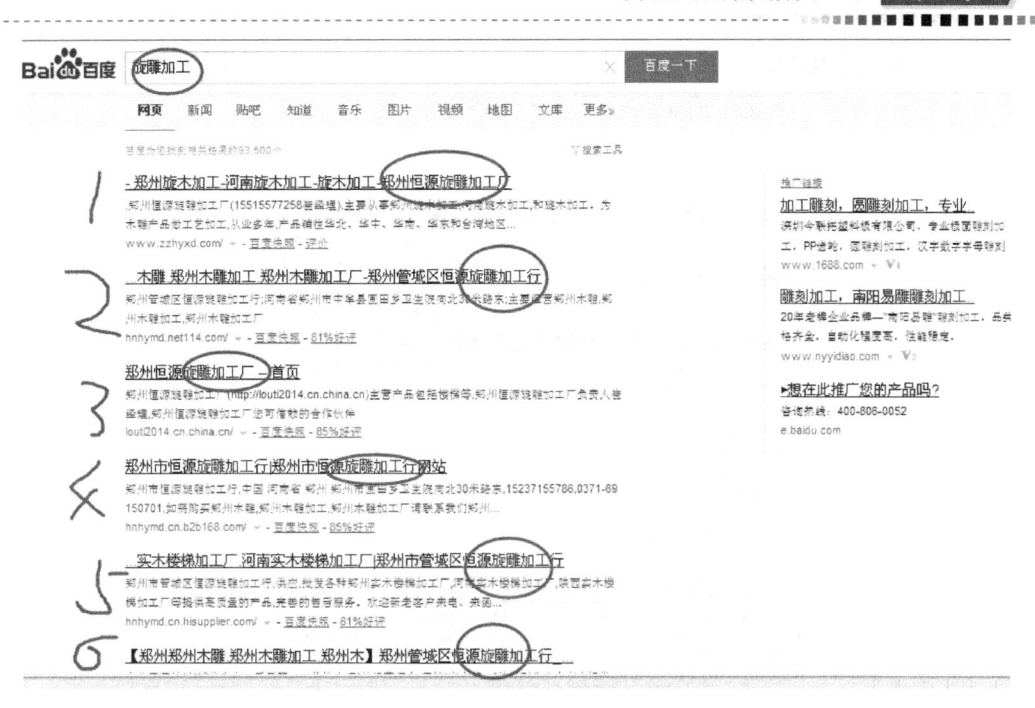

图 5.5 "旋雕加工"的百度霸屏效果 1

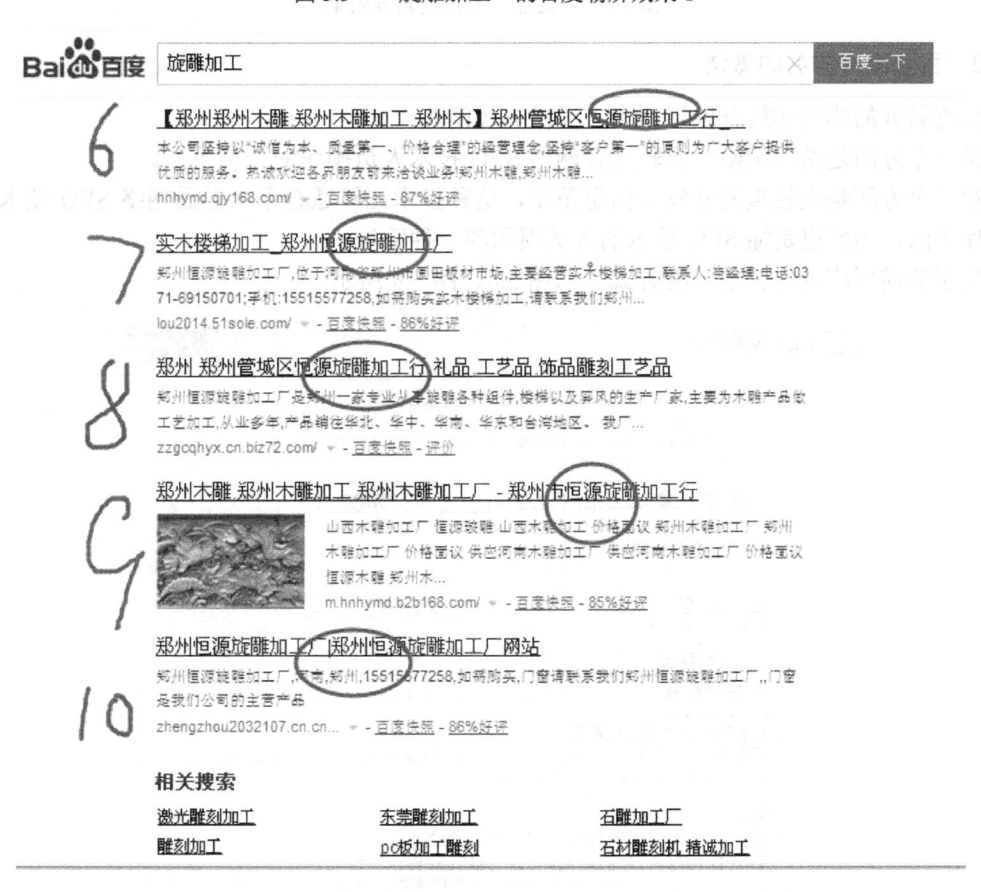

图 5.6 "旋雕加工"的百度霸屏效果 2

流量霸屏关键词"旋雕"的百度霸屏效果如图 5.7 所示。

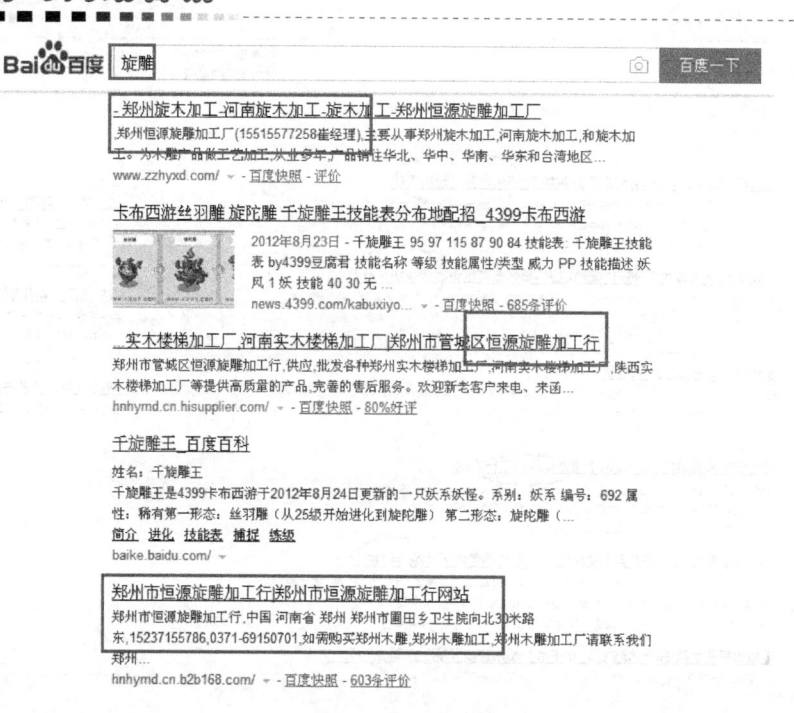

图 5.7 "旋雕"的百度霸屏效果

3．百度霸屏排名的做法

百度霸屏的排名实施分以下两个方面做具体阐述。

第一个方面是站群策略，比较适合网络 SEO 技术人员操作的一种手法。

第二个方面是大权重网站发布信息策略，这种技术比较适合不太熟悉网络 SEO 技术的人员操作手法，当然也是懂 SEO 技术的人员惯用的一种手法。

先了解霸屏广告的营销思维方式，如图 5.8、图 5.9 所示。

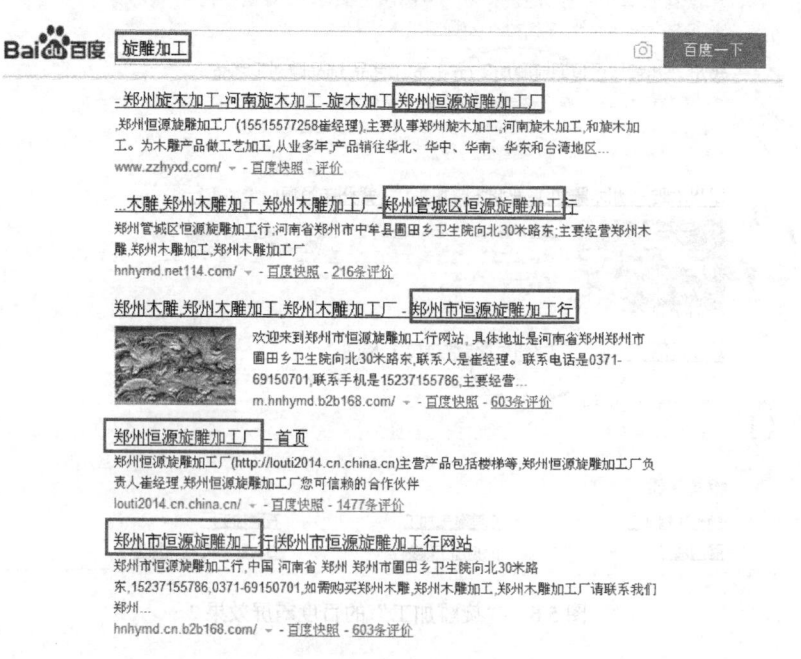

图 5.8　霸屏广告的营销思维方式 1

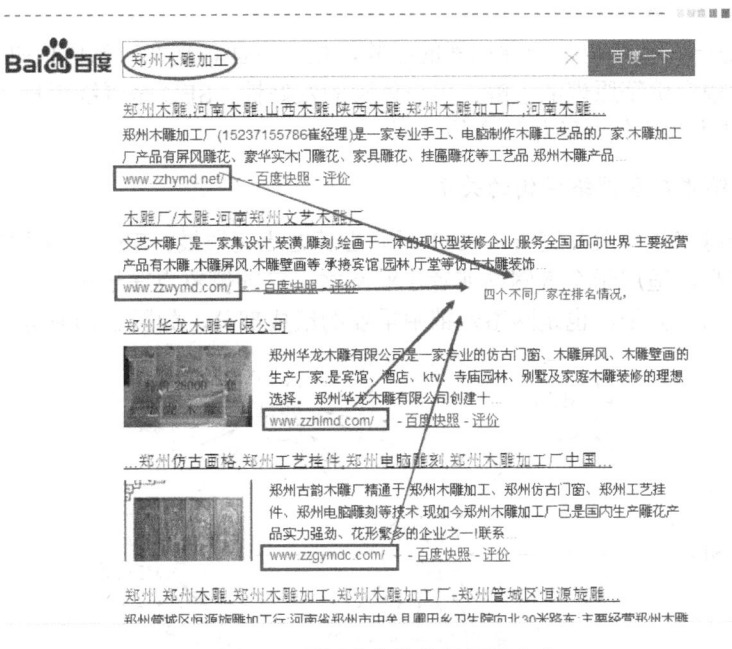

图 5.9　霸屏广告的营销思维方式 2

如果说图 5.8 中的霸屏属于霸屏的一种境界，那图 5.9 中的霸屏效果就是更高境界。

图 5.9 中有 4 家公司的独立网站排名，第一家是恒源木雕的崔经理，第二名是文艺木雕的代经理，第三名是华龙木雕的刘经理，第四名是古韵木雕的韩经理。这 4 个广告位分别设置不同的公司名称、不同的电话、不同的接电话的人、不同的地址。

如果说这 4 个人实际上就是同一家木雕总公司的 4 个营销部经理，他们每天接听大量的客户咨询电话，每天开会对接当天数据，分别把自己接到的不同的电话咨询情况进行整合分析，制定出一套针对不同客户的合理性营销方案。两个人主攻，两个人配合，最后一个人签单，实际上不管客户跟谁签单，最后都是和那家总公司成交。

听起来是不是很有意思呢？这也是霸屏效果的超级高境界了。

站群手法该如何做到霸屏呢？

站群顾名思义就是很多网站，也就是同一家公司同时建设多个网站，几十个甚至几百个，在很多地区一个公司建设上千个网站的情况也比比皆是。每一个网站就代表一个独立的子公司，最终就可以达到霸屏的效果。

从网站建设完毕到实现百度排名，实现百度排名的技术就叫 SEO 技术，下面具体阐述。

5.1.2　SEO

1. SEO 概述

（1）概念。

SEO 是由英文 Search Engine Optimization 缩写而来的，中文译为"搜索引擎优化"。SEO 是指通过对网站内部调整优化及站外优化，使网站满足搜索引擎收录排名需求，在搜索引擎中提高关键词排名，从而把精准用户带到网站，获得免费流量，产生直接销售或品牌推广。

慢慢的 SEO 也有了新的缩写定义：Searcher Experience Optimization，中文译为"客户体验优化"。

许多人把 SEO 优化简单地理解为对网站的内容更新＋外链。其实这些都是对 SEO 工作的一种误解，SEO 是一门技术也是一种积累的经验，技术方面体现在对站内代码的优化和结构层次上的优化，对搜索引擎原理的了解，用户体验的友好性。SEO 是围绕用户寻找需求价值，是 SEO 网站优化技术与优化经验相结合的名词。

（2）SEO、网络推广和网络营销的关系。

随着搜索引擎越来越普及与完善，SEO 行业也随之迅速发展。SEO 效果比较明显，且成本相对低，性价比高，适用于个人网站或者企业网站，它的侧重点在于优化网站。SEO 是网络推广方法中很少的一分子，也是网络营销中重要的组成部分，如图 5.10 所示。

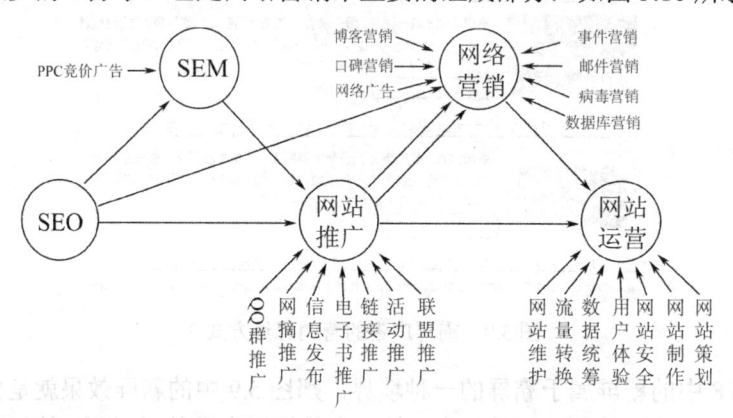

图 5.10　SEO、网络推广和网络营销三者的关系

网络推广的侧重点便放在了"推广"，主要利用各种网络推广的方法，为个人或企业树立品牌，建立良好的知名度。网络推广往往投入相对也比较少，成功的关键便是执行力。

然而网络营销的侧重点放在了"转化率"，即带来了多少经济效益，其中便包含了网络推广。企业要想做好网络营销，需要各部门分工明确，相互协作，它成功的关键在于创意与策略方面。

如何合理利用网络营销方式是关键，这需要考虑到用户需求、个人或者企业规模大小、在同行中你的竞争力度等多方面内容才能制定一套完善的营销方案，通过营销策略与执行力，最终获得利益与价值。

（3）SEO 发展趋势。

SEO 最早是从 Google 提出来的。目前百度的 SEO 市场尚在发展中阶段，缺乏相应的监管机制，市场较为混乱。很多人为了快速提高网站的关键词排名，往往会急功近利地采用一些可能被搜索引擎当成作弊的手段来快速达到排名效果。

未来纯粹的 SEO 技巧、跟踪搜索引擎算法变化的意义越来越小。

SEO 本身的技术性越来越低，更加注重对相关从业人员的综合能力。从目前网上关于 SEO 的探讨来看，基本都是算法＋技术＋算法＋技术。其实 SEO 更应该修炼网站的内功，在网站内部架构和内容体现方面都下功夫。

SEO 分白帽 SEO 手法和黑帽 SEO 手法，还有灰帽的说法。白帽 SEO 手法更加注重客户体验，更加符合搜索引擎本身的意愿，属于健康手法。黑帽 SEO 手法会更多地使用一些作弊手段，达到排名效果，属于不健康的技术手法，大部分被搜索引擎降权或者封杀的网站都是黑帽技术的结果。

国内搜索引擎如百度、360、SOSO、Sogou 主要把控好百度的优化，其他搜索引擎基本上就可以附带着在各大搜索引擎首页显示了。所以在做国内的 SEO 时，重点研究百度即可。

（4）搜索引擎机器人工作原理

所有搜索引擎的工作原理都是大致相似的，如图 5.11 所示。

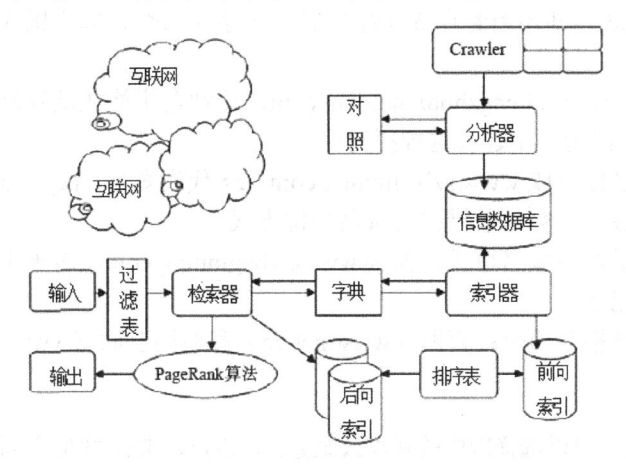

图 5.11　搜索引擎的工作原理

搜索引擎机器人原理都是由一个起始链接开始抓取网页内容，同时也采集网页上的链接，并将这些链接作为它下一步抓取的链接地址，如此循环，直到达到某个停止条件后才会停止。停止条件的设定通常以时间或是数量为依据，可以通过链接的层数来限制网络机器人的爬取。

根据网站开通的时间长短，根据不同网站上的信息的价值，根据网站的信息更新速度，搜索引擎把不同网站进行了分类：比较活跃，信息更新比较快的大网站，定位成第一优秀类网站，还有第二优秀类网站、第三优秀类网站等和差评网站。

第一优秀类网站肯定是搜索引擎最喜欢的，更新信息多，百度机器人来这些网站抓取的周期就要缩短一些，以达到最大化地让这些信息进入到百度的数据库，这也是不同搜索引擎之间竞争的核心。那些更新比较慢的网站，搜索引擎为了降低自己的工作量负载，就设定光顾周期稍微长一些。

所以，作为一个站长，在哪些平台上给自己的新站做链接，选择就很重要了。

2．SEO 实施方案

SEO 服务内容如图 5.12 所示。

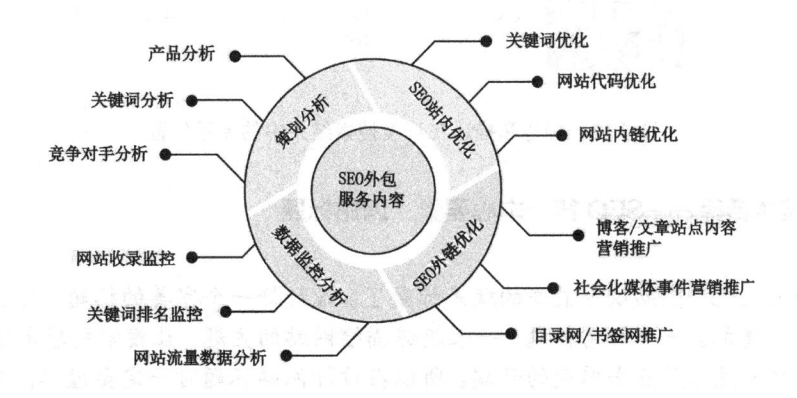

图 5.12　SEO 服务内容

（1）域名优化。

中文网站域名定位和英文网站定位不同，如郑州新起点公司的域名可以定位成www.zzxqd.com，zzxqd 是郑州新起点 5 个字的第一个字母组合，向中国人介绍基本上都可以听明白。

如果域名定位成：www.zhengzhouxinqidian.com，这种全拼格式就容易出错，zh 和 z，ch 和 c，sh 和 s 都容易听混淆，不建议这样拼写。

如果新起点的域名定位成 www.zzbeginning.com，zz 代表郑州，beginning 代表起点，这种域名定位方式看似高端，其实是最糟糕的域名定位方式。

英文的域名定位最好用域名单词，如 www.newbeginning.com，对于中国人来说不容易记住，但外国人能马上记住。

域名注册网址这里推荐两个：万网（www.net.cn）和新网互联（www.xinnet.cn）。

（2）服务器优化。

服务器一定要稳定，可以选择国内的阿里云服务器，也可以选择香港服务器。如果是英文网站的服务器一定要放在美国。选择服务器要考虑打开的速度和数据安全性、稳定性，不要贪图便宜。

检测服务器在哪里的方法：打开网址 www.ip138.com，输入域名 www.xxxxxxx.com，即可看到自己服务器的 IP 地址和存放城市。

（3）网站内部七要素优化。

① 要素 1：网站基本三要素 META 标签优化。

例如，网站基本三要素：标题（Title）、关键词（Keywords）、描述（Description）等的优化设置。标题中需要包含有优化关键字的内容，同时网站中的多个页面标题不能重复，一旦确定就不要再做修改。标题和描述在百度搜索结果中的展示位置如图 5.13 所示。

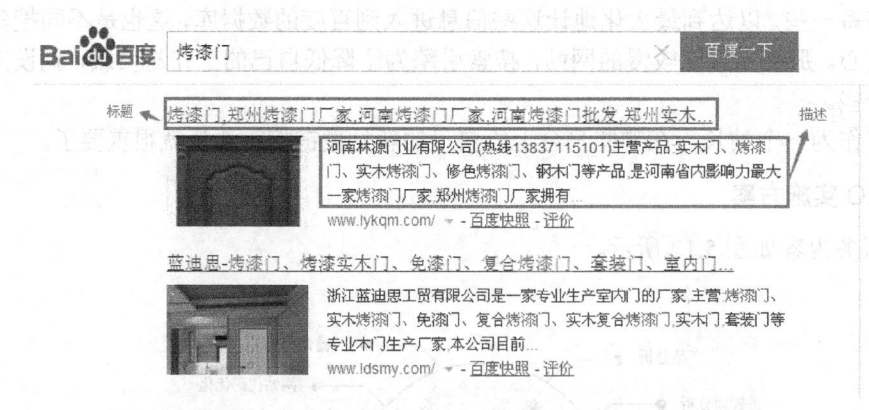

图 5.13　标题和描述在百度搜索结果中的展示位置

技术链接——SEO 第一中心要素：网站标题

如今的网站优化，整站权重最高的就是标题了。设计好一个完善的标题，对于网站优化来说是有百利无一害的。一个好的标题，一来能够描绘网站的主题，让搜索引擎定位好网站的主题；二来对用户来说也是点击愿望的开端。所以在设计网站标题时一定要谨慎，尽量不要把标题变成关键词广告基地，也不要把网站标题设计得太长，这样很容易造成用户的视觉疲倦。在设计标题时一定要用自然安康的言语去组织，尽量语句通畅。然后很自然地插入一些关键词。

这样的标题设计既能够契合用户的习气,也能够讨好搜索引擎。标题在网页中的显示位置如图5.14所示。

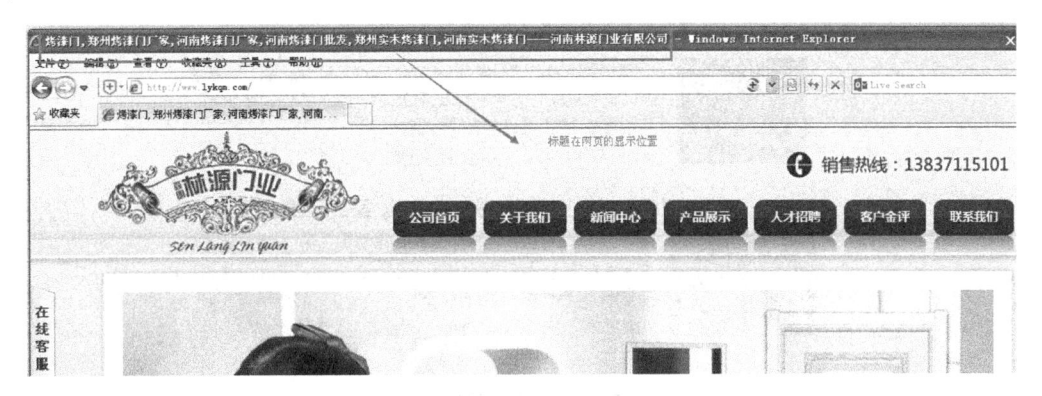

图 5.14　标题在网页中的显示位置

技术链接——关键词

网站关键词很重要,是整个网站的导航。设计网站关键词的原理是:依据网站业务需求来设计长尾词,依照品牌需求设计主页品牌词,依照产品分类设计栏目关键词。最后用合理的内链构造出来,把一切网页串连起来,构成良好的权重传送,把网站整体的权重提升起来。

技术链接——描述

作为网站页面 META 三要素之一,网站描述用两句通俗易懂的话来说,就是包括主题的关键词及网站的特色,并把用户搜索线索中的焦点放大(如质量)及特色突现,吸引用户点击。

描述对于网站的 SEO 来说至关重要,描述标签是不参与网站的关键词排名的,但是一个好的网站描述可以吸引用户的眼球,给网站带来更多的流量。要想知道如何写出好的网站描述,首先要知道什么样的描述不好。什么样的描述不好呢?当一个描述不能准确地表达网站主题的时候,搜索引擎会动态抓取网站页面中相关的文字,作为网站的描述,这样的描述是动态的,而这种动态的描述在语言上是没有进行组合的,是随意抓取的,这样的描述是没法刺激用户的点击的。

网页三要素在代码中的显示位置如图5.15所示。

图 5.15　网页三要素在代码中的显示位置

这里的描述部分,对于中文百度优化效果尤其重要,其结果比较如图5.16所示。

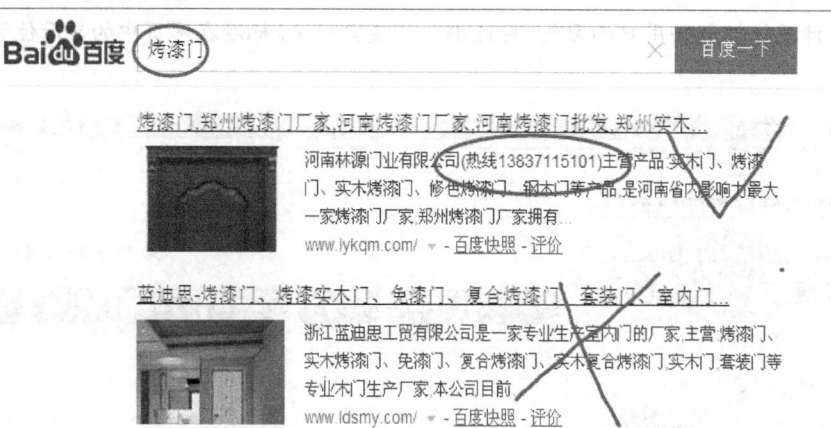

图 5.16 描述的比较

一个是可以直接展示电话号码的，一个是没展示电话号码的。暂且不论两个位置一先一后哪个效果更好，显示电话号码的广告要比不能直接显示电话号码的广告效果转化率高得多。

切记，这是目前至少 50%的 SEO 技术人员不曾注意到的细节。

首先声明，如图 5.17 所示的 1 的电话插入方式是最好的，为什么电话号码插入到 2 的位置就不是最好的呢？如图 5.18 所示。

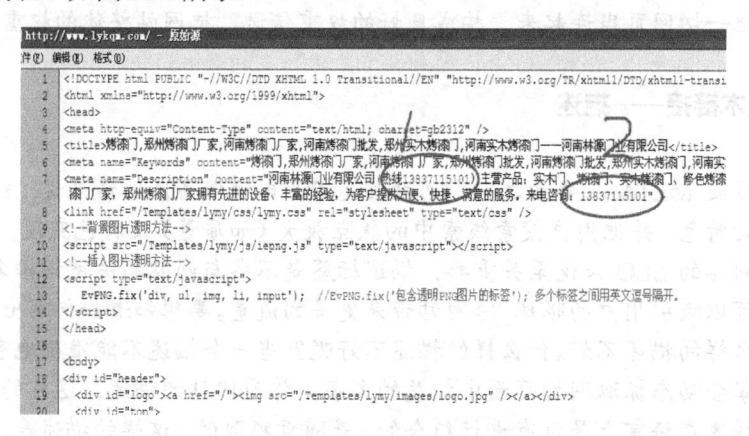

图 5.17 电话号码的设置方式

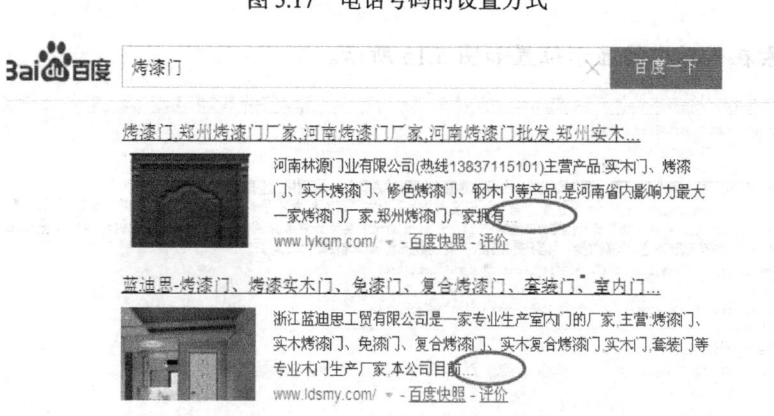

图 5.18 不好的电话号码设置方式

② 要素 2：内部链接的优化。

包括相关性链接（Tag 标签）、锚文本链接、各导航链接及图片链接。

网页的 HTML 编码中有几个 META 标签：标题标签（Title Tag）、描述标签（Description Tag）、关键词标签（Keywords Tag）、Publisher Tag、Copyright Tag、Robots Tag 等。运用标签，可以使你发表的文章更容易被搜索到。标签是一种由您自己定义的，比分类更准确、更具体，可以概括文章主要内容的关键词（百度尤其喜欢），如图 5.19 所示。

图 5.19　锚文本链接的样式

③ 要素 3：建立网站地图。

很多建站系统都可以自动生成网站地图，有些并不自动生成网站地图，可能需要加一些插件。对大型的网站来说，可以把网站地图分成几个文件，每个文件里不要放太多网页。

④ 要素 4：网页转换的三步法则。

应该保证三步法则：客户不论从任何一个网页开始，只需要 3 次点击就能找到他想要的内容。三步法则是客户体验度从高到低的一个临界点。

⑤ 要素 5：最好使用文字链接并保持静态。

网站的导航有图片的，还有动画效果的，都不太好，一定要用纯文字做导航样式。确保网站导航都是通过文字以 HTML 静态的形式链接，如图 5.20 所示。

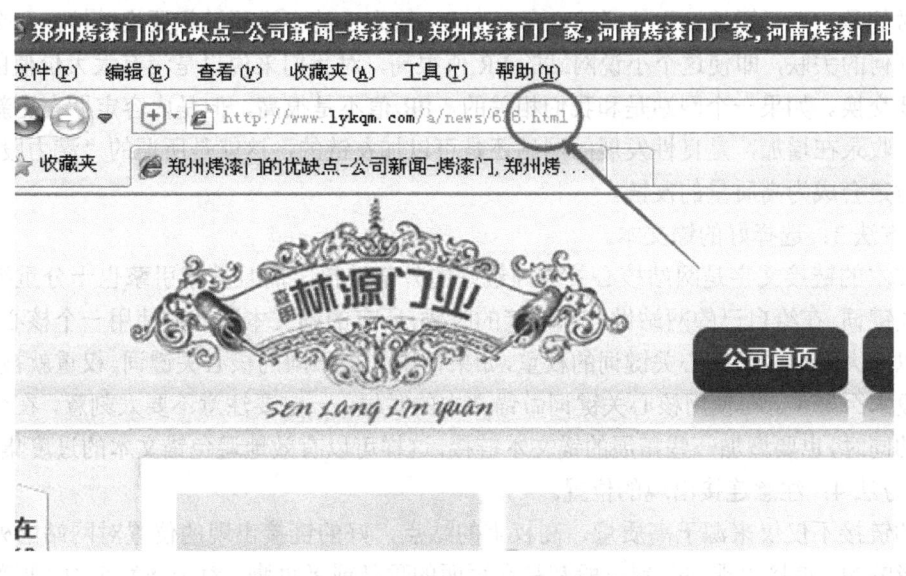

图 5.20　网站导航通过 HTML 静态链接

⑥ 要素 6：导航中的栏目内容。

一般的中文网站的栏目大概是这定位的：首页＋关于我们＋新闻中心＋产品展示＋招商加盟＋案例中心＋留言板＋联系我们等。

英文的网站的定位顺序一般是这样的：Home + Products + News + Cases + Inquiry + About us + Contact Us 等。更甚至有人把 Product 直接用关键词进行替换，更加符合贴近搜索引擎的抓取习惯。

⑦ 要素 7：整站的 PR 传递和流动。

只要有好的网站整体结构，整个网站的 PR 传递应该是很均匀的，首页最高，栏目页次之，内容页再次。但有的时候可以通过网页的链接影响 PR 和重要性的传递，使某一页或某几页的 PR 值和重要性升高。例如，可以把某个页面在首页做友情链接。

（4）网站外链优化八大方法。

① 方法 1：找高质量单向链接。

稳定性比较高的网站是高质量友链的第一标准。什么是网站的稳定性？就广泛性而言，包括网站空间稳定、域名稳定、速度稳定。看域名的注册时间，如果是续费 2 年以上的，可以交换链接。

网站快照新是断定高质量友链的第二标准。快照更新是对网站多日以来的成绩肯定，分为当日快照、隔天快照和多天快照。经常更新的网站也是优质的外链之一。

单项链接的意思是，如果网站 A 给网站 B 做了链接，B 没有给 A 做链接，这种现象就是单项链接。这种单项链接对 B 有利，对 A 没好处。是因为 A "说了 B 的好话"而 B 没有 "说 A 的好话"。

结果就是，多找一些网站帮你做链接，让大家都说 "你的好话"。怎么找这样的外链呢？多去一些门户网站和论坛里发帖。

② 方法 2：外链内容与自己网站的相关性。

无论是找友情链接还是做软文链接，最好找和自己网站内容相关的站点做链接。例如，如果你做的是一个 "搅拌站"的网站，有一个 PR 值为 5 的小说网站想要换链接，两个网站之间没有任何的关联，即使这个小说网站的 PR 值很高，对我们来说也是没有太大价值的，所以没有必要交换。如果一个网站是和我们相关的，PR 值不是很高，但是内容定期在更新，快照在更新，收录在增加，是良性发展的网站还是可以加友链的，这就是所谓的 "潜力股"，不久的将来肯定会成为高质量的友链。

③ 方法 3：选择好的锚文本。

锚文本的链接文字是网站核心关键词最好的外部链接，而且搜索引擎也十分重视锚文本的核心关键词，在给自己的网站做外部链接的时候，所有的锚文本都应该使用一个核心关键词，这样可以大大增加网站核心关键词的权重，如果使用几个不同的核心关键词，权重就被分散了，效果就没那么好了。在使用核心关键词做锚文本的时候，一定要注意不要太刻意，在分布重要关键词的同时，也要增加一些拓展的锚文本链接，这样可以有效地避免锚文本的过度集中问题。

④ 方法 4：注意连接出现的位置。

好的链接不仅仅来源于高质量、高权重的站点，好的链接出现的位置对网站的外链建设也是有影响的。链接出现的位置一般都是在页面的顶部或者页脚，对于网站来说，顶部的位置明显好于页脚，最不好位置的就是那些专门设置的友情链接内页页面。

⑤ 方法 5：了解做外链网站的链接数量。

除了导航类网站外，如果一个网页上的链接数量过大，也不利于开展链接工作，页面上的导出链接越多，相对应每个链接分的权重就越少，这也是我们在寻找高质量外部链接时候要注意的问题。

⑥ 方法 6：在搜索引擎秒收的网站做链接。

如果一个网站发布的文章能够被搜索引擎"秒收"，说明这个网站的权重是非常高的，搜索引擎的蜘蛛会经常到这个网站索引和抓取内容，那么搜索引擎的蜘蛛就可以很快地通过这个网站索引到我们的网站，这对网站的外链建设是非常有帮助的。

⑦ 方法 7：选择高质量的 edu、gov、org 域名网站做链接。

这种自由度很小，只有特定的机构才能使用这些域名后缀，所以它们往往都具有很高的权重。如果有资源，多找些这样的外链肯定是很不错的。

⑧ 方法 8：看做外链的网站在搜索引擎上是否健康。

用站长工具查看网站，或者使用"site"命令，通过各个搜索引擎对该网站的收录数量与实际网页数量的比值判断其是否健康。一般情况下，收录数量越大就表明网站越健康。

（5）网站内部结构优化五大策略

① 策略 1：建立网站地图。

很多建站系统都可以自动生成网站地图，如图 5.21 所示。有些并不自动生成网站地图，可能需要加一些插件。对大型的网站来说，可以把网站地图分成几个文件，每个文件里不要放太多网页。

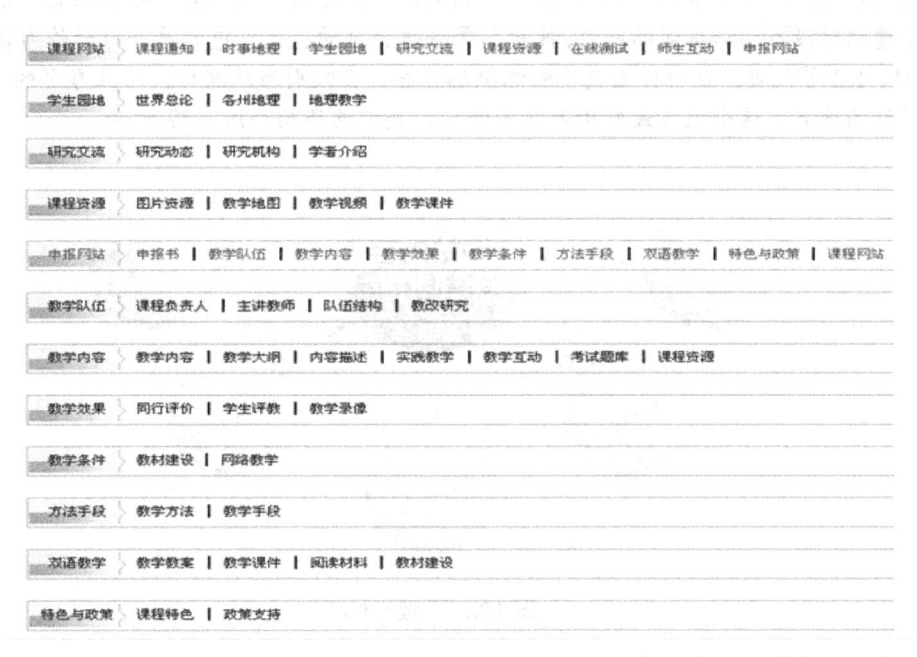

图 5.21　网站地图

② 策略 2：网页转换的三步法则。

应该保证三步法则：客户不论从任何一个网页开始，只需要 3 次点击就能找到他想要的内容。三步法则是客户体验度从高到低的一个临界点。

③ 策略 3：导航系统最好使用文字链接。

网站的导航有图片的，还有动画效果的，都不太好，一定要用纯文字做导航样式。

④ 策略 4：导航中的栏目内容。

一般的中文网站的栏目大概是这定位的：首页＋关于我们＋新闻中心＋产品展示＋招商加盟＋案例中心＋留言板＋联系我们等。

英文的网站的定位顺序一般是这样的：Home＋Products＋News＋Cases＋Inquiry＋About Us＋Contact Us 等。更甚至有人把 Product 直接用关键词进行替换，更加符合贴近搜索引擎的抓取习惯。

⑤ 策略 5：整站的 PR 传递和流动。

只要有好的网站整体结构，整个网站的 PR 传递应该是很均匀的，首页最高，栏目页次之，内容页再次。但有的时候可以通过网页的链接影响 PR 和重要性的传递，使某一页或某几页的 PR 值和重要性升高。例如，可以把某个页面在首页做友情链接。

（6）关键词选择的七大策略。

典型案例

网站的首页是关键词必须存在的地方，要把关键词尽量放在前面。在网站的内页，每个网站的栏目页也是权重相对较高的网页，在这里也必须要出现网站的关键词。网站的 Body 部分相当于完整网页内容，在这里搜索引擎蜘蛛有它的识别的算法，这里我们也要尽可能地让网站主关键词靠前，增加关键词初始密度。在 HTML 中正文第一段位置，这个位置是很重的，尤其对于建站时没有添加描述的网页，搜索引擎蜘蛛会自动将正文中的第一句话作为该网页的表述。H1、H2 等网页，这种标签属于蜘蛛敏感标签，会吸引蜘蛛爬行，而且每页的 H1 标签是收录最好的地方，这个地方最好用来做关键词。关键词布局如图 5.22 所示。

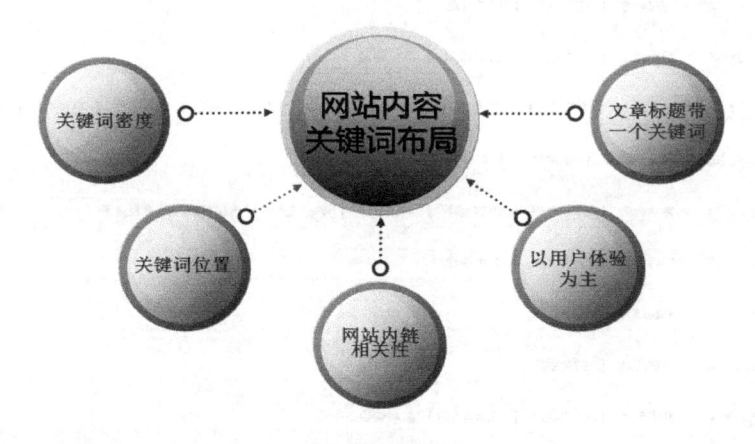

图 5.22 关键词布局

关键词的选择有七大策略。

① 策略 1：使用关键词分析工具。

关键词分析工具很多，如 GA 工具、阿里巴巴的数据管家、Yandex 的 Metrica，以及各种站长关键词分析工具。

② 策略 2：做调查来选取关键词。

调查环节很重要，俄罗斯地域宽广，横跨亚欧大陆，民族多达 170 多个，肯定有很多地区的方言，包括中亚五国，虽然都是俄语，同样一个产品名称在不同的地区都有不同的称呼，所以调查很重要。

③ 策略3：通过查看统计日志来选取关键词。

这点对于一般技术人员来说，操作有点困难，但是日志分析是最实实在在的客户的浏览痕迹，是再营销和精准营销必须要做的环节。

④ 策略4：善于利用长尾关键词。

长尾关键词也可以叫作精准关键词，是在讨论精准营销策略中很重要的一个环节。它是单次搜索次数比较少，但总体数量巨大的非热门关键词。比较适合做精准营销的关键词定位思路。

长尾关键词精准营销分为精准广度和精准深度。精准广度：细分化关键词多，让买家找到你。精准深度：产品讲故事和公司文化沉淀，让买家信赖你。

⑤ 策略5：将关键词进行多重排列组合。

选择有成交的关键词，不要选择搜索量高但转化率低的关键词，将转化率高的关键词确定为营销关键词，热门词放在前面吸引浏览者，匹配词、类目词、属性词放在中间。

⑥ 策略6：尽量不要使用行业通用词。

行业通用词不论作为竞价广告投放策略还是SEO优化策略都不是最恰当的关键词，它是性价比不高，精准度不高而且转化率很低的关键词，如办公家具、矿山机械、农用设备、粮油机械、汽车配件、装修、装饰、服装、电脑等。

⑦ 策略7：善于利用地理位置。

地域关键词很重要，据统计，核心关键词作为一类流量关键词，地域关键词就是第二大流量关键词，长尾词是第三类精准搜索关键词。尤其在"本地化"营销思维的策略里，地域关键词占很重要的位置。

3．影响SEO结果的因素

（1）第一大影响因素：关键词。

① 关键词在网站标题上的使用。

对于标题的定位，有一些错误的写法。

第一种是将标题关键词堆砌。搜索引擎专门强调禁止标题关键词堆砌。

第二种是没有对标题有足够的重视，随便写上了品牌关键词，不懂得网站优化，也不了解标题对网站的重要性。

第三种是关键词出现的频率。百度强调：四不过三，三不过四，二不过五原则。指4个字的关键词不要重复出现超过3次，3个字的关键词不要重复出现超过4次，两个字的关键词不要重复出现超过5次。例如，"俄语单词"这个4个字组成的关键词，在写标题的时候，最多只能出现3次。如果出现一次，百度给你排名加一分，出现两次，百度给你再加一分，出现3次，百度再给你加一分。而当你出现4次的时候，百度可能认为你是关键词堆砌，便没有排名了。又如，高分子絮凝剂，这是6个字，也就是说最多出现5次。同理，3个字的关键词、两个字的关键词以此类推。

② 网页内容上的关键词设置。

要有合理的关键词密度，不要堆砌关键词，可以把关键词加粗及扩展，重点强化体现搜索引擎的关注，做好关键词的内链。

一般文章都采用图文并茂的方式展现，其中图片的ALT与标题两个标签很容易被忽略，特别是标题标签，给文章尽量加上图片以及配上ALT和标题来提高关键词密度。

关键词加粗不仅有类似 H 标签的效果，而且能让搜索引擎确定设置的关键词，而不是通过自动匹配。我们需要为确定的关键词进行几次长尾化再配合加粗，这样的操作不仅扩展了关键词，同时也在相关性和密度上加强了文章的关键词，对于提高关键词排名有不错的效果。

③ 页面内容和关键词的相关性。

页面内容和关键词的相关性强调的就是关联效果，也可以理解成标题和内容的匹配度，如果内容里不包含关键词，搜索引擎就理解为不够匹配，即使很好的原创，也不会在搜索引擎上得高分。也就是说，编辑人员也要学会如何做好 SEO 编辑策略的话题。

④ 关键词在 H1 标签中的使用。

一个网页只能有一个 H1 标签，H1 标签里面的内容就相当于这篇文章的标题，而一篇文章只能有一个标题，由于 H1 传递的权重值最大，所以最好将这个页面最重要的关键词放到 H1 标签里，这样会对关键词排名起到很大的推动作用。凡事都有两面性，虽然 H1 标签对关键词排名有很大的推动作用，但是不能太贪把很多关键词都放在 H1 标签中，这样会分散权重，不仅不能提升排名，反而会影响主词的排名。

需要提醒大家的是：一定要区分标题和 H1 标签的区别，合理布置关键词。

⑤ 关键词在网站域名中的使用。

主要针对英文网站域名，会更加直接地体现出关键词包含在域名中的魅力。但是对于中文网站的百度排名和俄罗斯的 Yandex 排名来说，这点意义不大。关键词在英文网站域名中的使用如图 5.23 所示。

图 5.23 关键词在英文网站域名中的使用

⑥ 关键词在页面 URL 中的使用。

再次强调 URL 要用静态的.html 结尾，www.xxxxxxxx.com/keyword.html 是最新的用法。

（2）第二大影响因素：图片。

图片优化的策略包含不同角度，如图 5.24 所示。

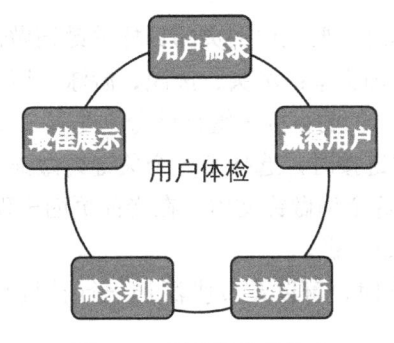

图 5.24　图片优化的策略

做好网站图片优化的八大要点如下。

① 要点 1：给图片命名。

关于图片命名，可以采用与其内容相关的命名方法，如一张图片是计算机图片，那么我们可以将其命名为 computer.jpg。

② 要点 2：给图片添加关键词。

要想做好这一点，就要用图片的替代文字里面加入关键词。这是 SEO 工作中做好网站图片优化最重要的部分。强化做好 ALT 属性。

③ 要点 3：建立锚文本。

一张图片的锚文本若建立得好，会成功地增加网站的流量。但是一定要实事求是地做好锚文本。要做到超链接的关键词与图片的内容相符合。

④ 要点 4：合理分配图片周围空间。

在图片周围的文字里面加上关键词会成功地增加网站的排名，也可以达到很好的优化效果。

⑤ 要点 5：增加图片水印。

每个站点的图片都要有自己的 LOGO，搜索引擎也很喜欢原创的东西。

⑥ 要点 6：固定图片的大小。

图片大小的框死可以成功地减少加载图片的时间，从而提升整个网站的访问速度，这样做会大大提升客户的体验度，更利于搜索引擎对网站的抓取。

⑦ 要点 7：图片要做好分类处理。

不同类别的图片要做到分类处理。一来可以方便站长进行查找与更新，二来可以提高站点的专业性，使得站点的管理更方便。

⑧ 要点 8：为图片创建一个独立的网站页面。

给每一张图片建立一个独立的页面，在这个页面里面可以加入图片的来源、介绍、拍摄时间、作者等信息。最好可以在这个页面里面加入评论留言系统，这样可以增加用户的体验度，也可以方便用户了解你的站点的一些重要的产品。

（3）第三大影响因素：外链锚文本。

外部链接锚文本的要点如下。

① 要点 1：所有锚文本链接都采用绝对地址。

锚文本链接：当你的文章被转载、被采集或被 RSS 阅读器抓取时，绝对地址会被正确地带走，从而为你增加了一个新的导入链接。

② 要点 2：做站内锚文本时，要采用网页的目标关键词做锚文本。

例如，页面上一共有 3 个锚文本：洗头、洗澡、游泳。请单击这 3 个关键词，可以看到这 3 个关键词所链接的页面，它们的目标关键词就分别是那 3 个锚文本。

③ 要点 3：做站内锚文本链接时，选择第一个关键词做锚文本。

例如，想给"上合会议"这个词做锚文本，在当前页面出现很多次"上合会议"，我们选择第一次出现的那个"上合会议"做。

④ 要点 4：做站内锚文本时，可以在页脚添加一行首页和导航页面上的关键词锚文本链接。

例如，你的首页标题是"北京机票_机票预定_机票预订——携程旅行网"，你可以在页脚写上一行"北京机票 机票预定 机票预订"分别指向到首页。

这样，给搜索引擎传达一个重要的信息——这 3 个关键词在你的网站很重要。我们把这个做法叫作"次导航操作"。

⑤ 要点 5：做站内锚文本时，链接锚文本在文章内，比单独出来的要好很多。

⑥ 要点 6：做站外锚文本时，注意锚文本的多样性。

例如，指向链接，不应该只有一个最新电影，而是有最热电影、在线电影等。如果所有大量的站外锚文本都一样，则可能被怀疑是群发作弊的。

⑦ 要点 7：做站外锚文本时，注意锚文本增加数量在时间上的均匀分布。

例如，不可某一个时间内突然增加很多，而接下来的时间内都没有再增加外链锚文本。这也是一个重要的信号，告诉搜索引擎，你的锚文本是自然增加的，而不是群发的。

⑧ 要点 8：做站外锚文本时，注意站点的多样性和相关性。

尽量与自己相关的站点互联，同时也适当地和一些不相关的站点互联，让各类网站都多多少少给你一点链接。

⑨ 要点 9：一个关键词需要 3~5 个博客支撑。

这个博客可以是自己开的，用来发表带锚文本的文章，致力于网站关键词的提升。

4．SEO 中的几个常见问题

（1）问题 1：沙盒问题。

SEO 中的沙盒是指一个新站建立后搜索引擎会对其进行一个类似资格评价的阶段。在沙盒里面的这段时间，我们将其称为沙盒期，沙盒期一般都是 2~6 个月。在沙盒期这段时间内，我们仍需要经常更新文章。

根据作者做优化过程的经验，新站的一般关键词的排名从网站上线开始到显示在百度首页排名一般在 2 个月左右。Google 的周期在 2~3 个月，Yahoo 的周期最短，是 1 个月左右。有时两个星期的新站关键词也可以显示在 Yahoo 首页。

为什么会进入沙盒？使用了关键词堆积、购买大量链接、频繁修改标题等重要标签、服务器不稳定、发布大量的外部链接及使用各种黑帽 SEO 手段等，都会引起搜索引擎的注意，而造成网站进入沙盒。如何才能避免进入沙盒？只要避免上述这些原因的出现，会很好地降低网站被关进沙盒的概率。

重点内容——避免进入沙盒的方法

方法1：关键词密度不要太高

对于网页的标题标签关键词标签、描述标签内的关键词按正常情况添加即可，不要刻意提高里面的关键词密度。对于网页整体关键词也应该控制在3%~8%。对于关键词的插入应该顺其自然，对用户具有一定的阅读效果。

方法2：外部链接的发布要稳

对于新站短时间内发布大量的外部链接，不及有规律地进行外部链接的发布，这样可以更好地提高网站权重。也建议大家不要购买大量链接，对于新站有一个权重上升过程，而且现在购买的链接虽然网站权重但是链接质量不是很高，现在搜索引擎对于是否是购买的外链还是很容易判断出来的。

方法3：不要轻易修改网站结构内容

不要对标题标签、关键词标签、描述标签的内容进行频繁修改，对于网站的结构风格最好在网站上线之前就确定好，开始搜索引擎优化后尽量不要大量地修改。新站本身就没有权重，优化初期是对搜索引擎建立信任的阶段，即便是权重很高的老站，不断地修改，也会被降权，影响网站排名。

方法4：保证服务器稳定

服务器或空间的稳定是比较重要的，它是保障网站正常运行的基础，如果服务器或空间经常出问题，那么新网站进入沙盒就基本确定了。

而且对于服务器或空间不要经常更换。开始的时候选择一个好的服务商很重要。

方法5：不要使用黑帽SEO

不要为了短期的排名而进行一些SEO作弊手段，不管什么样的站，只要做黑帽SEO，基本都逃不过搜索引擎降权的，除非做的是短期排名流量，否则建议不要使用任何作弊手段。

方法6：发布原创内容高质外链

每天定时定量地发布一些原创性内容，并找一些相关性、权重高的网站做一些单向链接，可以提高网站在搜索引擎的收录，不断地提高网站权重，可以很好地避免进入沙盒。

（2）问题2：SEO炸弹问题。

什么是炸弹？炸弹是指通过建立大量的外部链接，锚文本（连接文字）全部为关键字，累计最终达到网站强行上升排名。

为什么会存在炸弹？因为搜索引擎算法问题，大量的锚文本让搜索引擎误认为某个网站是最符合搜索请求的页面，但实际上不是。所以对于新站来说，定时定量地添加锚文本比一次性大量地添加锚文本更能增加网站的权重。

（3）问题3：SEO幽灵问题。

什么是幽灵？幽灵比喻新站排名不稳定，忽高忽低的现象。

为什么会出现幽灵？本来权重不应该很高的新站，在短时间内权重提升很高，百度会降权，导致排名忽高忽低。本来不该很多外链的新站，突然之间出现很多外链，导致排名很好，百度也会认为是作弊，降权降排名。

所以一般行业的网站，尽量不要用黑帽手段。

（4）问题4：SEO连坐问题。

什么是连坐？连坐是古代的一种刑法，在这里指的是被同服务器或IP地址的其他网站牵连。同样也是搜索引擎防止作弊，为了避免链接网站的泛滥。

百度对于连坐的处置特别严重，所以在选择服务器的时候要注意，同一个IP的服务器尽量不要出现同内容＋同模板的网站样式。否则必然出现会有一种一个或者多个被降权。在做友情链接互换的时候一定要注意。

（5）问题5：SEO快照回档问题。

快照回档也是降权的一种情况，指快照被退回到之前日期的快照。

形成原因：主机空间不稳定、网站首页的改动、友链链接异常、搜索引擎算法的调整、优化过度、使用SEO作弊手法。

解决办法：稳定地维护与更新站内的文章，站外外链及友情链接排查要及时更新调整。

（6）问题6：如何加速更新网站？

要天天更新网站，多点原创，尤其对于新站，百度的关注更加频繁一些，甚至可能天天来。前期更新维护很重要。

（7）问题7：为什么你的原创信息被别人转载后，别人的信息排在前面？

自然排名的衡量因素比较多，常见的有网页评价或权重（PR/SR）、网页地址的深度、指向该网页的外部链接、网站在行内的权重、网站在搜索引擎的影响、网页的内部链接、网页指向其他网站的链接、标题的合理性、描述的恰当、关键词的合理分布、内容质量的可读性、用户体验的体现度等。

（8）问题8：为什么网站收录突然下降？

这个在短时间内是正常的，搜索引擎在收录之后，部分信息内容只是在一个固定的库里，经过一段时间的沉淀，不重要或质量不高的信息会被清除掉。观察一段时间之后，如果继续下降，或突然消失，这就不正常了，需要检测查看站内是否有作弊痕迹，或是否被连带惩罚，或被人工干预。

（9）问题9：多个域名对网站有什么影响？

同一站点使用多个域名属于作弊行为，多域名短期内可以提高收录量，但是会造成权重、补充材料、重复页面等问题，建议只保留一个，其他的可以做301重定向。

（10）问题10：同一IP上的其他站被百度降权，所有网站都可能受到牵连？

同一IP的站点，其他的站受到惩罚，但是自己的站不一定受到惩罚，如果这个IP上的其他站作弊严重，或者内容很不符合百度收录标准，那么这个IP可能受到了百度的禁止。

所以建议购买独立IP的服务器空间。

（11）问题 11：如何快速增加外部链接？

最快的方法有两个：一是花钱买；二是写软文。外部链接分数量和质量两个参数，不要忽略链接质量。

要注意的是：购买大量外链可能会被百度发现。

（12）问题 12：为什么某个站点没有出现关键字却排名很好？

有两个原因：黑帽做法是 Google 炸弹，白帽做法是相关性。Google 炸弹的作用至今在引擎都无法杜绝，站点相关性的提高有点难度，需要大量的高质量内容做支撑，在权威站点和知名站点出现类似现象比较多。

重点内容——SEO 忌讳和误区

1. SEO 忌讳

（1）首先是买空间的问题，千万不要和作弊网站在同一台服务器上。
（2）内容缺乏原创性。
（3）内容与网站的主题不相符。
（4）网页的标题不要频繁更改。
（5）页面全动画（Flash 或动态图片）。
（6）关键词的选择有误。
（7）关键词的堆砌。
（8）没耐心。
（9）急于求成。
（10）没有团队意识。
（11）链接到死链接。
（12）链接到警告网站。
（13）只做核心词，忽略长尾。

2. SEO 误区

（1）不想遵循 SEO 关键词研究功能。
（2）搜索引擎优化只在脑海中做。
（3）因为不喜欢忽视社会化媒体。
（4）缺乏战略和计划。
（5）沉迷排名报告和不重视流量统计。
（6）缺乏执行力。

5.1.3 百度百科营销

1. 百度百科的概念

百度百科是全球最大的中文百科全书，其 LOGO 如图 5.25 所示。百度百科试版于 2006 年 4 月 20 日上线，正式版在 2008 年 4 月 21 日发布，截至 2015 年 12 月，百度百科已经收录了超过 1300 万的词条，参与编辑用户数达 569 万人，几乎涵盖了所有已知的知识领域。

图 5.25　百度百科的 LOGO

百度百科旨在创造一个涵盖各领域知识的中文信息收集平台。百度百科强调用户的参与和奉献精神，充分调动互联网用户的力量，汇聚上亿用户的头脑智慧，积极进行交流和分享。同时，百度百科实现与百度搜索、百度知道的结合，从不同的层次上满足用户对信息的需求。

百科分类包括自然、地理、社会、经济、历史、文化、生活、人物、体育等，具体划分如下。

（1）人物类：明星、童星、网络歌手、网络红人、作家、行业专家等。

（2）企业类：企业名称、品牌名字、产品名字、工作室名称等。

（3）组织机构：学校、团体、协会组织等。

（4）网络类：网站名字、软件名字。

2．百度百科的基础功能

（1）词条页。

词条页主要由百科名片、正文内容和一些辅助的信息组成。百科名片包括概述和基本信息栏，其中概述为整个词条的简介，对全文进行概括性的介绍，基本信息栏主要以表单的形式列出关键的信息点。

特色词条正文内容按照一定的结构对词条展开介绍，其中词条可以设置一级目录和二级目录，用来对词条划分结构；在正文中，除了文字以外，还可以添加图片、视频、地图等媒体内容，同时为了保证内容的准确性，理想状态是要求每段内容都有参考资料以辅证；在词条正文底部，为参考资料及开放分类信息。

正文右侧的辅助信息包括词条统计、词条贡献榜、百科消息等，词条统计包含页面浏览和编辑次数、最近更新时间和创建者等信息；词条贡献榜突出显示对词条申请为优质版本或特色词条的用户，并用勋章图标标记。

（2）编辑页。

在词条页，词条名右侧有一个编辑按钮，其中对词条划分了 3 类：锁定（一般为争议或医疗类词条，禁止编辑）、485 保护（词条内容较为丰富，仅等级不低于 4 级且通过率不低于 85%的账号，可编辑）、普通类（任何百度账号都可编辑）；单击"编辑"按钮之后，会进入编辑器页面。

在编辑页面，可以对内容进行增、删、改等操作，其中编辑页顶部有各类功能，如字体、标题设置，添加参考资料、图片、表格、地图等操作，可以添加一些模块，如代码模块、公式模块、参演电视剧等特殊模块，也可以对一些内容添加内链，以链接到该添加内链所指向的词条上进行展开阅读。

在对内容修改完毕之后，可以在编辑页右上角单击"提交"或者"预览"按钮；单击"预览"按钮，会显示词条通过之后的内容页；单击"提交"按钮后需要写修改原因，之后需再次单击"提交"按钮，最后进入系统审核阶段，并自动关闭编辑页面。

3．做百度百科的原因

从网络推广角度来说，百度百科是实现百度排名很重要的一个手段，从信任度来说，百度百科的内容是最值得信任的内容。百度百科在百度搜索结果中的排名样式如图 5.26 所示。

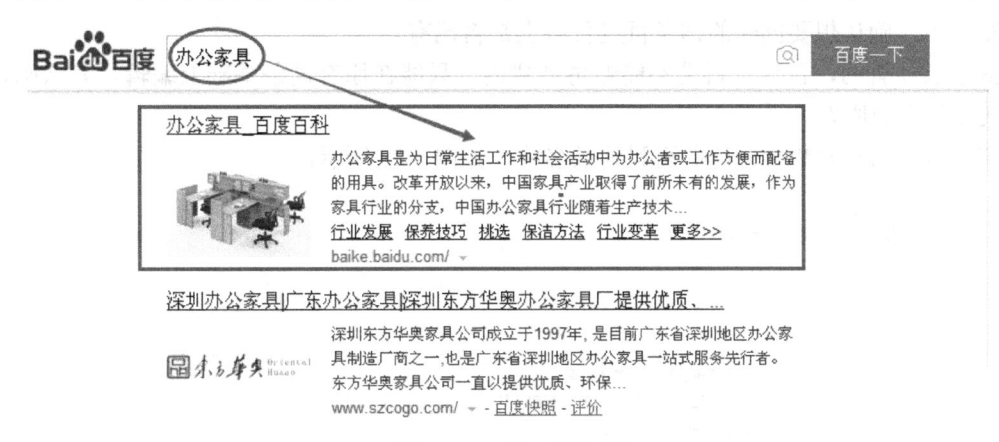

图 5.29　百度百科例子

（1）权重高。

百度百科是百度自己的产品，百度赋予其极高的权重，绝大部分百科词条（即关键词）都能排在很靠前的位置，大大增加了关键词的曝光度。排名好，自然流量也高，这样给网站带来的转化率也才能提高。

（2）权威性高。

出现在百度百科词条中的链接都代表权威，百度百科中的内容深受广大网民的信任，影响着人们的行为意识。甚至有新闻记者也借鉴百度百科的内容，当作权威参考资料。

（3）速度快。

24 小时内创建百度百科词条，一般用 SEO 技术做百度排名需要 2～3 个月。

（4）稳定性好。

用 SEO 技术达到百度排名的信息，如果不保持花费精力和人力去维护还会掉下去，而百度百科完全不用担心这点。

4．做百度百科的方法步骤

创建百度百科，还要先理解百科词条的概念。词条可以理解为百度百科的标题，这样理解就简单多了。

第一步，注册百度账号，登录账号。

打开百度百科网页（baike.baidu.com），如图 5.27 所示。

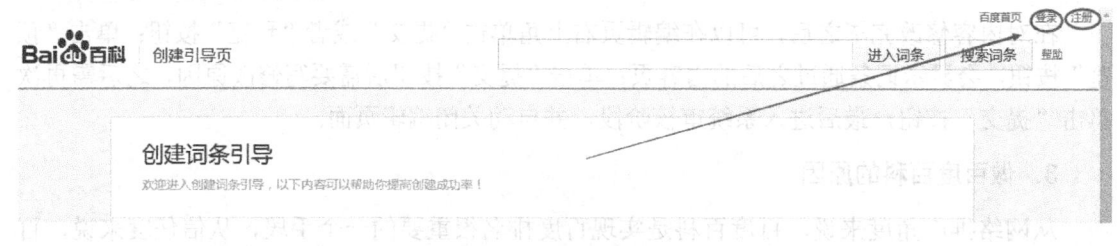

图 5.27　创建词条引导

第二步，确认想要创建的词条百度百科上是否已有。

如果已经有的，百度百科是不能够再创建的，只能在原有词条基础上编辑。怎么确定已经有的百度百科呢？

在百度百科搜索想要创建的百科词条名称，如图 5.28 所示。

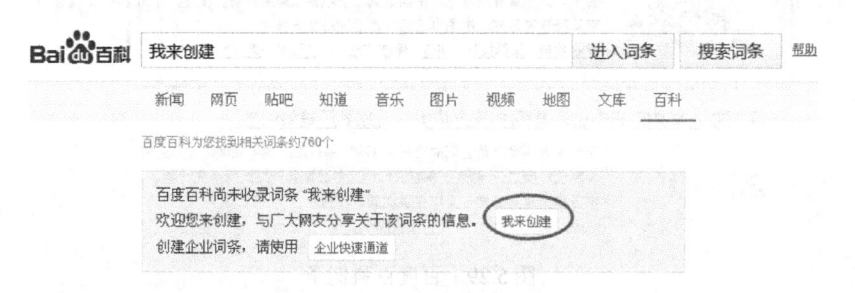

图 5.28　搜索词条

如果没有该词条，单击"我来创建"按钮，进入下一步。

第三步，熟悉创建词条引导的前 5 项说明。

不要急于求成，要做好基本功，熟悉规则，少走弯路。创建词条如图 5.29 所示。

图 5.29　创建词条

第四步，编辑词条。

选择好词条分类，熟悉编辑百度百科时用到的工具以及不同工具的功能，可以让百科效果更好。编辑词条如图 5.30 所示。

图 5.30　编辑词条

第五步，填写概要和正文保存。

概述就是用一段简单用语介绍创建词条的大概概述和添加一张明晰的图片。概述一般都是百度百科四级以后才能编辑的百科会员特权，所以新手无须担心。添加词条概述如图 5.31 所示。

图 5.31　添加词条概述

最后编辑完百科内容时可以单击工具栏右侧的"预览"按钮，在确定没有问题后可以单击"提交"按钮。

5．做百度百科的注意事项

（1）如何确定百科词条。

词条名就是要做的目标词的名字，百度百科的编辑准则是明确、精炼、简练，并能最大程度地避免歧义。首先这个词要具备商业价值，其次词条是具有意义的，否则这个词对应的内容做得再好，一样被否定掉，另外如果这个词涉及百度的敏感词，当然不会通过。

例如，"空虚寂寞冷"这个词条可能通过，因为有一首歌曲的名字叫《空虚寂寞冷》，如果再编辑一个词条"我喜欢空虚寂寞冷"，就很难被审核通过了。

（2）如何确定百科名片。

百科名片就是对词条的概述，概述应该是对整个词条的意思概括而不是节选，这里撰写的文字，一定要简练，就像是给网站写描述一样。而且还要具备一定的营销性，促使转化率进一步提升。

（3）词条正文的撰写。

词条正文就像是内容，也是体现百科质量最核心的部分。一定要原创。

（4）内容一定要条例清晰。

不要自作聪明地插播广告关键词，越是公益的词条，越容易通过。

不要写答非所问的内容，否则肯定不容易通过。

（5）如何利用参考资料和拓展阅读。

参考资料加链接的词条相对而言是比较难通过的，这里的链接一般都是权威很高的网站，可以尝试着加自己的链接，扩展阅读里加链接不错，通过率很高。

拓展内容——注意事项

（1）内链：在编辑百科内容里面的有些文字可以继续扩展阅读。
（2）参考资料：百度百科一切内容都是需要参考证明的，参考资料一般都是备案过的网站。
（3）表格：可以在编辑百科内容时插入表格填写内容。
（4）图片：可以在编辑百科内容时插入图片，可以更直接地让阅读者明白，了解想要寻找的内容。
（5）图册：由数张图片组成，可以在编辑百科内容时插入图册。
（6）地图：编辑地理百科时插入地图可以证明百科内容的真实性。
（7）视频：可以在编辑百科内容时插入视频，可以更直接地告诉阅读者信息。
（8）公式：编辑物理知识百科时可以插入公式，让阅读者更明了。
（9）模板：编辑百科时插入相关模板，可以让百科更清晰明了，并且阅读方便。
（10）代码：一般编辑百科时用不到此项功能，个人认为是为相关专业人士做百科时准备的。
（11）目录：编辑百科内容比较丰富时用百科目录，可以让阅读者从目录中寻找自己想要的知识。
（12）检查：此功能在编辑百科内容时右侧能够看到，可以提示编辑者百科内容需要注意什么。

5.1.4　百度知道营销

1．百度知道的概念

百度知道是其中一个用户提出问题，通过积分奖励机制发动其他用户提供答案，百度知道解决该问题的搜索模式。同时，这些问题的答案又会进一步作为搜索结果，提供给其他有类似疑问的用户，达到分享知识的效果。

百度知道在百度搜索结果中的样式如图 5.32 所示。

图 5.32　百度知道例子

2. 做百度知道的步骤

第一步，注册并登录百度账号，进入知道问题页，如图 5.33 所示。页面的顶端都可以看到"我要提问"的提问输入框，可以在提问输入框中输入你的问题，或直接单击"我要提问"按钮进入提问页面，如图 5.34 所示。

图 5.33　百度知道账户　　　　　　　　图 5.34　问题提问页面

第二步，在问题提问页面，需要用简明扼要的标题将问题描述清楚。

如果你的问题还没有描述清楚，可以单击展开"问题补充"，详细描述你的疑惑，并可以插入图片来帮助回答者更好地理解你的疑惑，更有针对性地提供答案。

第三步，为了让更多的人为自己提供帮助，需要设置好问题所属于的"分类"，同时设置悬赏分（图 5.35），可以让问题得到更多的关注，当然悬赏分越高，受关注度也越高。

图 5.35　悬赏分设置

3. 回答别人的疑问

第一步，登录百度账号，浏览问题页面时，可以直接进行回答，如图 5.36 所示；对一个问题，只能回答一次；还可以对已经回答过的内容进行修改。

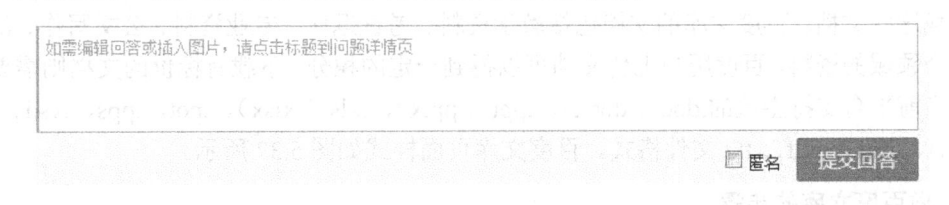

图 5.36　回答提问

第二步，找到需要回答的问题"回答入口"。
① 单击"我要回答"按钮，通过关键词搜索出现的待完善问题。
② 首页关键词和分类问题推荐，为我推荐的问题。

③ 个人中心的"为我推荐的问题"。
④ 回答成功之后的问题推荐。
⑤ 问题页的"为我推荐的问题"。
⑥ 首页的"全部待完善问题"。
⑦ 分类页的"为我推荐的问题"。
⑧ 分类列表下的问题。

拓展内容——百度知道网站推广的技巧

（1）一个账号为主，数个账号为辅，次要账号也要经常回答问题，而不能只是提问。
（2）自问自答绝对不能是同一IP，否则会被封号。相互回答的效果会很好。
（3）在百度知道推广时，不一定铺天盖地地推广，要多做精华版。
（4）自问自答要保证一定的时间间隔，最好几个小时或者几天后再回答，有几个答案之后，你再将自己的答案采为最佳。
（5）不要只回答你网站相关分类的问题，适当地在其他分类回答一些问题。
（6）回答的内容尽量相关，而且不能太简单。
（7）一个账号，在一天内最好不要回答超过10个问题，在同一时段最好不要回答超过5个问题。
（8）回答问题时要注意时间。不要每天集中一段时间回答问题，要把回答分散开。
（9）在百度知道上做链接一天之内最多4个。
（10）加链接不要直接使用首页链接，最好是链接的内容页面，有实质性的内容比较容易通过。
（11）百度知道等级越高，回答的通过率越高，被采纳为最佳答案的概率也就越高。
（12）先回复问题，不带链接，然后修改答案，再放上链接。
（13）要想专注于百度知道的推广，就一定要多换IP。
（14）一般一个账号一天是养不成的，需要几天或者更多的时间。

5.1.5 百度文库营销

1. 百度文库的概念

百度文库是百度发布的供网友在线分享文档的平台。百度文库的文档由百度用户上传，需要经过百度的审核才能发布，百度自身不编辑或修改用户上传的文档内容。网友可以在线阅读和下载这些文档。百度文库的文档包括教学资料、考试题库、专业资料、公文写作、法律文件等多个领域的资料。百度用户上传文档可以得到一定的积分，下载有标价的文档则需要消耗积分。当前平台支持主流的.doc（.docx）、.ppt（.pptx）、.xls（.xlsx）、.pot、.pps、.vsd、.rtf、.wps、.et、.dps、.pdf、.txt文件格式。百度文库页面样式如图5.37所示。

2. 做百度文库的步骤

第一步：注册/登录文库账号。
第二步：单击"上传我的文档"按钮。

在首页和详细文档页等页面，有一个橘黄色的按钮——"上传我的文档"，单击后进入文档上传页面。整个文档上传操作简单快捷，主要包括两个部分：提交文档附件；填写文档简介。

图 5.37 百度文库

第三步，上传文档——提交文档附件。

① 单击上传文档页面的"浏览"按钮上传文档。请从自己本地计算机上上传附件。附件上传完成后，单击"开始上传"按钮，您提交的附件会进行自动上传。

② 需要注意的是，截至 2015 年年初，文档支持的类型包括：.doc/.docx；.ppt/.pptx/.pps；.xls/.xlsx；.pot；.pps；.vsd；.rtf；.wps；.et；.dps；.pdf；.txt。

③ 为了保证用户的上传速度，我们允许上传大小小于 20MB 的文档。若您的文档大小超过 20MB，我们建议您对文档进行分拆，如将一份 Word 文档中的内容分拆为上、下两部分进行上传。

第四步，上传文档——填写文档简介。

① 文档标题默认为您上传的附件的名称，您也可以进行修改，文档标题不能为空，最长可以输入 50 个汉字。

② 对文档进行简要的介绍，能够方便其他用户快速了解您文档中所包含的主要内容。文档介绍不能为空，最长可以输入 300 个汉字。

③ 每一份文档都有所属的正确分类，我们建议您为自己的文档选择合适的分类，这能够让您的文档得到更多的浏览和下载。

④ 您可以在上传时，选择您的文档被下载时对方所需付出的财富值，也即文档的售价。建议您将售价设定为免费，方便文档的快速分享，同时也会获得系统的财富值奖励。

5.2 博客营销

5.2.1 博客的概念

博客，英文单词为 Blog（Web Log 的缩写），公司、企业或者个人都可以利用博客这种网络交互性平台。个人博客就是网络日记，而且这种网络日志通常是公开的，可以随意发表自己的思想，同时也可以阅读别人的网络日志（博客内容）。因此，个人博客可以说是个人思想分享的平台。目前世界 500 强的很多企业都在使用博客营销。简单来说，博客就是一个企业与消费者互动的平台，企业可以随时发布自己公司的最新动向或产品，可以解决消费者提出的一系列问题。

博客营销全图如图 5.38 所示。

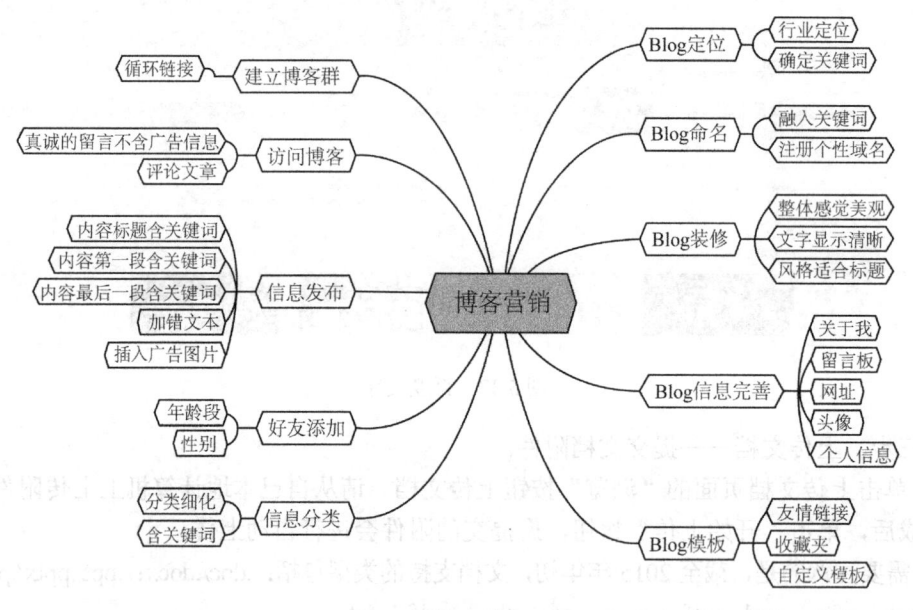

图 5.38 博客营销全图

部分博客推荐如下。

（1）新浪 Blog（http://blog.sina.com.cn/main/）。
（2）搜狐 Blog（http://blog.sohu.com/）。
（3）网易（http://blog.163.com/）。
（4）腾讯（http://blog.qq.com/）。
（5）博客网（http://www.bokee.com/）。
（6）中国博客（http://www.blogcn.com/）。
（7）MSN Spaces（http://spaces.msn.com/）。
（8）IT 数字家园（http://home.it.com.cn/）。

5.2.2 如何做好自己的博客

博客推广谈的人很多，但是要真正做好博客推广并不是那么容易的。打造一个成功的博客必须具备以下几个前提条件。

1．做自己擅长的

博主必须对某个领域了解得非常深入，只有专业博文的内容才有吸引力。

2．博客标题

给博客取一个好的标题，如品牌经营-姓名、品牌营销-名字、宝马汽车、IBM、李宁篮球、李宁的博客、雅思李宁等。

3．博客文章分类

做好文章分类，尽量用到要推广的关键词，有利于增加博客关键词的密度。保持结构清晰，搜索引擎喜欢，用户也喜欢。

4．关键词布局

博客的关键词密度可以比网站相对高一点，新浪、搜狐、网易这些大网站的博客，适当增加一点关键词的密度对排名很有效。

5．搜索引擎提交

要告诉搜索引擎你开始写博客了，热情地邀请搜索引擎关注你。

6．做好博客内链

博客本身结果很简单清晰，这里所说的内链主要是锚点链接，将文中提到的一些相关关键词链接到博客的其他页面。用计划推广的关键词作标题写一篇文章，然后其他文章都链接到这个页面，这样将整个博客的权重都集中到了这篇文章，这篇文章的关键词排名就很容易做了。

技术链接——传递权重

权重是我们较为关注的一个话题，作为一个网站，能够最大限度地的利用其资源，就是希望能够很好地集中权重到相应的地方，将权重传递并分配到合理的地方。

7．做好博客外链

博客本身权重就很高，只要有一些链接指向它，这个博客的权重提升就会很快。博客排名上去了，给自己其他网站做外链都是很有好处的。

8．文章推荐到博客圈子

一般博客都有博客圈子功能，只需一键推荐，很方便。推荐到圈子的文章也算一个外链，也能带来一部分流量。

9．要持续性坚持

每天定时地发一些博文，最好是每天给别人留一个小悬念，指引"粉丝"每天都关注你的博客。

10．多关注别人

要想别人关注你的博客，首先你要多关注别人，这叫先舍后得，互相往来，能够给你的博客带来不少关注度。

5.2.3 做好博客推广的 24 个细节

（1）介绍自己、自己的家庭、自己的生活、自己的团队，做出不同的系列报道，分批次地介绍。

（2）发布与你的网站、企业、产品、服务主题相关的帖子。稍微设计一下更好，如果销售的是儿童产品，就设计一个让孩子喜欢的帖子，图文并茂。

（3）分享庆典。展示最近发生的新鲜事、游玩、聚会等，让你的博客变得有人情味。

（4）公益活动，如回收利用包装袋，从而支持绿色环保。说说你贡献了什么，是否捐款，或是你做出了怎样的努力，呼吁读者也加入进来。

（5）谈谈新产品和热销产品的客户体验。

（6）谈谈你对博客本身的运用，而不是你的公司或产品。

（7）偶尔发布些视频，或者产品视频，显示其用途、使用方法，或组装产品的过程。

（8）上传客户心得感受分享及客户对服务与产品改进意见建议征集或分享。

（9）做自身行业诊断分析，进行行业横向纵向研究，访谈行业权威学者专家或名人。

（10）具有艺术性故事化的真实招聘文章。

（11）关注娱乐。适当利用明星效应，即使他们并没有向你购买。

（12）关注节日。制作一个关于热销产品的列表，或者假日生活的顶级贴士，或是选择完美母亲节礼物的 5 个方式等。

（13）适当晒晒幸福。展示照片，并且描述地点和时间发生的有趣的事。无论在哪里，都要想办法展示出你的产品：出行的服装、旅行行李、空闲时间的玩具或书籍，或是记录美好回忆的数码相机。

（14）发起一场投票活动。主流的博客平台都有很多的插件程序，以及第三方投票。这是一个鼓励读者参加的好方式。

（15）围绕某一个特定主题引出话题，如世博会、亚运会等都可以寻找共同的话题传播。

（16）偶尔分享一些价值观、理想或文化，表明你的立场观点。

（17）关注父母或家庭。提供聚会娱乐和家庭健康方面的点子。

（18）讲述公司或创始人的历史，找认同感。

（19）与艺术家、机构等搭建沟通平台，将你的公司定位为艺术或他们中的一部分。

（20）提供免费下载。专业工具下载或者日常生活的小工具下载，这些都是很受欢迎的点子。

（21）如果你是做产品的，提供优惠券。为你的读者提供些切实的优惠是再好不过的了，这也是变相引流的一种手段。

（22）你参加过贸易交易会或行业会议吗？包括你的旅行日志和有照片的活动，统统写在博客中。

（23）找出客户关心的话题，并且在博客上讨论那些话题。

（24）关心顾客，关心慈善，积极发现身边的新闻事件，采用这些机会，积极地在第一时间提供服务。

5.2.4 博客案例分析

Stormhoek 葡萄酒公司是英国一家生产葡萄酒的小公司，公司通过企业博客迅速扩大了产品知名度，打开了销售局面。Stormhoek 是家小企业，资金拮据，因此也没有在英国投放任何广告。但 Stormhoek 对博客非常倚重，Stormhoek 向 100 位博客免费提供公司生产的葡萄酒，并通过他们的博客向全世界传播。

其企业网站就是一个博客，公司公告宣称只要博客满足以下两个条件就可以收到一瓶免费的葡萄酒：住在英国、爱尔兰或法国；此前至少 3 个月内一直在博客网站上发表言论。

读者多少不限,可以少到 3 个,只要是真正的博客,已届法定饮酒年龄。收到葡萄酒并不意味着你有在博客网站上发表言论的义务——你可以写,也可以不写,可以说好话,也可以说坏话。公告题目夺人眼目:"Stormhoek:微软真正的竞争对手",如果你口袋里装着 400 美元无所事事,你可以有多种选择,既可以买一台微软的 Xbox 360 主机,也可以买一箱葡萄酒。

发放免费葡萄酒的公司都希望网上赞誉如潮,但 Stormhoek 品牌的不凡之处在于通过虚拟世界的闲聊引发了实际销量的攀升。Stormhoek 公司认为,"我们很诚实,我们没有声称自己是南非最好的葡萄酒,我们只是告诉人们这里的酒品质不错,价格合理,然后请人们说出自己的看法"。公司利用这个博客与其他的博客人群进行互动,通过向参加 100 个对自己的葡萄酒提出反馈意见的博客人群免费发放葡萄酒,迅速吸引了公众的目光,从而以 100 瓶葡萄酒的极低代价在 100 多天后成功登陆了美国市场,赢得了产品知名度和销售市场的迅速扩大。

整个营销过程的费用仅仅几千美元。2005 年 6 月他们的葡萄酒开始投放市场,不到一年就爆增到每年 10 万箱,而且博客营销为他们带来了源源不断的客户流。Stormhoek 公司的事例极好地诠释了博客营销的巨大价值,它能帮助小企业以极低的成本迅速扩大产品知名度。这可以给那些因为资金短缺而无力做广告的公司很好的启示。

Stormhoek 认为博客营销比普通销售有着更深远的意义,博客营销把消费者看作真正的人,而不是抽象的概念或者非人性化的销售目标。博客营销能够帮助商家超越形而上学的概念,从而提升品牌形象。这个案例在国内被一个"贝贝咖啡同学会"复制利用,也取得了不错的营销效果。贝贝咖啡同学会(Beibei coffee club)是一个中文咖啡网站。2005 年,贝贝咖啡同学会为了让更多的人了解、分享国产咖啡的美好,特向博客免费派发最顶级的、醇和浓郁的云南波邦咖啡。

贝贝咖啡同学会提出的具体条件:有个人博客,且有 5 篇以上原创内容,每天有 5 人以上的访客浏览;喜欢咖啡,会自己做咖啡,有相关的咖啡器具。博客只需跟帖并发送个人咖啡偏好、冲煮方式、博客网址及地址、手机号码到 admin@beibei.biz,即可获得贝贝咖啡同学会免费提供的个性化烘焙的咖啡豆。对于此次向博客的免费派发活动,贝贝咖啡同学会并不强求博客一定要书写关于品尝免费提供的新鲜烘焙咖啡的文章,也不强求博客的网站链接到贝贝咖啡同学会。

5.3 邮件营销

5.3.1 邮件营销概述

1. 邮件营销的概念

邮件营销(E-mail Direct Marketing,EDM),是一种和客户一对一的沟通方式,凡是给潜在客户或者是已有客户发送电子邮件都可以看作邮件营销。

邮件营销包括很多环节,如图 5.39 所示。

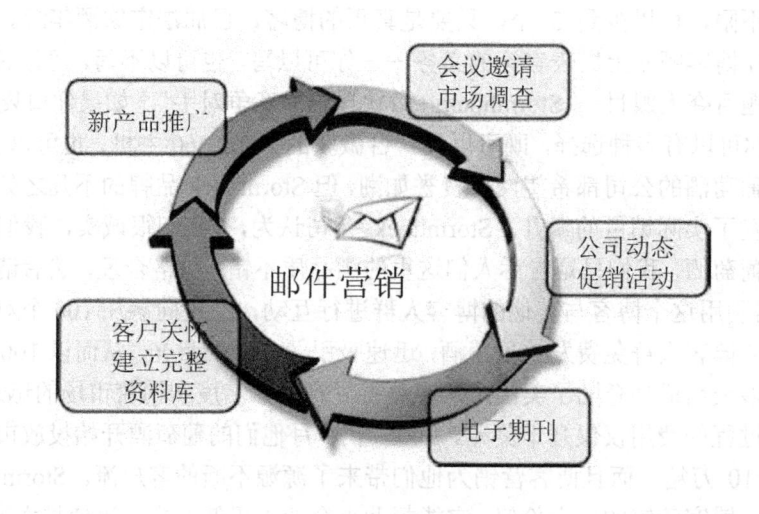

图 5.39 邮件营销的内容

2．邮件营销的优缺点

（1）优点。

从商家角度看，邮件营销可以快速把营销信息传递到客户端，具有以下优点。

① 利用邮件营销发展自己的潜在客户。

② 成本低廉。

③ 效果迅速。

④ 对象最精准，针对性强，最有可能转化为付费客户，反馈率高。

⑤ 长期与用户建立更为紧密的关系，培养用户的忠诚度，获得更多的顾客反馈。

⑥ 应用范围广。

⑦ 操作简单，效率高。

（2）缺点。

然而从客户角度来看，邮件营销却具有以下缺点。

① 用户一般称之为"垃圾邮件"，用户忘记曾注册过。邮件营销成本低廉，造成泛滥。

② 商家不尊重用户权利的情况下强制用户接收邮件。

③ 用户反感邮件发送方，从而降低品牌美誉度。

5.3.2 写好商务邮件的方法

1．商务邮件主题的要领

相对于普通邮件来说，商务邮件就需要更加正式一些，有以下几个要点。

要点 1：主题不要太长，字数最好控制在 15 字以内，一定要简单明了，突出重点，让用户看到弹窗邮件的主题就产生打开的冲动。

要点 2：称呼最好正式一些，称呼的顺序越具体越好。

要点 3：关键词突出主题，如"李勋老师收：琳达给您的书的封面设计"，"李勋老师收：严杰老师的课堂笔记"，"李勋收：周末课件的最新版"，"李勋收：清华大学总裁研修班课程通知"等。

要点 4：突出重要性。主题中用"一定"、"必须"、"保证"、"确实"等语气词强化一下，会显得邮件更加重要，打开率也有很大提升。

要点 5：突出期限的紧迫性，可以用一些类似这样的词语"过期不候"、"快没了"、"最后"、"今天内"等。

2. 写好商务邮件的内容要点

要点 1：内容越短越容易得到回复，简明扼要，回复简单。

要点 2：废话少说，直接说跟对方有关的事项。

保证把事情说明白，内容尽可能短，必要时可以详细一点，不要为了短而短，写完后考虑一下对方的阅读体验。

公务邮件和内部邮件请务必保持邮件简短，太多的内容请放进附件或打电话。

一封邮件不要说两件事，除非两件事的确紧密相关。

要点 3：尽量让对方更容易回复你的邮件。

假如你在听完一场创业讲座后，和人脉颇广的演讲嘉宾在台下交流了 10 分钟。他觉得你的项目不错，答应将你的团队信息介绍给天使投资人 A、投资机构 B 和供应商合作方 C，让你把详细资料发到他的邮箱。

你该怎么做呢？你回去以后，应该发 4 封邮件。

第一封："×××先生您好：很高兴今天和您交流。我们的项目是××，您提到了我们的项目可能会让天使投资人 A、投资机构 B 和供应商合作方 C 感兴趣，接下来我会发 3 封独立的邮件给您，分别是写给 A、B、C 的。这 3 封邮件都是可以被直接转发的格式。谢谢您的帮助！"

第二、第三、第四封在内容和措辞上分别是写给 A、B、C 的，简洁阐述你的项目和他们的关系，并且保证格式完整，让你的联系人可以直接转发。

案例：Uber 是一家从事按需打车服务的初创公司，在设计方面，Uber 的这封邮件像一个蛋糕，超级容易浏览和消化，甚至不需要阅读文案。这封邮件的目的是让用户了解一个新产品，而不是促进销售线索转化，Uber 非常清楚自己的目的，从邮件最上部分"比出租车更便宜"的口号，到"比出租车便宜 30%"，随之是告诉用户最新的费率等，Uber 知道如何一步步使用设计来更好地传达这些信息。

3. 采集邮箱的方法

想要做邮件营销，第一步就是要收集用户邮箱，那么如何收集用户邮箱呢？

（1）向公司或他人购买。

这是最简单的方法，到搜索引擎里搜一下，有很多人在卖，价格也不高。

（2）通过活动收集。

一般大公司都是通过活动收集邮箱的，这比较精准，成本也比较高，基本步骤是策划网络活动—到相关网站投放此活动广告—用户参加需要填邮箱。很多团购网站都是通过这种方法来收集邮箱的，如 0 元购宝马、1 元购 iPad、注册就有 10 元代金券等。

(3)通过社会化网络收集。

微博里就有很多类似"转发此微薄,并留下你的邮箱,就会得到最新的网络优化技巧资料"等活动,除了能得到邮箱外,还能加"粉丝"。这种活动在很多论坛里也有,收集的邮箱也比较精准,但比较耗费人力。

(4)采集用户的邮箱。

这个需要用到一些邮箱采集器,网上有很多免费的并且很好用的软件,操作也都比较简单,可以通过关键字采集网页中的邮箱,或者直接采集QQ群里的邮箱。采集QQ群邮箱是比较精准的,可以按群的名字采集,也可以按地区、年龄、爱好等采集。还可以采集阿里巴巴、淘宝的邮箱,诚信通的用户都是实名认证的,阿里旺旺上面也有邮箱,这些采集起来都比较精准。

(5)通过文库收集。

像百度文库、新浪文库等,搜索时带上邮箱等关键字,再选择.xls格式的,可以搜到很多邮箱文件,不过这些邮件可能已经被很多人使用过,不太好用了。

(6)到网络营销类的论坛区下载。

很多网络营销类的论坛的下载板块里都会有类似的下载,可以去找一找。

(7)现有会员的邮箱。

如果自己有论坛,这些注册会员的邮箱最好,很精准,获得也最简单。为了防止那些随便使用邮箱注册的情况,可以设置成注册后需要激活邮件才能用等。

4.件发出去后对效果评估

(1)邮件送达率。

送达率是指发送到对方邮箱的邮件数量和发送邮箱总和的比例。这里不太好确定的是,发送成功的邮箱是收件箱还是垃圾箱,很多时候不可精准考究。但是总体来说,送达率越高越好,尽量采用一些措施避免邮件被当作垃圾邮件。

(2)邮件退信率。

邮件退信率是系统提示被退回的邮件数量和发送邮件总数的比例。

发生邮件退回可能的原因有:邮箱地址错误,邮件有被当作垃圾邮件的嫌疑;短时间内发送的邮件数量超出限制;对方处于禁用或者冻结状态等。

(3)邮件打开率。

打开率是判断电子邮件营销是否成功的一个重要指标,但是用户打开邮件,并不意味着就一定认真阅读了邮件的内容。

总体来说,打开率越高效果越好。

技术链接——打开率统计技术

打开率统计技术是通过在邮件里放入1个像素大小的GIF图片进行测试的,如果对方客户端设置了拦截图片，那么这个 GIF 图片也会被拦截，意味着即使客户认真阅读了邮件内容，但在统计数据里属于未打开。

（4）反复打开率。

反复打开率统计一个邮寄被用户多次打开的情况，这类客户一定是优质的潜在客户。

（5）点击数总和。

点击数总和是指用户点击了多少次邮件里的网址链接，访问公司网站。这是一个直接影响销售率的指标。

（6）唯一点击率。

唯一点击率是指用户点击链接的绝对数量，不包括反复点击。例如，如果邮件里有两个网址链接，用户点击第一个链接 1 次，点击第二个链接 3 次，那么唯一点击率是 2 次。

（7）点击率按链接网址分类。

如果邮件里发布的信息有科研类文章、打折优惠信息、营销类信息等，这项数据可以很准确地告诉您不同网址被点击的次数，就可以统计出来客户群体最喜欢的内容。

（8）邮件转化率。

邮件转化率表明有多少用户最终完成了网上购物的整个过程。

（9）举报率。

举报率是用户投诉公司发送的邮件占总邮件的比率。这项数据也很重要。

（10）每封邮件的收益。

每封邮件的收益是邮件营销带来的收益总和与所有有效邮件的数量的一个比值。

案例分析：某快速消费品企业一个月发送邮件数量都保持在 50 万左右。表 5.1 是该企业最近一个月内邮件营销分析报告中得到的部分数据。

表 5.1 该企业近一个月内邮件营销分析报告（部分）

投递总计	投递成功	打开邮件	有效点击
500578	495000	200345	81650

大家可以核算一下，到达率为 98.8%，打开率为 40%，点击率为 16.3%。不论从转化率还是最后的有效点击次数来看，都是非常不错的数据。

5．如何提高到达率的办法

3 步实现个数打开率的 10 倍增长。

第一步，分步骤清理无效邮箱。

分 3 或 4 次发送不同邮件，对于没有任何反应的邮箱就直接删除。既然这些邮箱对于我们没有价值，及时清理掉也是明智的选择。有效的邮箱数据越来越多，打开率自然会上升。

第二步，策划有吸引力的邮件主题。

要针对同一个内容设置不同标题发送出去，测试哪个标题的打开率更高。

第三步，找到最佳发邮件的时间。

这里也需要进行多次测试，以确定在哪个时间段发送邮件效果最佳。

通过上面 3 个方面的调整，可以保持发出去的邮件的打开率基本在 40%以上，打开率提高了，搭配有吸引力的邮件内容，你的邮件营销就算是成功了。

5.3.3 邮件营销七大禁忌

1．忌邮件没有主题或主题不明确

邮件主题应言简意赅，以便收件人决定是否继续阅读邮件内容。

2．忌没有目标定位

没有定位好目标客户，而盲目使用邮件营销，效果肯定大打折扣。

3．忌隐藏发件人姓名

正常的商务活动为什么害怕露出自己的真面目呢？隐藏发件人姓名的邮件，其内容的可信度有多高呢？

4．忌邮件内容采用附件形式

最好采用纯文本格式的文档，把内容尽量安排在邮件的正文部分，除非插入图片、声音等资料，否则请不要使用附件。

5．忌发送频率过于频繁

研究表明，同样内容的邮件，每个月发送 2 或 3 次为宜。

6．忌邮件内容繁杂

电子邮件宣传不同于报纸、杂志等印刷品广告，篇幅越大越能显示出企业的实力和气魄。电子邮件应力求内容简洁。

7．忌邮件格式混乱

虽然说电子邮件没有统一的格式，但作为一封商业函件，至少应该参考普通商务信件的格式，包括对收件人的称呼、邮件正文、发件人签名等因素。

5.4 病毒营销

5.4.1 病毒营销的概念

病毒营销（Viral Marketing，又称病毒式营销、病毒性营销、基因行销或核爆式行销），如图 5.40 所示。病毒营销是一种常用的网络营销方法，常用于进行网站推广、品牌推广等。病毒营销是社会人际网络，使信息像病毒一样传播和扩散，利用快速复制的方式传向数以千计、数以百万计的受众。也就是说，通过提供有价值的产品或服务，"让大家告诉大家"，通过别人为你宣传，实现"营销杠杆"的作用。病毒营销的传播方式如图 5.41 所示，它已经成为网络营销最为独特的手段，被越来越多的商家和网站成功利用。

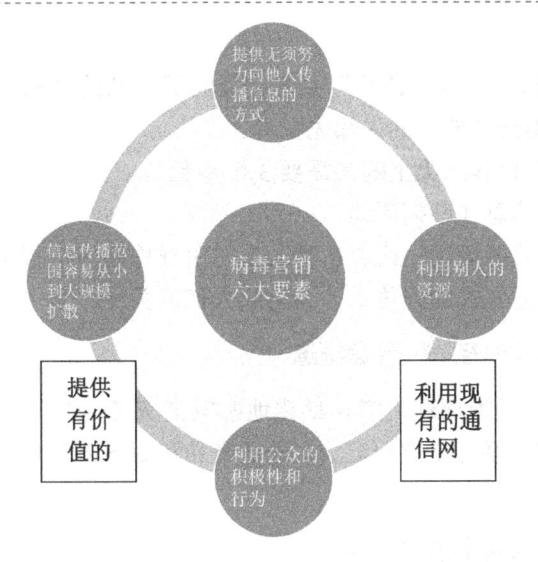

图 5.40 病毒式营销的要素

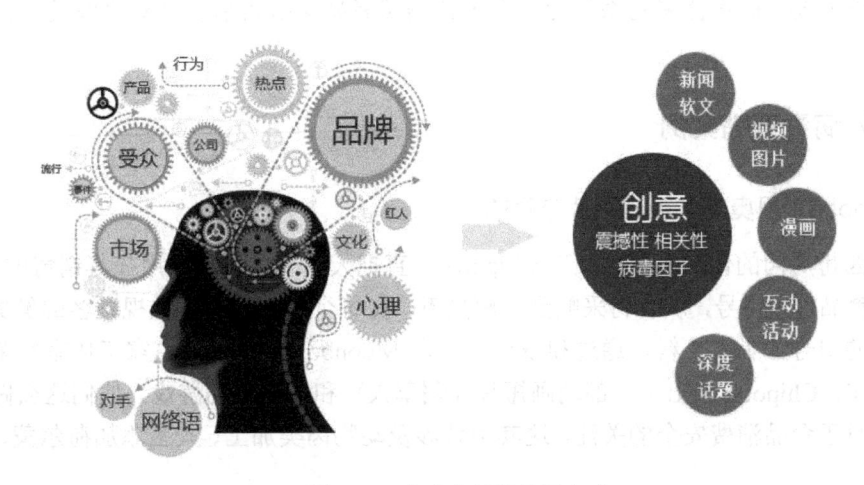

图 5.41 病毒营销的传播方式

通常将病毒营销的实施归纳为四大基本要素。

1. 创建有感染力的"病原体"

使其成为爆炸性的传播话题，通过心灵的沟通感染消费者，进而不断蔓延开来。在互联网中这种病原体就很常见，如用 Flash 创建一个非常有趣的游戏或者经典动画，创建的游戏和动画就是一个很好的病原体，通过电子邮箱把它发出去，每当人们收到有趣的图片或很酷的 Flash 游戏的附件，通常会把它转发给朋友，而他们也顺次发给其他朋友。这种滚雪球效果可以轻松创建起一个分销渠道，在几小时之内，到达成百上千的人们那里。病原体可以有很多种，常见的有情感、利益、娱乐和生活态度等类型。

2. 针对性地选择传播目标群体（意见领袖）

使其成为病毒的最初感染者和传播者。由于营销费用的限制，企业不可能将病原体全面地做推广和扩散，因此在设计病原体完成之后，病毒营销的关键是找到"有影响力的人"，也就是早期的接受者。

有一点至关重要，选择"意见领袖"并非选择购买产品的目标消费群体，而是那些最容易接受"病原体"并感染给其他人的先知先觉者。

通常确定目标群体并使其感染上病毒需要3个步骤。

① 播种产品和相关信息（即病原体）。

② 开展关于生活方式的活动，或者在带头人的引导作用下进行市场活动。

③ 用传统的媒体沟通方式加强传话，并引起人们的关注。

3. 创建"病毒"感染途径——传递渠道

在消费者日常生活中频繁出现，潜移默化地影响消费者。在日常生活中开展无指向性的宣传，通过赞助各项活动、举行专题研究会、进行产品和服务公益展示和加入行业联合会等途径来影响消费者。

4. 通过有效的载体为病毒预埋管线

利用公众的积极性参与行为，让"病毒"很容易从小到大规模扩散。"一切为了销售"是营销的最终目标。病毒营销的杀伤力就在于让消费者感染病毒后主动对企业的产品产生购买兴趣。

5.4.2 国外病毒营销案例

1. Chipotle：用奥斯卡级动画片夺眼球

主营墨西哥烤肉的休闲快餐连锁店 Chipotle 一直把天然有机食材应用在其销售的食品中，并以"良心食品"为口号，从食材采购到下厨烹煮，在每个环节都非常重视顾客的健康。如今他们给自己的口号加了点儿料，通过和设计工作室 Moonbot Studios（这家工作室曾荣获奥斯卡奖）的合作，Chipotle 推出了一部动画短片《稻草人》和同名移动游戏。他们这么做就是为了引起人们对于食品消费安全的关注，这其中就涉及动物肉类加工、人工添加荷尔蒙、有毒杀虫剂等方面。

《稻草人》动画片虚构了一个未来世界：人类环境已经被破坏，食品行业被一家名为"乌鸦食品公司"的企业所垄断，稻草人不再守卫农田，而成为这家垄断寡头工厂里生产劣质食物的奴仆。但一个可爱、善良的稻草人厌恶了当帮凶的生活，从这家残酷的黑食品工厂里逃回家，当他意外找到一个红辣椒（Chipotle 的 LOGO）后，一切都发生了变化：世界的颜色变得鲜亮，音乐也随之响起，稻草人重新找回了自己的生活。他种植新鲜蔬菜，到处旅行，还开了一家玉米煎饼店。而同名 iOS 游戏也很有趣，玩家需要开垦草地，重新种植休耕的稻草人农场来获得游戏经验值，然后和虚拟乌鸦食品公司对抗。

Chipotle 餐厅广告截图如图 5.42 示。

该部动画短片在 2013 年 9 月推出，登陆 YouTube 不到两周就获得了 650 万浏览量；据报道，同名游戏在苹果 APP Store 上架仅 6 周，下载量就突破了 50 万。虽然 Chipotle 公司没有对外透露同名游戏的 iOS 设备安装量，但每次打开这个 APP，稻草人总能打动人们心弦，引起人们对食品安全的关注。

图 5.42　Chipotle 餐厅广告截图

2．多芬：传播女性美

多芬推出了一部视频短片——"我眼中的你更美"，宣传图如图 5.43 所示。其病毒营销获得了巨大的成功。这部广告片不仅令人振奋不已，还创造了线上营销纪录，推出后仅一个月内，浏览量就突破了 1.14 亿。"我眼中的你更美"之所以能够获得如此出色的成绩，一部分原因要归功于联合利华公司。在其帮助下，这部短片被翻译成 25 种语言，并在其 33 个 YouTube 官方频道下播放，全球超过 110 个国家的用户都可以观看这部短片。

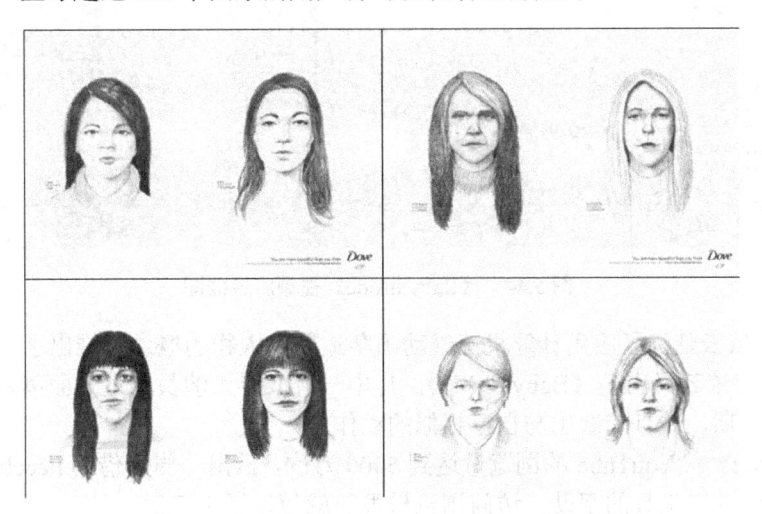

图 5.43　多芬"我眼中的你更美"广告创意图

该短片旨在寻求一个答案：在自己和他人眼中，女性的容貌到底有何差异？多芬的调研报告显示，全球有 54%的女性对自己的容貌不满意。吉尔·萨莫拉是 FBI 人像预测素描专家。在短片中，他和受访女性分坐在一张帘子两边，彼此看不见对方，吉尔·萨莫拉根据女性对自己容貌的口头描述勾勒出她的模样。然后，吉尔·萨莫拉根据陌生人对同一女性的容貌口头描述再描绘一张画像。之后，他把两张素描画摆放在一起做比较，结论是一个女人在他人眼里要比在她自己眼里美丽得多。

短片打动了消费者的内心，在推出后的第一个月就获得了 380 万次转发分享。随后两个月内，多芬的 YouTube 频道新增了 1.5 万个订阅用户。此外，短片也影响到传统媒体，令纸媒、广播新闻竞相报道，甚至引发了一系列线上讨论。更令人意外的是，网上出现了不少模仿视频。2013 年 6 月，多芬和广告代理商奥美获得了戛纳国际创意节全场钛狮奖。毋庸置疑，这是病毒营销的一次巨大成功。

3．依云：唤起童心

如果从数字营销的角度来看，依云广告中的婴儿才是最厉害的角色。作为达能集团旗下的高档矿泉水，依云在 2009 年首次尝试病毒营销，推出营销短片《Roller Baby》，应用计算机三维动画技术（CGI），塑造了一群小婴儿穿着溜冰鞋跳舞的场景。这部影片在 YouTube 独家播放，并在当时创造了吉尼斯世界纪录，成为在线广告史上观看次数最多的视频，该片在推出后不到两个月的时间里，浏览量就超过了 2500 万次。《Baby Inside》视频广告截图如图 5.44 所示。

图 5.44　《Baby Inside》视频广告截图

2011 年，依云延续了应用计算机三维动画塑造婴儿人物的概念，推出了《Baby Inside》影片。2013 年，依云又出了《Baby & Me》，片中一群成年人演员穿过一面离奇的镜子，回到了自己的婴儿时期，并且能做出与自己相似的动作。

《Baby & Me》在 YouTube 的浏览量达到 5000 万次，推出一周后借助 Facebook 主页推广、促销广告和其他营销工具的帮助，访问浏览量很快就超过了 1 亿次。

依云并没有停止这一系列的营销活动，2014 年 5 月又推出了 Baby & Me 移动 APP 应用，支持安卓和 iOS 系统，用户只要上传自己的照片，就会生成一个相对应的婴儿形象，还能在 Facebook 或 Instagram 上与好友分享。如果想在 Twitter 上分享，可以使用"#evianbabyandme"标签统一发布。绝大部分病毒营销活动貌似一锤子买卖，但依云另辟蹊径，做出了一套系列广告。

4．乐事：让消费者开发新口味

乐事推出了一个向网友征集薯片口味的竞赛活动"Do Us a Flavor"（乐味一番），谐音取自"Do me a favor"（帮我个忙），如果乐事最终决定选择某位网友推荐的薯片口味，这位获胜者将获得 100 万美元大奖，或得到这款口味薯片销量净利润 1% 的提成。

2012年，活动吸引了大批"垃圾食品爱好者"参与，通过Facebook应用和短信息两种渠道，搜集了400万个口味创意。随后，乐事组织厨师、著名美食家、食品口味专家成立评审团仔细挑选并最终选中了3个最佳口味：芝士蒜香面包味、炸鸡华夫味、甜辣酱味。2013年5月，经过100余万名消费者在Facebook、Twitter上和短信中的投票评选，乐事的母公司菲多利宣布，芝士蒜香面包味获得了最终大奖，获奖人Karen Webber-Mendham来自威斯康星州蓝多湖，是一名儿童图书管理员。

对消费者来说，"Do Us a Flavor"活动有两层意义：一是让他们感受到自己的观点引起了企业的重视；二是让消费者参与产品开发，并发出自己的声音。通过这场营销竞赛，乐事母公司菲多利在美国地区的Facebook"粉丝"数量增长了3倍，公司在全美范围的销量也增长了12%。2014年1月，乐事决定再次使用这种营销方式，这次他们加入了一项新规则，让消费者给入选决赛圈的4个薯片口味进行投票，但每种新口味都必须基于乐事的3款原创口味来延展。

5．GoldieBlox：改编知名歌曲

GoldieBlox也许无法赢得权利，但它们愿意为此而努力。GoldieBlox是一家专门为女孩儿设计故事书和玩具的公司，旨在提升女生对科学和工程专业的兴趣。2014年2月，该公司成为首家在超级碗电视直播中投放商业广告的小公司。GoldieBlox视频广告截图如图5.45所示。

图 5.45　GoldieBlox 视频广告截图

2012年秋季，GoldieBlox在社交媒体开展营销活动，当时它们通过Kickstarter众筹了30万美元，帮助公司解决了首批产品的生产成本问题。2013年年末，GoldieBlox在社交媒体圈也引起了不小的风波。它们推出了一个视频，3个小女孩儿在Beastie Boys乐队创作的《Girls》歌曲旋律下唱着改编的歌词。视频推出后短短一周就获得了超过800万浏览量，在Twitter上也受到了艾伦秀主持人Ellen DeGeneres和亚利桑那州前政治家Gabrielle Giffords的热捧。但Beastie Boys乐队从未授权这首歌在商业广告内使用，GoldieBlox被该乐队告上了法庭，并被指控抄袭模仿歌曲，侵犯了歌曲版权和商标。2014年3月，双方最终达成和解，GoldieBlox

同意发表一份公开的道歉申明，并且将其收入的一部分用于慈善捐款，受捐对象则由 Beastie Boys 乐队挑选决定。

GoldieBlox 未受影响，在美国职业橄榄球联盟总决赛超级碗开赛前，财务软件开发商 Intuit 举办了一场"小公司，大比赛"竞赛，获胜者将会获得第 48 届超级碗比赛中长达 30 秒的直播广告机会。这一届直播广告时段由 Fox 广播公司承办，预计 30 秒电视广告时长的价值将高达 400 万美元。最终，GoldieBlox 从 1.5 万家小企业竞争对手中脱颖而出，经过"粉丝"投票赢得了这场竞赛。这次 GoldieBlox 又改编了 Slade 乐队的歌曲《Cum on Feel the Noize》。GoldieBlox 吃一堑长一智，这次的歌曲已经被授权在商业广告上使用。

6．GoPro：这次不谈极限运动

GoPro 是一家生产高清摄像机的公司。现在如果你要录制滑板、冲浪和其他极限运动视频，GoPro 几乎成了该领域的代名词。但 GoPro 在社交媒体里面用另一种方式获得了成功。它们推出了一部关于消防员救小猫的视频，和极限运动毫无关系，视频截图如图 5.46 所示。

图 5.46 GoPro 消防员救小猫视频截图

这个故事发生在 2013 年中，当时加利福尼亚州的佛雷斯诺小镇上发生了一起火灾，消防员 Cory Kalanick 在营救过程中救出了一只小猫。刚好他的头盔上安装了 GoPro Hero3 高清摄像机，整个过程都被记录下来。之后这部视频被上传到 YouTube，几周内吸引了 150 万浏览量（不幸的是，最后这只小猫因吸入烟雾颗粒而死亡）。2013 年秋季，GoPro 重新编辑了视频，新增公司 LOGO 并发布在自己的官方 YouTube 频道上。这次经过重新剪辑的视频更加饱含深情，并吸引了更多关注。视频上传后仅一周就获得了 500 万访问浏览量。

营救小猫的视频获得成功也有多方面原因，一方面它让人心碎，同时唤起了人们对生命的感触；另一方面，它向人们展示了 GoPro 摄像头在极端环境下的超高性能和有效捕捉感人瞬间的高科技。此外，值得一提的是中国电子产品制造商富士康在 2012 年年末以 2 亿美元的价格获得了 GoPro 公司 8.88%的股份，而在 2014 年 2 月，GoPro 已经提交了 IPO 申请，并于 6 月底上市。

7．HelloFlo：一条诚实的卫生棉

走在纽约麦迪逊大道上，你会发现女性卫生用品的广告画面总是比较婉转——一群穿着

白裤子的女人在海边嬉笑打闹，这类广告的用词"保护"、"清新"也格外隐晦。HellFlo 卫生棉广告截图如图 5.47 所示。

图 5.47 HellFlo 卫生棉广告截图

HellFlo 是一家提供经期护理包订购服务的公司，它并不认同如今女性卫生用品广告的形式，并决心改写游戏规则。该公司推出一部关于夏令营的广告视频《The Camp Gyno》，用坦率、幽默和真诚打动了消费者。

视频讲述了一个青春期少女参加夏令营时遭遇月经初潮的故事，但她并未慌张，而是成为夏令营里的生理卫生员，给同寝室姐妹发放卫生棉。这个女孩能坦然面对初潮，源于一句她铭记在心的话："这是你当下的生活。"夏令营中的女孩子大多不知如何应对这种状况，但有了 HelloFlo 的"经期护理包"之后，一切问题都解决了，女孩们在护理包里找到了卫生棉、护垫甚至糖果。

HelloFlo 成立于 2013 年 3 月。2013 年夏天该视频登陆 YouTube，很快引起人们对这家公司的关注。该广告视频推出后 24 小时就被《广告周刊》评为当日最佳广告，各大媒体也对这种直率的表达手法大加赞赏。视频上线一个月内吸引了近 600 万浏览量，而制作成本只有 6000 美元。

8. PlayWorld Systems：用比赛触发参与感

运动场地开发商兼健身设备制造商 PlayWorld Systems 最近也开始进军社交媒体营销，在其 Facebook 官方主页上推出了 Write to Play 大赛。这项竞赛要求参赛者在线上论坛发布一篇短文，阐述为什么要在社区里面推广运动健身。同时，如果你认为某个地点能兴建运动场所，可以拍一张照片并上传给 PlayWorld Systems。之后，PlayWorld Systems 挑选了 6 名入围者，凡是在公司 Facebook 主页上点赞的用户都可以投票。最终两个场地获胜，分别是爱荷华州梅森市的 Parker's Woods 公园和伊利诺伊州的 Norbert 学校。PlayWorld Systems 免费为他们建设运动场地。

Write to Play 比赛是 PlayWorld Systems 首次尝试社交媒体营销，其广告截图如图 5.48 所示，但效果非常好。在大赛举办的两个月内，其 Facebook 主页"粉丝"从 600 人增加至 9000 人，当地社区也非常支持 PlayWorld Systems。各大媒体竞相报道本次大赛，帮助该公司"免费"宣传。

图 5.48　比赛广告截图

9. Poo-Pourri：厕所里的幽默

浴室洗手间芳香剂生产商 Poo-Pourri 获得了"沁人心脾"的成功，这得益于一部名为《Girls Don't Poop》（女神不上大号）的病毒营销视频，巧妙地让一件难以启齿的事为主流所接受。

视频把厕所幽默提升到了一个新境界。一个优雅的女子坐在马桶上，如图 5.49 所示，用搞笑的口吻说："你绝对不敢相信我刚上完大号，但你一点儿都闻不出来！"解决方案正是 Poo-Pourri 除臭芳香剂，它能在马桶内的水面上生成一个气味保护层，让臭味无法扩散，保持卫生间气味清新。

图 5.49　办公室厕所的广告截图

5.4.3　国内病毒营销案例

1. 下级拉下级

这种下级拉下级的模式在很早以前就有用到，早期的安利、现在的面膜商都说自己是厂家，招募代理，下级再招募下级消费有提成，久闻网在作家个人中心也有这种邀请模式，邀请下级后有积分返点，而真正用到精髓的是下级拉下级的多层次营销。微分销样式机构如图 5.50 所示。

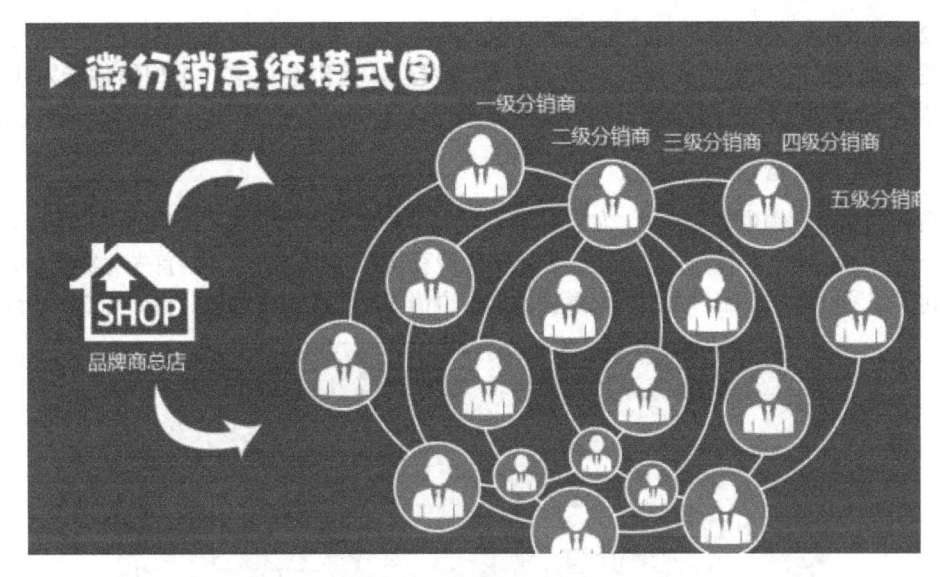

图 5.50　目前最流行的微分销

2．不转不是中国人

这种模式一般在朋友圈子或者 QQ 空间看到的比较多，当你看到一篇日本和中国闹矛盾的图片、文字后，非常气愤，加上"不转不是中国人"的词以后，你就认为更加有必要转载这篇文章了，现在遇到这种情况你可能不会转载了，因为大家都知道这就是营销，如图 5.51 所示。

图 5.51　不转不是中国人

3．热点事件

前段时间有新闻报道优衣库事件后，引起了不小的社会反响，有不少商家在炒作这件事情，如有专业定制版的优衣库服装，也有人说这是优衣库在炒作营销。

且不论它是否是优衣库在炒作，或者说是其他人在炒作，只能说这些营销炒作的价值非常大，算是病毒营销的成功案例了。

4．QQ空间魔力日志营销

在2013年时，当你进入QQ空间后，你发现你的好友发布图片上的名称、QQ号码以及年龄、性别都是你的资料，点击进去以后，你又发现，他们会说道，不相信你转发出去让你朋友看看，同样是显示你朋友的资料，这个时候你又转发了，当你朋友看到后，他又转发了。

5．免费类病毒营销

免费类的病毒营销也非常常见，如在早期的朋友圈中集赞，当你转发他们的内容后，为他们集到20个赞，他们送你产品，又或者是转发直接免费获得产品这类的活动，首先免费了，人们肯定会看，其次是领取实物产品，人们更愿意去做这件事情。马年的点赞送礼广告如图5.52所示。

图5.52　点赞送礼

6．祝福类病毒营销

七夕马上就到了，赶紧编辑一段话发送给你朋友圈的每一个人吧，当你的朋友觉得你这段话不错，然后又转发到他的朋友圈了，这样一传十，十传百，很快就被传开了。当然祝福并不一定要是七夕或者是其他节日，找到一个可进入的点，就一定可以做到病毒营销。

7．广告植入动画片病毒营销案例

点石成金的《阿里巴巴新传》巧妙地运用了病毒营销，自动化进行推广。这个病毒营销是怎么策划的呢？

旁边配音：公元3019年，人类迈向前所未有的高度，阿里巴巴跃居星球上第一商业帝国。

场景一：画面如图5.53所示。

图5.53　阿里巴巴暗流涌动

场景一配音：（语调开始下降，语气开始转折、预示将要出现危险）
商业帝国恢弘发展的背后，已暗流涌动，隐忧渐现！
对话（马云语气）："P4P 太烧钱了，怎么办呀！"（夸张而且担忧的语气）
场景二：画面如图 5.54 所示。

图 5.54　马元帅寻找秘密武器

场景二配音：
危机之中，马云大帅，再度出山！
对话：（马云）快！快找 P4P 秘密武器！（语气紧急而迫切）
场景三：画面如图 5.55 所示。

图 5.55　找到 P4P 机器人秘密武器

场景三配音：

马云："俺老马，去去就回！"（类似孙悟空的"俺老孙去去就回"）

场景四：画面如图 5.56 所示。

图 5.56 找到 P4P 机器人秘密武器

场景四配音：

马云："P4P 再不用乱烧钱了，机器人真棒！"

旁白：在秘密武器 P4P 机器人的帮助下，众阿里商家练就了点石成金的绝世武功，危机消除，阿里巴巴再度扬帆起航！

有商人的地方就有阿里巴巴，有阿里巴巴的地方就有点石成金，感恩阿里巴巴！

8．炒作病毒营销

典型案例——"封杀王老吉"事件

2008 年 5 月 18 日，在中央电视台《爱的奉献》大型募捐活动中，生产红罐王老吉的加多宝集团为四川灾区捐款 1 亿元，一夜之间这个民族饮料品牌迅速成为公众聚焦的中心。

5 月 19 日晚，天涯论坛上出现了名为《让王老吉从中国的货架上消失，封杀它！》的帖子："王老吉，你够狠！捐一个亿，胆敢是王石的 200 倍！为了整治这个嚣张的企业，买光超市的王老吉！上一罐买一罐！不买的就不要顶这个帖子啦！"

这个热帖迅速被搜狐、网易、奇虎等国内人气最旺的论坛转载，受到网友的热捧。几天之后，类似的帖子已经充斥大大小小各类网络社区，"要捐就捐一个亿，要喝就喝王老吉"，为了"整治"这个嚣张的企业，买光超市的王老吉，上一罐买一罐等言论如病毒般迅速在网络里扩散，成为民众热议的话题。

因为一个亿，王老吉被推到舞台中心，吸引了无数公众的关注，在此背景之下网络话题被挑起，显得如此名正言顺，以至于不少网民觉得支持王老吉是应该的事，如同受恩应回报一样理所当然。如此的创意，高关注度、好口碑指数都在意料之中，"封杀王老吉"事件当仁不让地入选 2008 上半年度最典型、最成功的网络口碑营销个案之一。

究其原因，有以下几个方面值得借鉴。

一是口号有创意:"让王老吉从货架上消失,封杀它"、"封杀王老吉"、"够狠"等字眼正话反说、利用带有负面字眼的标题吸引网民关注,深具"标题党"的创意,引人入胜的标题是话题成功的关键之一。

二是情节够煽情:利用在中央电视台大型募捐活动中的突出表现,通过一个"封杀王老吉"的口号,把用1亿元吸引到的公众目光转移到企业自身,借助公益来煽情,把网民的好感直接引导为实际行动。

三是对比引争议:利用当时人们热衷比较各企业捐款数额的舆论背景,在帖子中直接将王老吉与王石进行对比,惹起争议,突出自身,在加速话题的扩散的同时,又争取到网民对自己的支持,提高事件的网络口碑指数。

5.4.4 病毒营销成功要素

通过总结,我们也可以发现其成功的几个要素。

成功之一:借势(事件传播的土壤)。此处用"借势"这个词说"灾难营销"有点太苛刻。王老吉的捐款数额是足以引起一片赞誉的,况且是在当时"比富(比谁捐款多)"的大舆论背景下。中央电视台那场捐款晚会的收视率是不用质疑的,"一鸣惊人"是那场晚会赋予王老吉最大的收获(这可能比投放几个亿的广告效果都要好)。

成功之二:策划(制造事件——病毒源本身)。网友是单纯的,也是容易被煽动的。王老吉捐款1亿元的"壮举"在接下来的几天里迅速成为各个论坛、博客讨论的焦点话题。但是话题是分散的,需要一个更强有力的话题让这场讨论升级。于是"封杀王老吉"成为由赞扬到付诸实际购买行动的号令。创意本身契合当时网友的心情,使得可能平日里会被人痛骂为"商业帖"的内容一下子成了人人赞誉的好文章。

成功之三:推动(给病毒传播一个原动力)。病毒之所以能够扩散,除了病毒源"优质"之外,初期的推动也很重要。一个单帖,能够有如此大范围的影响,背后网络推手对于这个帖子的初期转载和回复引导至关重要。BBS营销在这个事件中显得尤为成功。首发天涯等大论坛,然后迅速地转载到各个小论坛,之后,就可以依靠病毒自身的传播惯性去进行扩散了。

本章小结

本章详细介绍了各种传统的网络营销推广方式,涉及的知识比较多,阐述得也比较详细。本章内容是做好网络营销最核心的技术部分,也是从业网络营销领域工作务必要掌握的技能。

本章从搜索引擎排名,到百度百科、百度知道、百度文库等,再到博客营销,再到邮件营销,再到病毒营销,知识点很全面。

但是请记住,不是所有的推广方式都适合所有行业的推广手法,通过本章的学习,大家可以学会辨别,对不同行业不同品类采取合适的推广方式。

课后思考

1. 找个产品,尝试做出百度霸屏的效果。

2. 找个排名靠前的网站，分析网站内部七要素。
3. 找两个网站，一个好网站一个差网站，比较两个网站的外链有何不同。
4. 找个产品，按照关键词选择的七大策略定位好推广关键词套餐。
5. 找个产品，做好百度百科。
6. 找个产品，做好百度文库。
7. 找个产品，做好百度知道。
8. 学会注册博客，并找到你认为好的博客，总结对方做得好的规律。
9. 找几个病毒营销的案例，学会分享。

第 6 章

微时代营销推广

学习目标

1. 熟悉微营销的三个环节
2. 理解一二三黄金法则
3. 理解微引流的含义及运作原理
4. 掌握好微信沟通的几个杀手锏
5. 理解微促销的特点和要领

本章重点

1. 熟悉微营销的三个环节
2. 理解一二三黄金法则
3. 设计鱼饵实现微引流
4. 熟练掌握和用户进行有效沟通的方法

本章难点

1. 将微营销的三个环节和一二三黄金法则与生活实践联系
2. 掌握好微信沟通的几个杀手锏
3. 微促销在实际微营销中的运用

6.1 破解微营销的奥秘

正所谓时势造就英雄，机遇成就伟业。拿破仑顺应时势建造了法兰斯帝国，比尔·盖茨在计算机技术萌芽时毅然辍学，投身其中，建造了计算机时代新纪元。而现在，新时代宏章已经揭开序幕，新事物的洪流向我们涌来。如何在纷繁复杂的新事物中寻得商机就是决定我们能否站立在时代洪流前沿的关键。

我们来先来看一组数据，据工业和信息化部的数据统计，截至 2014 年 5 月底，我国移动端互联网网民人数高达13亿，几乎人手一部入网手机，远超PC端互联网网民数量。而PC端网民创造了一年又一年的销售奇迹，人数远超PC端的移动端的商业潜力从此也可见一斑。21世纪的前10年是属于微营销独树一帜的10年，微营销，作为新兴事物，看似神秘，其实不然。那么我们应如何学习并掌握微营销的奥秘呢？怎么才能学好电子商务与网络营销这样的课程呢？掌握了微营销的相关知识，可以为我们未来的职业发展提供什么样的砝码，又会对我们的人生产生什么样的奇妙影响？本章将对上述问题一一做出解答。

学习本章之前，我们先一起来看一个故事：《杰夫·保罗的懒人创富法》，认真体会营销的过程。

典型案例——杰夫·保罗的懒人创富法

1991年，杰夫·保罗仍是一个无家可归、身无分文的彻底失败者，信用卡上有10万美元的债务，他与老婆、3个孩子住在嫂子家的地下室里。

突然有一天，他发现了一本1931年出版的古董书，书里揭示了一种极为简单的赚钱公式。使用这套不可思议的赚钱技巧，杰夫·保罗开始快速赚钱。到了1992年，他每个月的收入达到了5位数，此时的他，每天都穿着睡衣待在家里……

其实，他的方法很简单。

他在本地报纸上刊登廉价的分类广告，标题为《免费索取<轻松烹饪美食的技巧>报告》，吸引读者打电话给他，并留下姓名和地址。

然后杰夫·保罗就把免费报告连同其他商品的促销信邮寄给顾客。顾客很可能不会立即购买他所推荐的商品，但他每隔一段时间就会再邮寄一些有价值的报告及商品促销信。

而收信的顾客由于会持续收到杰夫·保罗寄来的资料，就逐渐增加了对杰夫·保罗的信赖，把他当作懂得专业知识的专家，所以，在一段时间的持续交流之后，一部分顾客就陆续开始购买他所推荐的商品。

这套简单的技巧，帮杰夫·保罗在2个月内就摆脱了银行的债务，并且很快就成为在家工作的百万富翁——这也是很多人梦想的生活。他的书《如何穿着内衣坐在厨房边每天轻松赚钱》销售给了15万人，这些人当中，很多人也成为在家工作的百万富翁，而他们所使用的方法都是杰夫·保罗所教授的方法。

杰夫·保罗的财富故事在欧美流传很广。为什么呢？因为它简单、易学、有效。

他的整个操作步骤就是：① 寻找目标鱼塘（目标客户常活动的区域）释放鱼饵，吸引他们的注意；② 用鱼饵换取顾客的联系方式，相当于把"鱼"钓入自己的鱼塘；③ 通过持续的沟通来培育信赖感；④ 通过促销来提现。

这个故事的操作媒介是报纸，如今是移动互联网时代，是否也是有效的呢？

答案是肯定的，而且非常有效。因为移动互联网具有网络广告的低廉成本的特点，网络广告比传统广告更便宜、更容易操作与控制，如微信、免费发送信息，客户使用手机，随时随地都能收到。而且沟通更加无障碍，采用微信很方便在后期和用户沟通联系。

杰夫·保罗其实只用了一个原理在赚钱，那就是我们将要讲到的重要的3个环节："微引流"搜集客户→"微沟通"培育客户→"微促销"促销赚钱。再如此循环。

这个方法非常有效，而且威力巨大，因为它涉及一个重要的概念，那就是数据库营销，俗称鱼塘营销。

数据库营销的步骤如下。

首先，潜在客户数据库基本上通过了一轮筛选，利用提供赠品或者订阅方式过滤掉毫无意向的流量，将有一定意愿的目标客户集中到数据库。

然后，在收集客户数据库的过程中，可以逐步与他们进行沟通或者提供进一步的价值服务，进入开放客户对我们信任的阶段，有了信任，成交只是时间问题。

最后，在潜在的客户当中，很多客户先期只做客户数据搜集，然后进行促销，一般都可以做到1%～5%的响应率，也就是说有1000个潜在客户数据库，每次促销都有10～50名客户会购买你的产品。

案例：校园专升本培训项目

某针对大学生专升本的培训机构，目标客户：有意愿考试升本的专科生。

第一步：用免费讲座的鱼饵让学生关注他的微信公众号，取得学生的联系方式，把"鱼"钓入自己的鱼塘，这里的鱼塘就是商家的公众号。

第二步：通过线下讲座和微信公众号持续有价值信息的沟通，培育信赖感。

第三步：通过"限时优惠"等促销手法来成交。

虽然看起来这个比例不大，如果按每单平均5000元计算，也有10万元的收入比例，而且这只是一次性的收入。

因为有了同学的联系方式，整个潜在客户数据库就相当于自己养殖了一个鱼塘，想吃鱼的时候，就可以在自己的鱼塘捞鱼。这样看来，只要你不断在鱼塘中提供养料鱼食给你的鱼，他们就会永远是你忠诚的顾客。

6.1.1 微营销之三大环节

上面介绍了"杰夫·保罗的懒人创富法"和"校园专升本培训项目"，总结出微营销核心的3个环节——微引流、微沟通和微促销。

下面我们结合小米手机的案例来了解微引流、微沟通和微促销。

小米微信4个月增长了105万"粉丝"，它是怎么实现的呢？

1. 微引流

小米手机的"非常6+1，赢小米手机2"活动就是微引流的典型例子。小米微信2013年2月开通，由拥有300万"粉丝"的微博和官网引流的"粉丝"仅有41万，于是小米在3月便强势推出"非常6+1，赢小米手机2"活动。小米通过微博、官网和微信活动将用户导入微信公众号，积累数据用户的这个过程就是"微引流"。

2. 微沟通

小米手机的该项活动活动规则虽然简单，但是成效很可观。该活动是趣味性与利益性的结合，小米官方微信每天送出50个F码（优惠券）和30张手机充值卡，中奖率极高。而且最终排名前10名的微信用户，还将获得小米手机、小米盒子及移动电源等大奖。不过才短短3天的时间，小米微信就增加了6.2万"粉丝"。

活动期间，小米微信共接收信息403万条，用户回复的信息还有问题，除了类似"答案"、"订单"、"手机"等字眼会自动归类于人工客服之外，小米的微信运营人员对其他回复进行一对一解答和回复，鼓励和引导微信用户将其活动分享至朋友圈进行分享互动。这样的真人客服活动有着人工客服难有的亲切感和真诚感，容易加深与用户的联系，加强用户的忠诚度。

小米微信通过发送活动和优惠信息给用户，与用户互动交流，实现与用户的高质量沟通，"微沟通"增强了用户与公司的信任感。

3. 微促销

获得小米奖品的微信用户，尤其是获得奖品最多的 F 券微信用户，多会持 F 券到小米商场去购物，享受优惠折扣。而获得其他奖品的用户一旦尝到了甜头，也就欲罢不能，成为小米最忠实的"粉丝"用户。

用户持 F 券或其他优惠到小米商场购物，实现商场的营业额上涨就是"微促销"环节。

小米通过这个"非常 6+1，赢小米手机 2"的活动，使得小米微信 4 个月增长了 105 万"粉丝"，小米商城也因此获利不菲。

在小米的微营销的三大环节中，微引流是开端，是尽可能吸引多的客户进入特定微信号的行为。微沟通是过程，借助微信平台，通过信息回复、发布信息等方式，将随时可能轻易中断的商家和用户的关系深化、强化。微促销是整个微营销过程的最终环节和目的，通过前两个环节——微引流和微沟通，达成将产品软销售给用户的目的。

微营销三大环节不仅适用于以微信为主要载体的营销活动，还适用于其他一切营销行为，所以只要切实掌握了这三大环节，任何人、任何行业都可以迅速地提升成效和业绩。

那么小米案例里面的 3 个环节是否适用于餐饮、服装等其他行业呢？我们来看以下案例。

案例一：餐饮业如何使用"客户自动倍增系统"

如果你想在微信里推广你的餐饮服务，那么你可以这样设计。

微引流：先注册一个公众号，把进入餐厅的客户都吸引来关注这个公众号。顾客为什么愿意关注呢？较好的关注理由就是"关注本餐厅公众号，结账时打 9 折"或者"关注公众号赠送一份精美小礼物"，这样就很轻松地获得了第一批关注者。

微沟通：通过公众号推送文章《不花钱吃大餐的绝妙点子》，这篇文章就是吸引别人浏览的，所以标题一定要很有"眼球吸引力"。文章内容大致思路：只要你转发本篇文章到你的朋友圈里，就可以获得本餐厅赠送的××代餐券一份，或是送一道好菜。

微促销：想领取代餐券必须先关注本公众号，并且告诉客户，如果你愿意把微信朋友圈个人封面改成本餐厅的公众号二维码，就送价值 200 元的 3 人套餐一份。这样最终就能在吸引公众号客户在转发的同时，也要约朋友来本餐厅消费。

客户为了兑现代餐券，就会到餐厅来进行消费，所以，本餐厅的客户就自然而然地倍增了。

案例二：B2C 服装网店该如何使用"客户自动倍增系统"

根据前面的模式，我们也很容易为 B2C 网店来设计倍增系统，下面以服装网店为例来说明。

微引流：首先，你的网店里必须放置上二维码，把以前进入网店的老客户都添加到微信公众号上来。可以设置的诱因有"微信扫一扫，苹果手机大抽奖"。

微沟通：通过公众号推送文章《气死淘宝掌柜的 1 折购物砍价法》。这篇文章一定可以马上吸引你原来的公众号客户来看。在文章中，你同时要提到"转发有礼"的活动，如"转发到朋友圈，免费赠送 200 元红包"。

微促销：想领红包必须先关注本公众号，同时告诉客户：只要你坚持 7 天转发本公众号的当日文章，就可以参加抽奖，最高大奖就是 iPad 一台。这样客户帮你持续转发的同时，你也完成了产品的促销。

案例三：B2B"工业涂料"大单产品如何使用"客户自动倍增系统"

刚才列举的案例都是大众化商品的，我们来看这样的流程是否适用于 B2B 企业呢？

B2B 类型的产品不太容易促销，如工业设备、原料、机械、半成品之类的，成交金额比较大，成交周期比较长，所以微信主要用来培育信赖感。但使用微信来倍增客户，其目的也可以达成。假如你要推广"工业涂料"，目标客户以"手机代工厂老板"为主，那么你可以策划以下活动。

微引流：开通公众号，添加以前的老客户，或是在有潜在目标客户的地方，通过赠品方式添加他们。

微沟通：通过公众号推送文章《手机代工厂老板打死也不说的降成本内幕》。这篇文章吸引客户浏览的同时，也鼓励他们转发，一旦转发成功，就赠送一套《手机代工厂成本控制手册》作为赠品——当然是电子书，这样可以降低印书成本及配送成本。

微促销：鼓励新的手机代工厂老板关注本公众号之后，在《手机代工厂成本控制手册》里赠送"降低成本"地面探讨会门票，通过地面会议营销的方式来推广本厂的工业涂料。

总结提高——微营销的几个核心环节

第一，引流环节：先找一个拥有最初客户资源的微信公众号，如果采用个人微信号，是先把准客户变成自己的好友；同理，如果是微博，这个环节先把客户变成微博"粉丝"，总之，这个环节就是要获得客户的联系方式，形成自己的准客户鱼塘。

第二，沟通环节：有传播力的事件＝有吸引力的主题＋强大的利益驱动，让别人看到题目就欲罢不能，还要明确地让客户知道转发到底有哪些具体的好处，以此来引发传播。

第三，促销环节：要将新的客户吸引到自己的公众号，通过自己的公众号持续培育客户，并互动式地沟通，巧妙地促销。

6.1.2 微营销之一二三黄金法则

法则是各领域存在的已知或潜在的规律。自然界有生存法则，人际交往有白金法则，出行旅游有海恩法则，法则无处不在，同样微营销也存在着法则，我们总结为一二三黄金法则。一指一个前提，二指两项定律，三指三大思维。掌握好微营销的黄金法则，能在日益激烈的微营销的竞争中脱颖而出，在市场占据不倒之地。

1. 一个前提

所谓一个前提，即不管你销售什么产品、做什么行业，你必须 100%站在客户的角度考虑。

微营销同营销的本质是一致的，商家通过营造整体氛围和自身形态去推广销售商品给有需要的客户。所以，在微营销这个过程中，客户才是一切营销行为的主体和目的，商家必须站在客户的角度上，理解客户的物质需要和情感需要，考虑客户的用户体验和爱好习惯，才能让客户满意，才能长期保留客户。所以，在微信营销的开始，我们要站在客户的角度，考虑客户想看什么内容、需要看什么信息，还要考虑到如何让客户看得舒服、看得方便、乐于接受、乐于分享。

2. 两项定律

揭开微营销的奥义，需了解微营销的两项定律。

定律一："粉丝"至尊。

短短十几年间达到全球互联网公司10强的腾讯公司，就是借QQ培养了一批数量庞大的忠实用户，无论后来腾讯衍生什么产品（如微信），都能获得其他互联网公司难以企及的用户率和盈利率。所以，在这个"粉丝"经济的时代，得"粉丝"者得天下，"粉丝"的数量和质量决定了企业的生存和发展，也决定了微信营销行为的成败。所以，微信营销的首要定律就是要快速而准确地获得大量的目标"粉丝"。

定律二：产品为上。

在当今信息爆炸的时代，琳琅满目的广告和专家学者的千言万语，还不如亲朋好友的一句话。所以，微信营销是熟人营销、朋友营销，是以自己个人的信誉为担保，起到一种发散性营销的目的。既然是做熟人朋友的买卖，当然不能卖垃圾产品，否则你将会发现你的朋友圈逐渐消失朋友的信息，只有好服务、好产品，才能巩固信誉，拥有好口碑，才能在朋友和熟人中达到一传十，十传百的营销效应，才能最大地获得盈利，所以，微信营销要提供优质的服务和产品，遵循产品为上的定律才能在激烈的市场竞争中占领一席之地。

3. 三大思维

思维，探索事物与规律之间的联系，是人认识活动的最高阶段，简而言之，就是考虑问题的方式。思维是决定人遇事处事的方向和方法，正确的思维，是对的方向加上创造性的方法，使事情向着自己的意愿发展。微信营销有三大主要主导思维，分别是风口思维、工具思维和复制思维。

（1）思维一：风口思维。

借小米CEO雷军的一句话：只要站在风口上，就算是猪也会飞起来。风口是什么？就是前文所说的时代趋势和潮流。

俗话说女怕嫁错郎，男怕入错行，嫁得良人，入得正行。任何事物的发展细究其因果，都有迹可查，每一次时代浪潮来袭时，有的人站在风口，赚得盆满钵满；有人逆风而行，转瞬之间被风浪淹没。

10年前，房地产就是一个大的风口行业，投资房地产领域一定是赚多赔少。现在的风口什么呢？就是用户数量庞大的移动互联网。

微营销的第一大思维就是风口思维，只有站在时代的风口，抓住机遇，就是猪也能飞翔在市场高空，让人高攀不起。

（2）思维二：工具思维。

具体讲解工具思维之前，先讲一个故事：18世纪，美洲大陆兴起"淘金热"，成千上万的人向可能出产金子的地方蜂拥而去，但发家致富的有几个人？Levi's品牌的鼻祖——帆布商人李维·斯特劳斯也曾是这成千上万淘金人之一。起初他也是企图借淘金发家致富，可惜竞争太激烈，每日都有人淘金梦碎，但他不放弃，在淘金过程中他发现，淘金人夜以继日地淘金，身上普通布料的衣物时常破碎，根本不耐使用。李维·斯特劳斯灵机一动，将耐磨耐洗的帆布改良为牛仔裤，贩卖给淘金人，成为了真正成功的"淘金者"。

李维·斯特劳斯在此过程中的思维活动就是工具思维。工具思维可以说是实用思维，也可以说是求奇思维。微信营销一方面要站在客户的角度，考虑客户的需求，讲究实用性，完成客户的要求；另一方面就要思考如何在日益渐增的微商中脱颖而出。

打个比方，现在越来越多的微商在微信平台上卖化妆品、卖衣服、搞代购等，我们不仅可以赚消费者的钱，也可以赚微商的钱，可以为微商运营提供必要的工具服务，如微营销机器人、点石成金的阿里外贸机器人等，都是在帮助微商淘金或者帮助阿里供应商淘金的过程中，提供对他们有帮助的工具，帮助企业销售它们的商品，最终实现盈利目的的。

（3）思维三：复制思维。

复制思维听来复杂，实为简单，现代社会就是复制思维下的产物，流水线上批量生产的衣物、用具和食物等，节约了时间和人工成本，保证了薄利多销，使麦当劳、肯德基之类的全球连锁店大量兴起，即使在不同地区、不同店面都可以买到相同的产品，吃到相同的味道，享受相同的服务。而且这类产品卖得越多，成本就越低，回报就越高。这种能批量复制的思维方式，就是复制思维。不过复制要有原型范本，而这个原型范本必须是成功的、易模仿的，否则就没有模仿复制的意义了。

微营销的成功在于推广的广泛性，如果营销方式操作烦琐，不易模仿复制，必将难以推广，也难以成功。所以，复制思维指导营销行为才能广泛传播于消费者之间。

6.2 如何找到潜在客户——微引流

如何轻松聚集海量的精准客户，创造深厚的利益回报？想要汇聚海量的用户首先需要了解一个概念——微引流，即在一切用户聚集的地方，抛下诱人的"鱼饵"，将用户引到你想让用户聚集的"鱼塘"，如最常见的就是关注你的微信公众号，订阅你的资讯和信息，参与你的活动，最终承认你的品牌，购买你的商品，成为你忠实的用户群。

如果把互联网比作大海，将市场比作一个大鱼塘，客户就是鱼塘里的鱼儿，而营销者就是塘边的垂钓者，他们要想尽一切可能的方法，放鱼饵或撒网，各尽所能钓到更多的鱼，钓到的鱼越多，营销者的财富也就越多。

微引流简单来说，就是通过鱼饵把鱼引到鱼塘的过程。

6.2.1 微引流之鱼塘

营销大师加里·阿尔贝有一个著名的谜语：假设你有机会在沙滩上有个热狗摊并和旁边的展开竞争，如果你可以选择一个营销方式超过你的竞争对手，你会怎么选择？

如何获得一个更有利的位置？高品质的原料？世界上最好的广告文案？还是漂亮的女服务员。当然这些都重要，然而大师加里的答案是：他将只要一个优势——一群饥饿的人。

也就是说，整个微引流的前提是，针对一群有需求的饥饿的人群，而不是引流一群和自己产品完全不相干的人，如果想把产品卖给完全不需要的人群，等待你的肯定是一场噩梦。

那么，在网络营销的过程中，最关键的问题是"如何才能辨别饥饿的人群，然后创建一个热狗摊呢？"

所以要学会寻找一群饥饿的"鱼"！

请你一定要牢记在心中，在你开展任何生意的时候，请都将先回答下面 3 个问题，这也是市场营销至关重要的 3 个问题。

（1）谁是你的受众目标？

（2）他们想要什么？

（3）你怎么才能推动这一目标人群现在就采取行动？

你需要先在互联网上找到人们饥渴的东西，然后提供这些东西给他们。你要用 90%的时间来寻找你的优质客户，我在这里称之为寻找饥饿的鱼。寻找到了一群饥饿的鱼，然后给饥饿的鱼会很乐意吃的鱼饵（针对性的互联网广告）。

那么在互联网钓鱼的过程中，如何找到打造自己的鱼塘呢？

两个步骤：步骤一，找到目标精准客户所在的鱼塘；步骤二，建立自己目标客户的鱼塘。

1．找到目标精准客户所在的鱼塘

在互联网钓鱼，我们先要找到这些鱼在什么地方。

在寻找饥饿的鱼的过程中，首先应该明确分析目标客户的具体行为，充分了解目标群的特征，包括：自然特征，如年龄、性别、职业等；行为特征，如上网是喜欢看文章，还是逛论坛；需求特征，如是上网寻求什么样的帮助、解决什么样的问题等。

通过分析用户的各种特征，确定用户集中在哪些地方，如是集中在论坛，还是网站，而且要将这些网站的地址全部列出来，如果是大网站，那就列出具体的频道。这样就找到了目标客户的活动区域。

下面介绍 3 种方法找到精准客户所在鱼塘，并获得他们的联系方式。

（1）进入目标客户活动频繁的贴吧、论坛及一些名人的博客、微博、空间中，找到一些留有邮箱、QQ 号的帖子、微博、博客、空间等，这些都是你与目标客户取得联系的法宝，你所要做的就是将这些有用的信息全部收集。

（2）进入自己的空间，单击右下角的热词搜索，输入一个有关你想要销售产品的热词，单击进入出现众多好友的认证空间，这些好友都发表了一些与你搜索的热词有关的内容，那么发过来可以说明这些好友都对你销售的产品有一定的需求或者兴趣，记录下他们的QQ 或者邮箱。

（3）软文营销，寻找饥饿的鱼的过程中，鱼饵是最关键的因素，而互联网的鱼饵有很多，如电子书、电子报、邮件课程、优惠券、培训视频和录音等，只要你的鱼儿感兴趣的，你又不需要花太大成本的东西都可以拿来做鱼饵，甚至可以说，鱼饵比后面要销售的产品还重要。

软文营销是生命力最强的一种广告形式，也是很有技巧性的广告形式，软文是相对于硬性广告而言的，由企业的市场策划人员或广告公司的文案人员来负责撰写的"文字广告"。与硬广告相比，软文之所以叫作软文，精妙之处就在于一个"软"字，好似绵里藏针，收而不露，克敌于无形。等到你发现这是一篇软文的时候，你已经掉入了被精心设计过的"软文广告"陷阱。具体软广告文案的写作我们将在下篇营销内功详细介绍。

下面我们以母婴产品为例来介绍商家是如何找鱼塘的。

案例一：卖婴儿产品的商家如何找鱼塘

婴儿产品的使用者是婴儿，儿童群不是我们所说的鱼塘，购买婴儿产品的妈妈才是鱼塘，怎么找到他们呢？

婴儿产品的精准客户大多数是女性，尤其是 25～35 岁的女性。从哪些地方找到她们呢？

参考渠道一：妈妈群、妈妈论坛

在宝宝树、妈妈帮等这些妈妈论坛里发布一些妈妈们比较关注的话题，如宝宝辅食、宝宝生病后如何处理等。一定要注明自己的微信号。发布完后，自己找朋友乃至团队帮忙顶帖，再把他人带进来。先与他人建立信任感，之后再去谈产品，这样效果相对而言会好一些。

另外，论坛里有很多宝妈QQ群，你也可以有效利用起这部分资源。

参考渠道二：垂直分类信息门户

例如，58同城网站上有很多真正想转让二手闲置品的家庭主妇，这其中就有很多年轻妈妈，你可以从"母婴玩具"或者"婴儿床/车/玩具"这样的分类中找到她们，并记录下手机号。

2. 建立自己目标客户的鱼塘

找到准客户所在的鱼塘并获得他们的联系方式后，下一步就是把他们的联系方式聚集到自己的鱼塘。

微营销过程中，最常见的鱼塘有微信公众号、个人微信好友、企业QQ、微博，整个建立鱼塘的过程就是添加客户联系方式的过程。

通过刚才的环节找到准客户所在鱼塘，有了目标客户的联系方式之后，下面就是列出目标客户联系表，向他们的邮箱、微博留言、空间留言、博客留言等继续提供鱼饵（软文小文章、赠品、技术资料免费赠送等，视不同客户而定），利用这种提供赠品或者订阅方式过滤掉毫无意向的流量，对潜在客户数据库进行一轮筛选，将有一定热度的目标客户集中到自己的鱼塘。具体的实操环节在本章后面章节详细阐述。

6.2.2 微引流之鱼饵

现实生活中，钓鱼必须用鱼饵。网络营销的过程中，互联网营销竞争越发激烈，营销的本质思维就是"最大化传播带有鱼钩的鱼饵"。

在客户聚集的地方抛下诱人的鱼饵，将用户引到你的鱼塘，让他们订阅你的资讯，参与你的活动，进而承认你的品牌，最终购买你的商品，成为你忠实的用户群。所以，微营销者必须要懂得投资，舍得投资，鱼饵要挑得好，挑中人们心中的那个欲望点，多撒鱼饵，才能吸引更多的用户，才能最迅速地圈出自己的鱼塘，获得比付出更大的回报。

1. 鱼饵设计的三要素

那么什么是鱼饵呢？如何设计好的鱼饵呢？

鱼饵是指以客户无法拒绝的方式，提供给客户最想要的成交介质。

设计好的鱼饵需要满足下面3个要素。

第一，以客户无法抗拒的方式。投放鱼饵一定要有技巧，"免费送"有时可行，有时就不可行。其具体的投放方式一定要符合客户的"接纳习惯"。

第二，给客户最想要的。注意，是"最想要"，而不是"最需要"。"想"是一种主观的判断，而"需"带有客观的评价。一定要站在客户的角度，提供给客户最想要的东西，而不是我们"以为客户最需要的东西"。

第三，对成交有所帮助。因为"投鱼饵"不是做公益活动，我们的最终目标是成交，所以鱼饵必须与成交有紧密联系，从而让吃了鱼饵的客户，自然走上成交之路。

2. 鱼饵设计的3个步骤

鱼饵与产品无关，任何行业都可以设计鱼饵。其设计过程主要由以下 3 步构成，只要你掌握了这3个步骤，任何人都可以轻松设计出鱼饵。

（1）客户是谁？

（2）我们的产品能为客户创造的最大价值与好处是什么？

（3）客户成交的前置动作是什么？

下面我们来看鱼饵设计的实战案例。

案例一：鱼饵设计的初级阶段

假如你要卖服装，那么鱼饵该如何设计？用上面的方法试一下。

（1）客户是谁——那些想买衣服的人。

（2）产品的价值与好处——让客户更漂亮、更时尚。

（3）成交的前置动作是什么——试穿。

所以，卖服装的销售员不能直接向客户推销衣服，而应该鼓励客户大量地试穿衣服。所以，你到服装店，店员都会推荐你试穿。因为只要客户试穿过几件衣服，总会有一两件让她满意的，最终成交。

总结一下，初级鱼饵就是"从客户到价值，从价值到前置动作"。

案例二：鱼饵设计的中级阶段

化妆品牌DHC在PC互联网时代曾经取得过巨大成功，它们所使用的就是"鱼饵营销"。DHC的鱼饵就是：免费申领"DHC超人气经典套装试用装"。你如果想免费索取这份大礼，就要留下姓名、电话、收货地址等真实信息。而你一旦留下这些资料，那么几天之内，你就会收到一封挂号信，信里装着一些小包装的试用装。同时，还有一本杂志《橄榄俱乐部》，以及一张大报纸《真情留言板》。这3个就构成了一套非常有效的鱼饵系统，在这里，可以把它们分别称为名单工具、追销工具、信赖工具。

DHC当年就是利用这套鱼饵工具，只用了不到18个月的时间，业绩就突破了1亿元。

我们来分解一下，看看DHC是怎么做的。

（1）"4件试用装"就是鱼饵，是用来抓取潜在消费者，并让潜在消费者初步体验产品效果的。这个免费大礼包里包括卸妆、洁面、滋润、呵护4件套装试用装，对女性消费者非常有吸引力。但是，这个鱼饵，也就是名单工具，只能帮他们抓住名单，却无法直接吸引客户购买，所以，还需要其他工具配合。

（2）DHC在邮件里，除了有产品的试用装之外，还有一本《橄榄俱乐部》杂志和《橄榄美肌》的产品小手册，这就是它们的追销工具，是用来教育客户，销售后续产品的。追销大家一定要重视，尤其是复购率高的行业，每一次销售，都是下一次销售的开始。所以，你必须学会持续开发客户的价值，才能创造最大的收益。

（3）再来看它们的信赖工具——《真情留言板》。其实，所谓的"真情留言板"，就是一张大报纸，上面摘录了很多客户的反馈留言，当然，都是对DHC产品好的评价。为什么要放这个东西呢？目的就是用众多客户的见证，来快速建立信赖感。

成交的速度，取决于建立信赖感的速度，而建立信赖感的速度，取决于提供客户见证的速度。所以，想要快速成交，就要快速提供客户见证，而且要大量的见证，最好是海量见证，客户见证越多，就越有说服力。

在淘宝上买东西，很多人首先看的就是其他客户的评价，有一个统计，淘宝上的一个商品，如果被评一个差评，它的成交率会下降至少 20%。这就是客户见证的力量。因为，客户想要的不是最便宜的商品，而是最值得信赖的商品，互联网上不缺产品，而缺信赖感。

所以，当你的产品价格没有优势、质量没有优势时，你还可以打造一个优势，就是你的信赖感，这里有一个成交公式：

$$成交＝80\%的信赖＋20\%的欲望$$

这个公式告诉我们，与其大量陈述产品的价值与好处，不如大量地列举事实，来证明客户的真实体验与收益。

拓展内容

继续深挖下去，为什么 DHC 的客户这么踊跃地提供客户见证呢？原因很简单，因为 DHC 在每一套产品里都附加了一张明信片，你只要在明信片上面写下你的评价，并寄回去，DHC 就会再免费给你寄一套其他产品的试用装……

所以，你要明白，消费者都是"无利不起早"的，如果你不对消费者进行诱导，不给消费者好处，他们基本上都不愿意给你写好评，这也是很多淘宝卖家说"写好评，返 5 元现金"的原因。

所以，把名单工具、追销工具和信赖工具三者组合起来，就可以变成一套完整的"抓潜在消费者、建立信赖、追销产品"的体系，这就是鱼饵营销的进阶方法。

有没有比这个更厉害的鱼饵营销设计呢？有，锁定式鱼饵营销。

案例三：鱼饵设计的高级阶段

前面介绍了服装、化妆品等案例，这些案例销售的都是面向普通大众消费者的产品，如果你面对的是企业型客户，也就是说，如果你做的是 B2B（企业对企业）企业，销售的是工业设备、半成品、原材料等，鱼饵营销也一样有效吗？答案是肯定的。

有一家生产电热供水设备的公司叫环宇，主攻企事业单位所使用的电热锅炉产品，是典型的 B2B 企业，我们来看看他们是怎么设计鱼饵营销的。

他们设计了一种特殊的一次性纸杯，来提供给潜在的客户企业。这种一次性纸杯可以免费提供给客户使用，每个月持续提供，客户一般都不会拒绝。纸杯上印了"环宇公司 VIP 专供"的字样。

环宇公司为什么要设计这样的纸杯呢？因为它同时满足了"锁定式鱼饵"的四大标准，可以轻松锁定企业型客户。

（1）高曝光率：企业都要招待客户，都会使用纸杯，所以，使用的过程，就会把纸杯上的字显示出来，等于为这个公司做了广告。

（2）高吸引力：纸杯虽然不贵，但免费提供给企业客户，他们当然也很喜欢。

（3）低成本：纸杯的成本相当低廉。

（4）持续性好：纸杯是一次性的易耗品，使用一次就要丢掉，所以，每个月都需要更新一批，这样就为这家公司提供了持续促销的机会。

所以，一次性纸杯虽然不起眼，却是最适合的鱼饵。其实，最容易嵌入企业型客户中的，就是常见的办公易耗品,如一次性纸杯、纸巾、文具等,甚至包括报纸、杂志、鼠标垫,大家一定要明白这一点。

上面学习了鱼饵设计的要领和鱼饵设计的步骤,下面再看几个鱼饵营销的成功案例。

案例四:英国《地铁报》

《地铁报》营销成功之处就是在合适的地点——地铁,最佳的时间——上下班途中,用诱人的鱼饵——免费报纸,利诱用地铁交通工具上下班的伦敦都市上班族成为其忠实的读者用户。

《地铁报》这种既传统又新颖的营销引流方式对互联网微营销中的"微引流"环节也极具借鉴意义。说它传统是指它区别于互联网的虚拟性营销的实体营销方式,说它新颖则在于它独具特色的营销方式,接下来我们就详细解读《地铁报》的成功营销方式对微营销引流的启发。

什么是合适的地点?就是目标客户常去、常聚集的地方。对于《地铁报》,在伦敦每日有250万人流的地铁就是合适的地方。对于移动端互联网而言,只要用户多、潜力大的地方就是合适的地方,其中拥有2.8亿用户的新浪微博和拥有5.1亿用户的微信便是现今微营销的主要引流之地。

案例五:杜蕾斯微信营销

杜蕾斯在微博营销推广上创作了一个不可逾越的丰碑,而在微信营销推广上,杜蕾斯的表现也可圈可点。

杜蕾斯在微信刚起步的时候,于2012年12月11日推送了这样一条活动信息:"杜杜(杜蕾斯微信自拟昵称)已在后台随机抽中了10位幸运儿,每人将获得新上市的魔法装一份。今晚10点之前,还会送出10份魔法装!无论你是杜杜的新兄弟,还是老兄弟,请回复'我要福利',杜杜将会持续选出10位幸运儿,敬请等待明日的中奖名单!悄然通知你一声,假设世界末日没有到来,在接近圣诞和新年的时分,还会有更多的礼物等你来拿哦!"

正是如此一条简单的活动信息,杜蕾斯官方微信在短短几小时内,就收到几万条的"我要福利"的信息,仅仅10盒的套装却换来了几万的"粉丝",获得难以估量的后续潜力。

微引流之利诱方式被杜蕾斯演绎得淋漓尽致,以免费的报纸供应和经常性的促销活动,抓住了大部分人内心的趋利爱财、贪图便宜、无法抗拒免费的福利的心理,将用户群迅速而大量地网罗到自己的渔网内。

下面我们再通过一个案例来加深对成功的微引流的营销技巧的理解。

案例六:招商银行"小积分,微慈善"爱心漂流瓶活动

微信刚推出"漂流瓶"功能时,大部分人只是看到了它同千里之外的陌生人的沟通性和娱乐性,但仍有少部分微营销商家看见了其商机,招商银行便是其中一个。

招商银行利用微信漂流瓶功能,发起了一个"爱心漂流瓶"的活动,招商人员在活动期间大量抛掷漂流瓶,据统计每位用户捞10次漂流瓶就有一次会捡到招商银行的爱心漂流瓶。

大多数的微信用户对新出现的漂流瓶功能会有强烈的好奇心和操作欲,通过该功能多会收到招商银行的爱心漂流瓶,上面的内容大致归结为一句话:小积分,微慈善。就是关注招商银行官方微信,可以得到招商银行的积分,同时还能为孤独症孩童提供协助。

这个案例看似简单,实际上却是运用了上述所说的成功微引流的所有要点知识。

首先,招商银行巧用用户量大的微信平台,善于发现有潜力新兴事物背后的商机——漂流瓶。接着，招商银行巧用人们的好奇心和趋利心理，以漂流瓶为载体，发布优惠的活动信息，利用微信用户对微信刚出现的漂流瓶功能感兴趣的好奇心理，将活动信息漂流给微信用户。最后，招商银行活动形式新巧，十分新颖，一巧在利用微信漂流瓶功能，二巧在一方面让用户得到利益的同时，一方面又满足用户爱心。让用户认为这个活动既能得积分回报，还能做善事，何善而不为。因而，活动期间的招商银行微信用户剧增，招商银行的"爱心漂流瓶"微信活动也成为 2013 年最成功的微信营销十大案例之一。

《地铁报》顺应时代的发展趋势，随着互联网的发展创设网站，还率先站在移动端时代的风口，设计出同样免费的新媒体电子阅读软件，提供给手机客户随时的阅读体验。可见，微引流要想引得巨流，就得顺应时代的发展，发现具有潜力的新型事物，抓住机遇，乘势发展。

简而言之，就是早些发现具有潜力的新兴事物，并趁早大力发展，如 20 年前的 QQ、10 年前的淘宝、6 年前的微博和 4 年前的微信，而未来属于那些嗅觉灵敏、眼神锐利的营销者。

最后，《地铁报》十分重视用户体验，无论排版、内容，还是报纸的大小、供应方式都经过慎重考虑。排版要简洁但图文并茂，内容要全面但短小精悍，报纸的大小要适中，方便用户携带和阅读，还有选择用户自由取报的方式，给用户自由选择的权利和舒适感。总之，一切都是为了让用户感到满意舒服，自愿生成稳固的用户和商家关系，而非强制性。

同理，成功的微引流的引流方式也必须考虑用户体验和感受，鱼咬饵之后，在没确定鱼插翅难飞的时候，擅长钓鱼的营销者会知道要将鱼线拉得松紧合度，既要用利益和促销牢牢勾住用户，也要注意信息内容和方式，既简单还要有意义、有趣味，让用户容易理解，乐于参与和分享。这样，因利顺流聚集的用户们才能与微营销的商家们建立起深厚关系，不至于利尽而散，功亏一篑。

因此，可以看出，鱼饵就是跨越买卖双方鸿沟的桥梁，鱼饵营销就是对销售过程的巧妙优化。

6.2.3 鱼塘微引流找潜在客户的 4 个绝招

哪些是现实中的营销鱼塘呢？QQ 群、微信群、微信公众号都是，微引流的过程就是把精准客户引流到 QQ 好友、微信好友的过程。实际微营销的过程和步骤如下。

1．通过 QQ 群加"粉丝"

第一步：通过关键词搜索，寻找含有精准客户与潜在客户的 QQ 群。

第二步：模拟采购者与消费者的身份加入该群。

注意进 QQ 群的要领：模拟采购的人而不是卖货的人加群。例如，加群验证："采购童装"，卖母婴用品的妈妈群，应该以妈妈的身份进入群。

第三步：进群后，用软件提取 QQ 群好友，这些就是精准客户。

第四步：将群里的 QQ 好友添加 QQ 好友。

2．批量导入好友

方法一：在通过上面的方式将精准客户加为 QQ 好友之后，将微信绑定 QQ 号码，然后单击"添加朋友"→"从 QQ 好友列表添加"，就可以快速将这些 QQ 好友添加为微信好友（"粉丝"）了。具体操作如图 6.1 所示。

图 6.1 通过 QQ 好友查找公众号

方法二：在通过上面的方式将精准客户加为 QQ 好友之后，获取精准客户的手机号码并加载到手机通讯录上，然后单击"添加朋友"→"从手机通讯录列表添加"，就可以快速将这些 QQ 好友添加为微信好友（"粉丝"）了。具体操作如图 6.2 所示。

图 6.2 从手机通讯录添加好友

案例一：公务员考试机构的客户寻找

随着近几年公考的日渐激烈，H（华图）机构成为当前国内最为知名的公考教育机构之一。而成功的微信营销也成为 H 机构得以发展的主要原因之一。

首先，H 机构通过在 QQ 上寻找"公务员考试群"、"事业单位考试群"等 QQ 群，并以考生的身份加入这些 QQ 群。

然后，通过相关的软件等方法将这些 QQ 群里的群成员加为 QQ 好友，并尽可能地将这些 QQ 好友的电话号码添加到手机通讯录里。

最后，通过微信绑定 QQ 号码，在微信中将上面的 QQ 好友加载成为微信好友（"粉丝"）。并时刻发放相关的公考通知及相关的习题以维护这些"粉丝"，避免他们对自己取消关注。

通过 H 机构的案例，我们可以发现，其通过"公务员考试群"、"事业单位考试群"所查找的对象都为有参加公考教育最直接需求的人员,因此他们也就是 H 机构最为精准与潜在客户,因此这样查找客户既便捷又有效。

3. 添加微信群好友

第一步:组建或者加入一些具有相关联系的微信群,并在微信群中主动发布交换置换微信群、相互学习的信息,其中在 10 个人中只要有两三个人同意置换,即可以试行。

第二步:和群里一些发布广告之类的业务员进行沟通,达成置换微信群资料的合作,通过他们可以认识更多的潜在客户。

第三步:将新的微信群里的成员加为微信好友。

案例二:梁琪的佛牌微商路

梁琪利用微营销做起了泰国佛牌的生意,售卖一些佛牌、古曼童等宗教产品,据说这些产品经过高僧或法师加持,供信善人士供养以保平安。随着梁琪微信好友越来越多,梁琪的生意也变得越来越好。

而据梁琪说她的客户大部分都来源于群置换。佛牌、古曼童这些宗教产品具有很大的神秘感,加上其大多被赋予了平安顺利的寓意,所以所有渴望生活事业平安顺利的人都是梁琪的潜在客户,也可以说所有的人都是梁琪的潜在客户。

于是梁琪开始在所有的微信群中发布置换微信群的信息,梁琪加入的微信群越来越多,微信好友也越来越多,潜在客户群体不断地扩大,加上梁琪不断地进行微促销与推广,成交量也变得越来越多,生意自然也变得越来越好。

通过梁琪的案例,我们可以发现梁琪的微店之所以运营得红红火火,很大的原因就是因为梁琪通过群置换获取的大量的"粉丝"基础,可见这种通过群置换获取的潜在客户对于微营销极为有效,尤其是对大众化的产品效果最为显著。

4. 朋友相互推荐

第一步:添加一些同样从事微信营销行业的人为好友,并与之进行交流合作,成为朋友。

第二步:定期在自己的朋友圈推荐自己这些朋友的店铺(让大家加他的微信或者扫二维码),但前提是不能推荐与自己同类产品的商户。

第三步:同时也让这些朋友在朋友圈里推荐你的微店铺,要提前写好自己店铺的促销文案与推荐文案,力求简短易懂。

案例三:小颖的微商相互推广运营

小颖是一家婚礼策划公司的经理,随着微营销的风行,小颖也将婚礼策划的服务业务搬到了线上。为了能够获得更多的潜在客户,小颖在微信上关注了很多相关行业的微信好友,其中包括一些之前合作过的婚礼材料供应商、婚礼庆典装饰公司与酒店、婚车租赁公司等微信平台,并与他们达成合作关系,互相推荐对方的店铺。随着在微信上认识的同僚越来越多,小颖微店的"粉丝"也越来越多,生意也变得越来越好。

通过小颖的案例我们可以发现,这种通过微信好友互推的推广模式吸粉的效果尤为显著。

6.2.4 微引流成功与否四维度

总结来说,微营销三大环节之一的微引流的目的就是尽可能将咬饵的用户最大化,一个成功的微引流案例要包含以下 4 个维度,即广度、深度、高度和温度。

第一，广度：撒饵的范围要广，即多去用户量大的平台广投饵——用趣味的活动或诱人的奖品去吸引用户。但广不代表泛，营销引流说到底就是一个前期投资活动，需要消耗时间和金钱，要尽可能用最短的时间、最少的金钱捕获最多的用户群，要做到有的放矢，以小搏大，以少获多，实现利益的最大化。

第二，深度：对用户的心理研究要深，微引流虽是市场营销学的范畴，但也涉及心理学。用户面对纷繁复杂的事物时，用户的心理活动是如何变化的，是偏好这种形式，还是喜欢那种内容，是乐于参与这种活动，还是爱好那类奖品等，都是需要深入研究和思考的。通过深入的分析研究，才能巧妙利用用户的心理特点，如好奇求新、趋利贪财等消费特点，才能诱鱼深入，一举捕获。

第三，高度：引流的方式要高，即如何运用高超的技巧和形式，让用户自愿自由地进入你的渔网中。现代社会市场竞争太多激烈，各种引流方式层出不穷，花样百出，而如何在其中立意出新，突围而出，则要依靠高超的技巧和新颖的形式，而不是跟其他营销商玩价格战、奖品赛，诱鱼一千，自损八百。

第四，温度：微引流不仅仅是传递鱼饵的过程，更要让准客户感受到鱼饵的温度。

俗话说，上兵伐谋。成功的微引流在于善用"巧"字，个人的力量和资源是有限的，而社会力量和自愿是无穷的，要巧用平台，巧用理论，巧用心理，巧用方法，巧用形式，借力打力，整合资源，实现引鱼流入自网的目的。

案例一：用网络营销的方式卖《电子商务与网络营销》教材

撰写了《电子商务与网络营销》教材后，想通过网络营销来推广，如何实现呢？产品就是教材，若把准客户比喻成鱼，那么需要考虑的就是鱼塘在哪里？鱼饵是什么？怎么让这些精准客户了解到这个产品并喜欢这个产品呢？

鱼塘人群定位：买这本书的人是什么人呢？

是所有学生吗？不是，学生只是使用的人，选择购买书的是教师。

是所有教师吗？不是，是大学电子商务方面的相关教师。

鱼饵是什么呢？这本书的 PDF 体验版和相关视频课件。

微引流后到什么地方呢？业务 QQ 和业务微信上面。

目标客户在什么地方，怎么把信息传递给准客户呢？在电子商务教师所在的 QQ 群，以教师的身份进入 QQ 群，提取群人员，添加 QQ 好友和微信好友，微引流的环节就完成了。

微引流为之后的微沟通环节奠定了群体基础，也为微促销环节开拓了市场前景，在详解微营销之微引流环节后，我们再来解读下一个环节——微沟通，看如何通过进一步的沟通，将商家和因利而来的用户初步建立的脆弱关系加以巩固、深化，成为商家最忠实的拥护者。

6.3 如何吸引潜在客户——微沟通

微营销运营者与用户的双向沟通互动，是微营销承接微引流环节，开启微促销终极环节的承上启下的重要环节。微沟通对于微营销的重要性不言而喻，而一场成功的微沟通，必须包含互动、情感和价值3个主要要素。

怎么与潜在客户做好沟通呢？

"互动"是微沟通引发兴趣的基础，"情感"是建立信赖感的关键，而"价值"是打造品牌形象的核心。"互动"好比一座桥，"情感"是送货的车，而"价值"就是车上的"货物"。

如果桥很结实，车很好开，结果"货"有问题，那么，整个系统也是错的。所以，"价值"是核心。只有持续提供有价值的资讯，才能让你的公司形象真正地在客户心目中建立起来，并最终形成购买。

6.3.1 互动是微沟通的前提

互动是做好微沟通重要的一步。商家和用户的互动，是双方沟通的前提，没有互动，何来沟通？有的也只是单方面的信息传达和骚扰，而这也是现在大部分微信营销陷入瓶颈，止步不前，虽内容优质，但成效不足的主要原因。我们先来看两个成功微信营销案例。

案例一：1号店"你画我猜"互动活动

1号店利用微信的社交属性和信息共享特征，借助微信公众号发布图文并茂的互动式的竞猜活动——"玩我画你猜，赢惊喜大奖"。

活动分为以下几个步骤。

第一步，关注1号店官方微信公众号（名称：1号店）。

第二步，接收1号店公众号每天推送的一幅画作。

第三步，猜出答案发送给1号店。

第四步，回复快且对的前几名用户将获得1号店的画中奖品。

1号店"你画我猜"互动活动实则是微营销中的"微引流"和"微沟通"两大环节的典型表现。先是巧妙利用奖品吸引"粉丝"的关注，对"粉丝"进行物质上的刺激，达到引流目的，初步建立起商家和用户的脆弱关系。

接着，每日用"你画我猜"的活动形式，以及让用户主动猜的方式而自觉记住商品，而不是每日推送毫无说服力的商家商品信息。

最后，1号店通过互动问答来提高微信用户的活跃度，提升公众号的用户质量，与微信用户建立起较为稳固的关系。

1号店的此类活动是非常容易在微信施展开来的营销行为，且对微信用户的黏性非常大，因为一是有奖品引诱；二是活动形式新颖有趣，将游戏方式引入；三是互动性强，在每天你来我往的信息互动中，建立起类似朋友的友谊关系。

1号店的"你画我猜"活动不仅成功实现了用户引流，也通过与用户每天的互动活动来提高微信用户的质量和活跃度，提升了1号店的品牌形象和品牌价值。

案例二："新年签"微信活动

"新年签"的首创源头在争相的模仿和复制中，已经不知起源，但这也证实了"新年签"的营销方式的成功。新年签的活动方式非常简单，大致内容如下。

2015年来了，微信祝福满溢朋友圈！

"新年签"公众号准备了10条新年的签文。每一条都饱含着我们过去一年的感悟，以及新一年的运势，快来看看吧！

关注毕业生（微信公众号名biyesheng2014），回复任意数字0~9，就可以获得你的新年签文。你可以选择你生日的最后一个数字、幸运数字，或者随机……

你也可以把它转发给适合这条签文的朋友。新的一年，愿我们和家人、爱人和朋友等都能更从容、快乐地生活！

对比两个案例朋友圈诚实的反映可知，"新年签"比"你画我猜"更具传播性，因为"新年签"同有"你画我猜"的引流性和互动性，赋予了微沟通活动以内涵，切合时事话题——新年到,把握用户心理——贪新奇和对未来的美好期盼,形式新颖,内容富有趣味,引发用户互动,让用户乐于分享,也致使"新年签"在朋友圈刷屏似地传播。

通过上面两个案例可知,只有重视与用户的沟通互动,避免将微信公众号只沦为商家发刊文的工具,才能紧紧黏住用户,培养品牌的忠诚用户,而这便是微沟通三要素中"互动"要素的作用和意义。

6.3.2 "情感"可以黏住人心

如何维系客户间的关系,说来简单,就是以情感为纽带连接商家和用户。情感可以融化人内心的坚冰,能拉近人与人之间的关系,没有人喜欢冰冷、机械的对待方式。所以,在与用户的沟通中,要融入情感的元素,做到以情化冰,以情缩距,以情动人,只有这样,才能与用户建立起稳固的朋友关系,才能牢牢锁住用户的心。

说到情感营销典范,不得不提近几年在中国餐饮市场异军突起的海底捞,无论是其实体店情感营销,还是微信的情感营销,都可以当作一个典例来解读。虽然所有的服务业都喊着"服务至上"、"顾客是上帝"的口号,但能实际落实的寥寥无几,而海底捞便是这少数中的领军者。

案例一:服务至上的火锅领军者——海底捞

海底捞专注于每一个细节服务,力求让每一个来用餐的顾客在用餐时间中从头到尾享受五星级的服务待遇。

到来:停车有代客泊车。

等位:有无限量的免费水果、坚果、饮料等供应;无聊时可以享受免费擦鞋、美甲和上网服务;如果来的人多,还提供纸牌、桌游供顾客消遣。

点菜:为了让顾客享受到更丰富的菜品,可点半份菜。

就餐:怕火锅汤溅身而提供围裙,为长发顾客和戴眼镜顾客就餐方便提供发绳和眼镜布,而服务员会随时为顾客的饮料续杯,询问顾客的需求等。

如厕:厕所干净整洁,并准备着一切可能需要的用品,还有专人为顾客开水龙头、按洗手液和递纸巾的服务。

离开:所有服务员会微笑诚意欢送,而一些老顾客在生日或纪念日时都会收到海底捞的贺卡和优惠券等礼品。

借用海底捞董事长张勇的一句话:人心都是肉长的,你对人家好,人家也就对你好。从准备用餐到最后用餐离开的时间,海底捞无微不至的服务让顾客仿佛欠了他们的感情债一样,所以顾客在离开后会向他人或在社交平台上宣传他们的品牌和服务。

"昨天在海底捞,无意中跟朋友抱怨京东抢的奈良美智大画册怎么还没到货,结果服务员结账的时候问了我的京东会员账户,今天一早3本大画册都送来了!"

这条微博被转发了35000多次。一开始只是一个无心之举,不过海底捞乘势抓住了这个机会,借由这位顾客的微博经过一定程度的刻意传播后,迅速在微博形成高口碑风潮,甚至出现了致使现在所有海底捞门店门庭若市的现象。

可见,在现今的消费时代,人们消费的不仅仅是商品的数量、质量,还有价钱,更是为了获得一种情感的满足和心理的认可。海底捞在提供与其他同类店一样的火锅餐饮服务的同时,还在服务中融入了对客户更多的关怀和理解,想顾客之所想,急顾客之未急,与顾客建立起长远而深厚的情谊,将所有的新老顾客转化为自己的忠实品牌的拥护者。

由此可见,在微营销的中心环节——"微沟通"中必须融入对客户情感的理解和对他们需求尽所能的满足。

案例二：飘柔陪聊式微信营销

飘柔是微信最早期发展起来的第一批公众号，飘柔充分利用微信基本回话功能，与用户进行沟通回话，如图6.3所示。

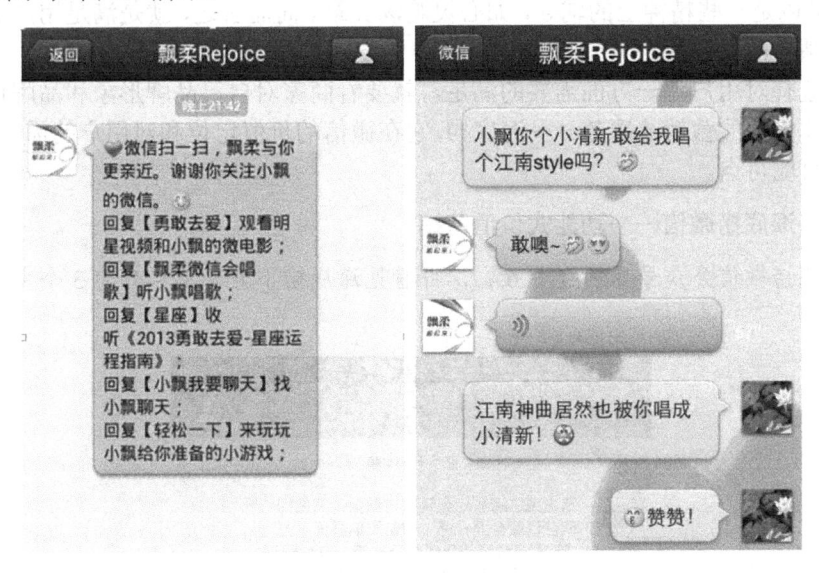

图6.3 聊天记录样式

首先，飘柔自拟人性化昵称——小飘，让人感觉这是个有血有肉的存在，而不是机器，容易让人亲近、接受。

接着，飘柔设置【勇敢去爱】、【飘柔微信会唱歌】、【星座】、【小飘我要聊天】、【轻松一下】5个栏目，既有视频，又有音乐，还有游戏等，栏目完善，内容丰富，形式新颖，互动性强，很容易汇集大批的贪心求奇的用户。

然后，飘柔以其独具特色的陪聊栏目——【小飘我要聊天】通过与微信用户的陪聊对话、谈心解闷，不仅满足了用户分享喜怒哀乐的情感需要，也满足了用户难以向熟人倾诉的私密情感的需求。用户通过与小飘的聊天，与商家建立起类似友谊的关系，并成为该商家忠实的"粉丝"。

最后，飘柔通过游戏、唱歌和聊天等形式，在与微信用户的互动往来的沟通中，让客户感受到小飘对自己的关心和理解，让用户原先防备而疏离的内心随之自然地打开。在与用户建立起深厚的关系和情谊后，接来下的促销环节也就不那么生硬和难以推进了。

无论是实体店营销，还是借助微平台进行营销，其情感营销原理都是相同的。依据人们对情感和尊重的需求心理特征，与用户进行有效的沟通和交流，进而得到用户稳定的信赖和喜爱，达到以情感黏住用户的目的，让他们自愿帮助商家进行宣传和接受，使商家口碑得到病毒般扩散宣传，进而提升品牌形象和价值，开拓更大的市场。

6.3.3 "价值"是品牌形象的核心

微沟通的第三要素是"价值"，而价值是什么呢？

价值，是一个微信公众号存在的根本，是一个营销品牌的形象核心，具体来说，就是一个微信公众号凭什么在众多公众号中生存下来，有什么特色和价值让用户去选择你而不是其他公众号。

可以这样说，互动是微沟通的开始，情感是微沟通的纽带，那么价值就是微营销的根本。商家与用户有了互动，产生情感之后，依靠价值才能长久维系情感。人的本性是趋利贪益和利我主义的，商家不可能一直向用户投资付出，要想引进用户并留住用户，除了利诱以外，还要依靠价值。

价值除了给用户提供利益和促销活动外，还可以是一些具体的功能，如查询天气、航班、快递等；也可以是一些精神上的辅导，如心灵鸡汤文章。简而言之，就是满足用户的所有需要，包含物质和精神两大方面。

而商家选择对用户哪一方面需要的满足，就要看商家对自己品牌形象和品牌价值的定位，好比上文实体餐饮的营销的翘楚——海底捞，它在微信的价值定位和对用户的需求服务十分清晰，表现也可圈可点。

案例一：海底捞微信——功能式价值营销

进入海底捞微信公众号界面（图6.4），可看见海底捞下方菜单栏分为3个主题栏——看、吃和玩。

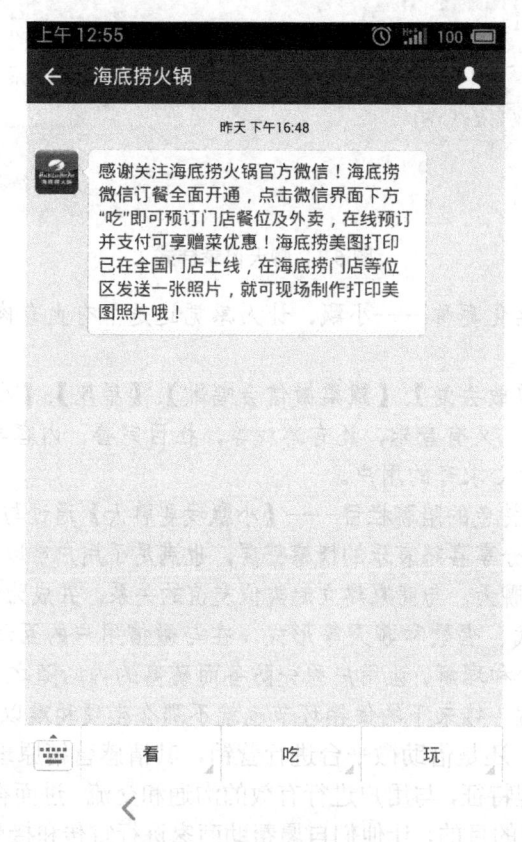

图 6.4 海底捞公众号首页

"看"子菜单有：Hi门店、食品安全、新闻中心、诚聘英才和产品招标。

"吃"子菜单有：订餐-预定位置、外卖-送餐上门、商城-生鲜调料。

"玩"子菜单有：Hi应用、Hi游戏、Hi客服、个人中心和维权。

从海底捞的微信菜单设置上就可以看出海底捞微信存在的价值定位就是辅助实体店的运营，其实这也是大部分公众号存在的价值，不过很多商家将公众号当作传播互联网文化，普及行业知识，拉近用户距离的每日刊物。而海底捞则将公众号当作服务号来用，满足人们对海底捞查店、定位、订餐、游戏、投诉和维权等的实际需求，而其他公众号几乎每天一推的资讯信息，海底捞也只有在需要的时候才推送信息给用户，避免不必要的骚扰。

海底捞这种功能性的价值，一方面辅助了实体店的运营，满足了商家和用户的双方的沟通需要；另一方面也切实地帮助商家解决了用户的大部分问题和需求。这种功能性的微信定位，体现了海底捞切实为用户服务的"服务至上"品牌理念和形象。

总结提高

微信公众号的价值除了像海底捞这种提供给用户实际服务需要外，还存在另一类的提供给用户的精神需要的文章，如搞笑视频、心灵鸡汤文等，这类文多拥有极高的点击率和转发量。因而发布这一类的文章的公众号往往也拥有着大量的忠实用户。

像心灵鸡汤这类文能盛行于朋友圈，是因为它们不同于海底捞满足用户实际需要，它们追求满足用户的精神需求，这也是这类微信号的高明之处。

这类公众号存在就是为了满足用户的精神需要，它们了解用户现代生活的不易和压力，用幽默视频或笑话博其一笑，用心灵鸡汤抚慰其心灵，激励其成长，在心灵和情感上拉近与用户的距离，这就是这类公众号存在的价值所在。

被广告无孔不入骚扰的用户虽然非常排斥广告销售入侵自己的私密领域，但他们不会排斥一个帮手、一个朋友、一个导师。无论做实体营销，还是微营销，都要深入用户的心理和需求，再借助软件和平台满足用户的实际需要和精神需求，实现用鱼饵来引流，用互动来拉客，用情感来留客，再用价值来让用户长久入驻。

以上也是微营销之微沟通环节的全部意义，无论是"互动"、"情感"还是"价值"都是为了巩固微引流的成果，开启微促销的大门。

要使微沟通环节真正起到承上启下的作用，需要理解和把握"互动"、"情感"和"价值"这三大要素，通过实践不断尝试、总结，周而复始，实现与用户的充分沟通，建立起朋友般的信赖关系，为之后的微促销环节做准备。

6.3.4　实战微信沟通的几个杀手锏

1. 做好个人微信装修

（1）第一步：设置头像。

相信第一印象的重要性不需要我再强调，虽然第一印象并不一定对，但总是最鲜明、最牢固的，并且决定着以后双方交往的过程。而在用微信进行沟通交流时，用户对你的第一印象来自哪里？答案是微信头像。要想吸引并维持好"粉丝"，就要做好微信的自我装修与维护。而微信的装修，最关键的就是头像的设置。头像的设置要遵循两个原则。

第一原则：最好是选择自己最帅最美丽的头像，必要时可使用美图秀秀修改。

第二原则：如果自己的照片没有特色，可以选择五官不是特别清晰立体的照片。

（2）第二步：取好名字。

好的名字是成功的一半，微信名字要体现专业性、亲切性，并且能给人留下良好且深刻的第一印象。

微信名字也是微信装修的一大亮点之一，我们在取名时也要遵循两大原则。

第一原则：取简单易懂的英文名字。

第二原则：中文名辨识度过高。

（3）第三步：个性化签名。

除了微信名与头像外，个性化的签名也是吸引"粉丝"的最佳形式，要体现出自己的专业性、亲切性，使人印象深刻。在撰写个性签名的时候，也要遵循两大原则。

第一原则：采用有话题的签名。

第二原则：选择体现生活最高品质的10张照片，性别选择与潜在客户群相反的性别。

例如，图6.5中两个微信个人装修案例，无论是在头像的设置、名字的采取还是个性化签名的撰写上，都非常符合吸粉的标准，既亲民又好记，同样也都遵循了上面的六大原则。

图6.5 不同名字的效果样式

2. 通过朋友圈影响潜在客户

在微营销的过程中发朋友圈的目的无非是实现终端销售，而要想实现终端销售，首先就要通过朋友圈来影响潜在的客户。

第一步：以买家的身份分享引入新品，并指明自己的使用效果显著。

案例一：减肥项目朋友圈营销

一家减肥药品销售的微店通过发如下称重的图片（图6.6），以直观的数字向大家展示体重的下降，继而说明减肥药的有效性。

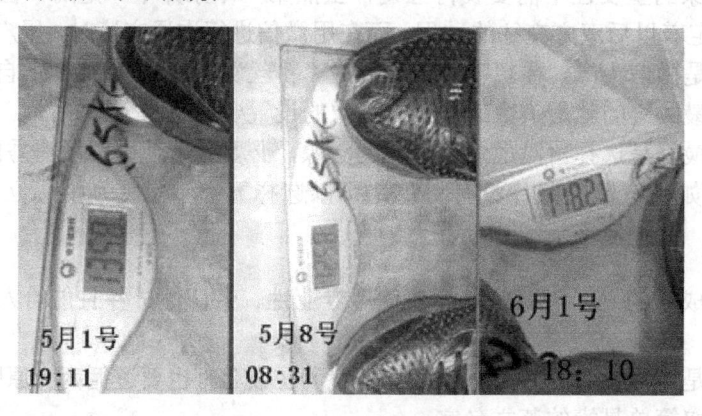

图6.6 减肥效果记录图

第二步：实现出买家到卖家的转型，转型时间要缓慢自然。

第三步：转型成功，以第三方的口吻来肯定自己产品的优质。可以在朋友圈发别人表扬你产品或则服务态度的截图。

案例二：在朋友圈发客户的反馈截图

在朋友圈发客户的反馈截图可以吸引更多潜在客户的关注。成交记录截图如图6.7所示。

图6.7 成交记录截图

第四步：在朋友圈发发货图、大批产品到货图订单图，并配上体现你的文字，以证明你的产品销量好、供不应求。

第五步：在朋友圈定时地发一些有趣的、新奇的图片和视频，但数量不宜太多，以避免你的微信好友对你取消关注。

通过朋友圈影响潜在客户运用了一个十分著名的原理——六度分隔原理。简单来说，就是在这个世界上，任意的两个人之间，不论你们是远隔重洋还是地位差距悬殊，想要取得联系，最多只需要6个人。

案例三：导游的快乐生活

国内某导游的营销推广全部是通过朋友圈来影响客户的，她朋友圈的高明之处在于整个过程都是秀旅游的乐趣，偶尔促销旅游广告，如图6.8、图6.9所示。

案例四：设计源于电影《失孤》的感人故事，愿宝宝们都能在父母的爱护下成长。非常有纪念意义的宝宝生日礼物，18K金宝宝出生牌，18K金重5克左右，按图1格式填写宝宝的资料，给宝贝专属的礼物，如图6.10所示。

导游

夕阳无限好，只是近黄昏。。。
懂则近在咫尺，不懂则远在海角😊😊😊

图 6.8 旅途中的幸福

导游

行动吧😊😊😊

图 6.9 旅游套餐展示

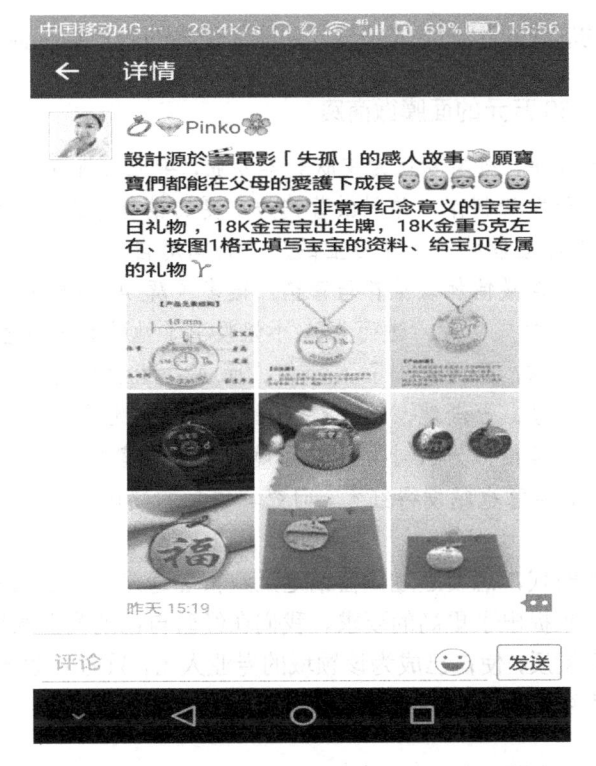

图 6.10　朋友圈促销截图

这个微商采用了电影这个点子来吸引顾客的眼球，并且本产品是针对小宝宝的，所以对于父母的冲击力比较大，而且有附带产品的规格。

任何微信营销都需要两个基础条件，一个是一定的好友数，另一个是较为紧密的关系。让我们从现在开始就积攒优质人脉吧。

3. 让自己成为行业专家

王国维的《人间词话》讲了人生3种境界，古今之成大事业、大学问者，必经过3种之境界："昨夜西风凋碧树，独上高楼，望尽天涯路"此第一境也，"衣带渐宽终不悔，为伊消得人憔悴，"此第二境也，"众里寻他千百度，蓦然回首，那人却在灯火阑珊处"，此第三境界也。

这同样也道出了营销的三重境界。

（1）第一重境界——推销自己的产品。

首先，你要通过朋友圈等方式将你的产品的具体情况、神奇的功效、简单的概况推出去，让别人知道你的产品是第一步，这里最关键的是要提前准备好具有说服力和吸引眼球的产品文案。

（2）第二重境界——朋友分享。

其次，要打造一个广阔的微信人脉关系网，并能够通过你朋友的转发将你的产品推销出去，让更多的人知道。

（3）第三重境界——成为专家。

最后，就是对于你的产品你要充分地了解，而且对于相关的知识也要有所掌握，进而帮客户解决问题，使你的客户对你产生依赖感，才能促使你的客户购买你的产品。

案例：A 小姐月入 30 万元的面膜微商路

A 小姐在韩国留学 4 年，所学专业为皮肤美容专业，毕业后选择回国创业，并组建了自己的开发团队进行面膜的开发与制作，并以微营销为主要的销售方式与平台。

在品牌创立之初，A 小姐就找了一家专业的广告公司对自己的几个系列产品进行了精彩的文案描绘与促销文稿，并在微信加以推荐与营销。很多了解 A 小姐学习、创业背景的微信好友都分享了 A 小姐产品的推广文章，进而为 A 小姐吸引了她的第一批客户。这些客户在一定程度上都有一定的皮肤烦恼，因而找到了 A 小姐，而 A 小姐也利用自己大学所学的知识为大家提出了科学的建议与解答，渐渐地，这些潜在客户把 A 小姐作为皮肤专家加以情感上的依赖，成为老客户并通过口碑相传为 A 小姐带来了越来越多的客户。

长而久之，A 小姐的生意也越发得红火。而究其成功的秘诀，则要归功于我们上面所说的营销三重境界了。

在这个崇尚专家的时代，想要通过微营销走上致富的道路，除了要有质优价廉的产品外，对于参与微营销的人员也提出了更高的要求。我们在经营自己的商业大厦时，既要升级产品，又要提升自己的各方面素质，使自己成为该领域的专业人士。只有专业才能获得客户长久的信赖；只有专业才能吸引更多的买家；只有专业才能卖出好价钱。

6.3.5 微沟通的几个重要误区

1. 误区一：误以为刷朋友圈就可以卖产品

因为朋友圈的内容发什么是完全自由的，所以玩微信营销的人最大的渴望就是发发微信朋友圈就能卖产品。当然，这无疑是痴人说梦。

从长远来看，发朋友圈的目的是潜移默化塑造微商的人格魅力；从短期看，发布微信朋友圈只有一个作用，那就是激活客户的情绪，给客户互动找到一个起点，在互动中增进相互了解和情感。真正的成交都是建立在充分互动的基础上的，我们不能夸大"发布朋友圈"的作用，这也是本书一直不提倡在朋友圈直接买货的根本原因。

互动才是朋友圈的真谛，所有的炫耀、提问，都要激发客户跟你互动的兴趣。实践中我们总结出：每一次朋友圈的发布，差的情况下连 1% 的人都激发不了，好的情况下最多也只有 10% 的人愿意互动。所以朋友圈发布之后最重要的事情是看谁在点赞、谁在评论，然后及时回复这些点赞和评论。坚持一轮又一轮的沟通，才是微信朋友圈营销真正有效的方法，千万不要指望通过刷朋友圈就万事大吉，刷得太频繁反而会被别人拉黑和删除，得不偿失。

不过在实践中，也有人宣称自己所谓的"微信营销"技巧就是天天刷朋友圈，就能月入数万、数十万、数百万元，他们最喜欢在朋友圈里发产品、卖东西，然后自我宣称收入很高。这种宣称具有一定的蛊惑性，目的更多的是吸引人从他那里批发、拿货，做他的代理。

微信朋友圈营销没那么简单，它是一个复杂的系统，需要精心运作，因此我们需要提防任何宣称可以让你一夜暴富的人。朋友圈是要跟人打交道的，认识很复杂的生命体，形形色色各不相同，如果没有一对一的交流互动，我们很难走进一个人的生活，走进一个人的内心，获得别人的认可，更别说要把东西卖给一个人了。

如果做微信朋友圈营销的人缺乏耐心，缺乏真诚沟通的意识，只盼望着一招制胜、快速致富，那都是急功近利的短视行为。

2．误区二：只重鱼塘数量不重视质量，一味加"粉丝"不互动

无论是玩微博还是玩微信，无论是玩公众号还是玩个人号朋友圈，每一个人都渴望自己的"粉丝"数量能快速增加，因此，传授加粉秘籍的课程最受企业老板们的欢迎。

这种一味强调加粉的人不在少数，他们把全部精力用在如何快速增加"粉丝"上，甚至不惜通过歪门邪道来做"粉丝"，这是微信营销中的一个严重误区。

特别是有些人热衷于通过技术手段，破解为新的软件协议，用机器人来触发好友添加，加完之后，再用机器人做微信群发。然而这种严重破坏用户体验的不法手段却常常受到一些人的追捧。对此我们给出以下建议。

（1）重视"粉丝"质量而不是数量。每一个微信好友都是独特的个体，我们要跟每一个人交朋友，并不是说非得有成千上万的微信好友才有价值。不要相信任何能够帮你快速增加好友的手段，好友的增加是一个自然而然的积累过程，快速增加好友只会带来毫无价值的"僵尸粉"。

（2）客户越精准，价值越大。盲目加粉只会带来麻烦和骚扰，如果你的生意只是在广州，盲目去全国加好友反而是一种负担。因此，我们在增加好友的方法中特别强调在实体店铺和推广活动中，归集那些你身边的客户；强调去互联网上归集到访企业网站客户；特别是要重视老客户的转化，把已经成交的客户加为微信好友。这些精准的客户群体，对企业的价值最大。

（3）加粉不如互动重要。添加微信好友只是微信朋友圈营销的必要条件，而不是充分条件，最重要的是要跟微信好友进行互动，增进了解，增加信任，让更多的围观者成为目标客户，让更多的客户为我们信任背书。感情和信任都是培养出来的，需要极大的耐心，相比之下，添加好友相对简单，而互动则需要耗费时间和精力，也因此更加复杂和烦琐。所以很多人都希望投机取巧寻找捷径，殊不知营销没有捷径，只有真诚互动才能打动人，才能够更好地挖掘客户价值。

3．误区三：认为产品好坏不重要

这是一个非常重要的误区，我们的微信朋友圈营销特别重视提升客户关系，并不是在刻意回避产品的重要性，只是针对目前市场上产品过剩的现状，提醒企业如何在众多产品中通过抢护客户关系找到新的生存发展机会。

大量的企业面临的营销难题是：产品质量已经很好，但客户并不买账，拒绝接收广告信息。在这种情况下如何寻找客户、如何通过占领客户碎化片时间来解决企业的营销问题才是真正的问题解决之道。

所以，做微信朋友圈的大前提就是要有好产品，这是题中应有之义，不言而喻。而且在跟客户的长期互动过程中，客户满意度也是一个至关重要的体验。社交传播的威力巨大，能够用信任传递信任，让口碑带来口碑，同样也能一传十、十传百。

选择好产品有以下要领。

第一，产品具备"独特性、客户见证案例、客观证据"3个传统的产品卖点。

① 产品需要有独特性和自身优势。所谓独特性，即区别于市场上其他产品而独有的特点，简单说叫"人无我有"。拥有"独特性"卖点的产品才会在某一细分市场占据独特的优势地位。优越性是指市场上尽管也有同类的产品，但我们的产品在某些方面比别人优秀，简单说叫"人有我优"。符合"优越性"这个卖点的产品才有更强的竞争力从众多产品中脱颖而出。

② 好的产品需要有客户案例和客户见证，产品好与坏空说无凭。一个产品如何受客户欢迎，如何被市场认可，我们需要举出足够有说服力的例子。例如，某某在使用后夸我们的产品很好，这也是我们微信朋友圈营销最常用到的"客户推荐"和"信任背书"。"例"这个卖点用得好，需要有重量级的人物推荐，很多产品找明星代言走的就是这条路。而微信朋友圈营销更注重让千千万万个普通客户来做"信任背书"。

③ 此外，好的产品还需要客观上的证据去支撑产品。这里的证据不是主观上的"客户见证"，需要通过各种国家认证证书、荣誉证书、检验合格证、进口报关单等客观证据来打动客户。

第二，产品应该解决客户痛点。

"痛点"思维是互联网企业最常用的产品思维方式之一，著名互联网营销专家金错刀把"痛点"、"尖叫点"和"社交引爆点"统称为互联网产品的"三点"式思维。针对"痛点"思维，金错刀坚持认为大多数产品在解决客户需求上都缺乏诚意，不痛不痒，不能击中客户最需要解决的问题，而寻找痛点是一切创新的基础，企业必须通过持续努力找到客户痛点。

"痛点"思维是一个典型的以客户为中心的思维方式，企业要把自己变成超级客户，把体验做透，同时让客户参与到产品的设计中，解决客户感觉最不爽的关键性问题，然后快速迭代，提高客户满意度。进一步讲，企业不仅要用产品满足客户需求，更要超出客户的预期，让客户拿到产品以后想要尖叫出来。

这种互联网思维方式，对绝大多数传统企业都是一个严峻的挑战，不少企业规模化生产出来的大量产品甚至连基本的客户需求都无法满足，存在各种瑕疵，又不重视产品的快速迭代，因此就无法真正打动客户，更没有办法让客户尖叫。移动互联网时代需要系统化的思维方式，企业从产品设置环节开始，就要足够重视客户体验，生产出有卖点，有痛点，又能让客户尖叫的产品，同时在营销中，要善于利用客户最喜爱的微信，跟客户沟通和互动，注重客户体验，提升客户关系，收集客户意见，改进产品，快速迭代，建立可持续交易的基础，这才是微信朋友圈营销的闭环。

6.4 如何成交潜在客户——微促销

当我们通过"微引流"的方式获得海量客户，让客户成为微信好友或者公众号"粉丝"；通过"微沟通"和客户建立深厚的信赖感之后，接下来，我们需要借力"微促销"，通过公众号以及朋友圈的信息来完成最后的成交。

成交，是一切营销行为的终极意义，没有销售环节，营销就不会存在，微营销也是如此。无论是"微引流"钓得海量用户，还是用"微沟通"与用户建立起深厚的情谊，这一切都是为引出"微促销"做铺垫。

只有通过"微促销"与用户达成成交交易，营销者获得回报盈利，这一切的付出和作为才有意义。所以，接下来我们将以微信为例讲解如何玩转微促销达成交易的知识和技巧。

6.4.1 微商成交的两大法宝

1. 永远站在客户的角度思考问题

100%站在客户角度思考问题，深入了解客户核心需求。那么如何站在客户的角度考虑问题呢？

（1）学会倾听客户的声音。怎么去了解客户？当然是尽可能多地与客户沟通。以单人操作产品为例，为什么客户要买这件产品呢？我们的产品能帮助客户更好地解决问题，能对症下药，更重要的是能帮助他们解决燃眉之急并且完全没有后顾之忧，这就是最主要的。至于客户之前用过什么产品，对使用方式和方法有什么限制，这都需要与客户积极地去沟通才能知道。

（2）要照顾客户的感受，遇到问题需要及时跟进。客户向我们买了几套产品，而且是急用的，也许客服在答应客户下单的时候还不清楚无货，既然后期确定下来了，那就应该及时与客户沟通，告诉客户目前的情况以及可能结局的时间。如果客户等不了，那我们也应该主动退款，而不是等客户打电话投诉发火才去解决事情。

（3）急人所需，为客户介绍最适合他的产品。为一个经常玩扑克的客户介绍钓鱼筒子是没有任何用处的，甚至会遭到客户的反感。我们要做的就是为自己手头上的客户分类，哪些是玩扑克的，哪些是玩筒子的，哪些是经常打麻将的，哪些又是经销商什么都要的。每当有新品的时候，及时为客户介绍最合适他们的，自然会博得他们的喜欢。

正所谓"万事开头难"，大部分人会抱着错误思想：很多人不好意思成交客户；内心不敢要求成交，觉得赚了朋友的钱。他们并不知道正确的观念应该是发自内心地认为成交客户是在帮助客户，在你心目中产品的价值远远大于客户支付的金额。

案例一：中国南方航空的温馨提示

中国南方航空公司（以下简称南航）十分重视微信，其总信息师胡臣杰曾表示："对今天的南航而言，微信的重要程度，等同于15年前南航做网站！"也正是由于对微信的重视，如今微信已经与网站、短信、手机APP、呼叫中心一并成为南航五大服务平台。

同时，南航对于微信用户的心理和需求更加重视。其为了用户能够更加方便快捷地购买机票、登机和托运，推出了一系列的服务项目，如机票预订、办理登机牌、航班动态查询、里程查询与兑换、出行指南、城市天气查询、机票验真等这些通过其他渠道能够享受到的服务，用户都可通过与南航微信公众平台互动来实现。正是南航贴心的服务项目，能够始终站在用户的角度思考问题，所以才使得自身得到了进一步的发展。

客户是我们的衣食父母，用真诚去结交，用谨慎的态度对待客户的产品，用周到的服务挽留客户印象，这样才能使产品才能越走越远。

商人与消费者的心理是有区别的，只有站在消费者角度的商人才能取得成功

商人更多关注的是商业信息，而消费者更多关注的是生活信息。

商人的思维本质在于通常从投资的角度、以盈利的眼光去看待问题，当然更多的时候还是凭经验、找感觉；在商人的思维逻辑里面，往往"稀者为贵"，"未来见长"；但这种思维意识所产生的行动结果往往却在意料之外，看好的机会却并没有挖到"金矿"，多者扫兴而归。而消费者的思维很简单，也很现实，那就是自己的眼前利益和眼前所需要的。

案例二：不用洗衣粉的洗衣机

曾有一国内品牌突发奇想，开发出可以不用洗衣粉的洗衣机；但市场的反应却是消费者并不买账，最后其只能草草收场。因为在消费者的固有思维模式中，存在着"不用洗衣粉，能把衣服洗干净吗"的思想。

所以，当商人的思维与消费者的思维相抵触时，结局是可悲的；即便你想扭转局面，也要付出惨痛的代价和昂贵的市场培育成本。

既然商人思维不能代表消费者思维，那么商人也就不能用自己的思维方式去挖掘消费市场。因为更多时候，在消费者心里并不这么认为。

任何产品要卖出去都要顺应市场的需求，也就是要满足客户乃至潜在客户的需求，客户对你的产品的需求量越大，你的销售量就会越高，而这就需要营销人员100%站在客户角度思考问题，深入了解客户核心需求，并满足客户的需求。这就需要营销人员从价值、价格、品质与服务等多个方面为客户考虑。

案例三：雾霾带来的商机

近来北京雾霾越发严重，但这也给李先生带来了商机。李先生是土生土长的北京人，同样和每一个北京市民一样饱受着雾霾带来的烦恼，一次在雾霾中李先生突发支气管炎，咳嗽不止，尽管他带有医用口罩，但由于医用口罩过于单薄，还是没能免受雾霾的侵害。通过这件事情，李先生开始在微信上销售质量好、专门针对雾霾的专用口罩，从此也开启了李先生的微商发财路。正是因为李先生曾经是消费者的身份，所以其切实地了解客户的需求，进而促成了李先生产品的热销。

2. 成交总在7次拒绝之后

（1）没有轻易放弃的人会成功，金诚所至，金石为开。

很多时候，客户可能并不是因为没有需求而拒绝我们的产品与服务，或者说客户只是暂时不需要我们的产品，而不是永远不需要，有可能客户正好刚刚购买了类似产品，或者客户只是恰巧这一短时间不需要。面对这样的客户，我们要定期地进行访问与联系，往往会给你带来新的惊喜。

案例一："持久战"带来的财神爷

王女士从事传统的印染制布行业已经多年了，为了扩大客户范围，最近她开通了微营销的平台，而通过微营销王女士认识了从事制衣行业的李先生。王女士向李先生多次推荐自己的产品，但都被直接回绝了，而在王女士第五次向李先生推荐自己的产品时，李先生终于同意与王女士合作，并签订合约。原来与李先生合作了十几年的制布伙伴在最近倒闭了，李先生正在寻找新的合作伙伴，恰巧遇到了带着满满诚意的王女士。

我们不得不承认，没有王女士的"持久战"战术，可能就不会有此次合作。而更加令王女士的惊喜的是李先生竟给王女士带来了公司最大的单子。

世界上最好的坦克是怎么制造出来的？是用世界上最厉害的反坦克武器不断攻击，当所有的武器都很难击垮这辆坦克的时候，这辆坦克就无敌了。德国二战中的虎式坦克就是这么制造出来的，好的坦克不是闭门造车，是千百次的试验和打击验证出来的。这个道理在微营销上也是适用的。

我不得不告诉大家一个事实，那就是一旦你选择了微营销，你也就选择了被拒绝。在这里讲述一个朋友的故事。

有一天朋友看到一个未接电话，出于礼貌，他便回了过去，并询问对方是做什么的。聊了几句才知道对方是推销投资理财的，那人在电话里说得很火热。这时候我朋友才想起来，最近自己微信朋友圈里有个人一直在推销他的产品，不过被他拉黑了，没想到这个的人竟然直接打了电话来。不过我的朋友还是礼貌性地告诉他，自己也是做业务的，而且这个电话是业务电话,如果一直占线会影响到我朋友的工作。

但是那个人好像没有听清楚一样,一直在打我朋友的电话,至少打了7次,最后在朋友同事的语言炮轰下,终于不再打来了。

看到这个人的业务精神再想到我们,被别人拒绝了一次,就开始气馁,没法再进行第二次,因为自己为自己设立了一个障碍,在这点上我真的要表扬那个人的业务精神。

销售是从拒绝开始的,没有拒绝就没有成交,我们每天不是拒绝别人就是被别人拒绝,有的人不堪打击,一败涂地,有的人从中找出自己的不足,越挫越勇,从而达到了销售的顶峰,被人拒绝了不可怕,被工作中的陌生客户骂了也不可怕,可怕是你自己设定了一个障碍,一旦触碰就没法超越,所以做微营销我们要战胜自己,战胜拒绝。挑战拒绝可能失败,害怕拒绝一定不会成功。

马云曾说,什么是失败?放弃就是最大的失败。

(2)不断变换方式去成交客户。

针对上面的案例,虽然我们敬佩他的敬业精神,但是他最终没有成功。这是为什么呢?答案是:成交客户的方式过于单一。

我们是营销人员,我们需要了解客户的心理,尽可能使客户满意,但这不代表着我们低人一等。而上述案例中的营销人员,语气迫切,接近于恳求的态度,会令客户产生一种高高在上的感觉,而客户为了继续保持并享受这种感觉就更不可能选择与我们成交。

因此,营销人员要让客户看到我们的诚意和产品的质量,而不是通过自己的狂轰滥炸使客户妥协。这样反而会使客户产生厌烦和抗拒心理,那么失败就是必然的事情。

我们在销售过程中,一定要重视成交客户方式的转变与调整。例如,以前一直漫无目的地发朋友圈,那么现在你就可以采取选择单一的精准客户进行微营销;如果以前一直使用文字来推销自己的产品,那么现在不妨使用文字+图片的方式进行营销……总之,要注意成交客户的方式不可过于单一,要让客户产生新鲜感,而不是厌烦情绪。

有些时候,无法实现与客户的合作,往往不是因为我们的产品不够好,也可能是因为我们的沟通方式、合作形式与客户是相悖的或者是客户所无法接受的,这就需要我们在针对每一位客户时要变换不同的方法来满足客户的成交需求,最终达到促成合作的结果。

案例二:对老虎发命令

有一个人在荆州做官时,山上的老虎常出来吃人和家畜。老百姓要求县官除虎。这个人只下了一道驱逐老虎的命令,叫人刻在很高的岩石上,凑巧那只老虎因故离开了荆州,他就得意地认为他的命令生效了。不久,他被调到另一个地方做官,这个地方的老百姓非常刚强,很不容易治理。他认为刻在荆州岩石上的命令既然能够制服凶恶的老虎,便也能镇住能够识文断字的老百姓,便托人去荆州描摹那个石刻。结果,这个地方不但没有治理好,这个人反而因为治理不当而丢了官。

许多企业都有营销成功的历史,它们依靠这些方法取得了丰厚的利润。但是当一个新的市场出现在面前的时候,环境变了,消费者的心理变了,企业原有的"成功"方法却没变,这会使企业一败涂地。

每个企业都有自己的营销模式,但是当市场发生变化的时候,企业应调整自己的营销策略来适应市场,毕竟市场永远是对的。

6.4.2 大众化产品的微促销

无论什么促销行为,都要解决两个问题:一个是卖什么,因为不可能什么都卖,当然卖容易赚钱的;另一个问题是怎么卖,如何卖得又好又多,获得最大化的回报。

我们先来看第一个问题。

商场的商品纷繁万千,与日俱增,数不胜数,但大致可以归类为 3 种:大众化产品、小众化产品和特殊性产品。

大众化产品指人们日常生活经常需要购买的必需品,如吃、喝、衣、行等商品。小众化产品指的是那些价格昂贵又不是生活必需品的商品,如美容、瑜伽、SPA 等产品等。而特殊性产品中的特殊性指的是行业和产品的特殊,如培训、婚庆等行业,它们销售的产品不是实物,而是观念和服务。

日常大众化产品,最常见的促销方法就是直接在公众号发"电子优惠券"。

大众化产品在 3 类产品中营销难度最低,因为它价格亲民,又是生活必需的,所以拥有非常大的用户市场,只要产品质量够硬,加上营销方式得当,多能获得滚雪球般的利润回报。

非大众化产品营销难度中等,虽然消费价格昂贵,但消费群体不少,只要能让用户接受你的品牌,认可你的服务,并产生购买欲,信任你的产品,那回报前景甚是可观。

特殊化产品营销难度最大,一是因为消费价格一般不菲,二是会消费的人群少,三是消费成效不显著,因而营销难度大。

接下来,我们借助一些成功的微促销案例来解读"微促销"环节的技巧和方法。

1. 不断秀客户见证

客户见证是非常有效的"说服工具",让客户看到其他客户的成功案例,从而快速建立信赖感并快速成交。

案例一:亮艾口碑见证传播

亮艾是由"90 后"王月龙创办的新生化妆品品牌,以微信为阵地,以客户见证为促销方式,开展的一系列微信朋友圈营销活动。

亮艾是一个以面膜为主打产品的化妆品品牌,近两年来,他迅速占领了微信朋友圈,如图 6.11 和图 6.12 所示。

图 6.11 亮艾产品

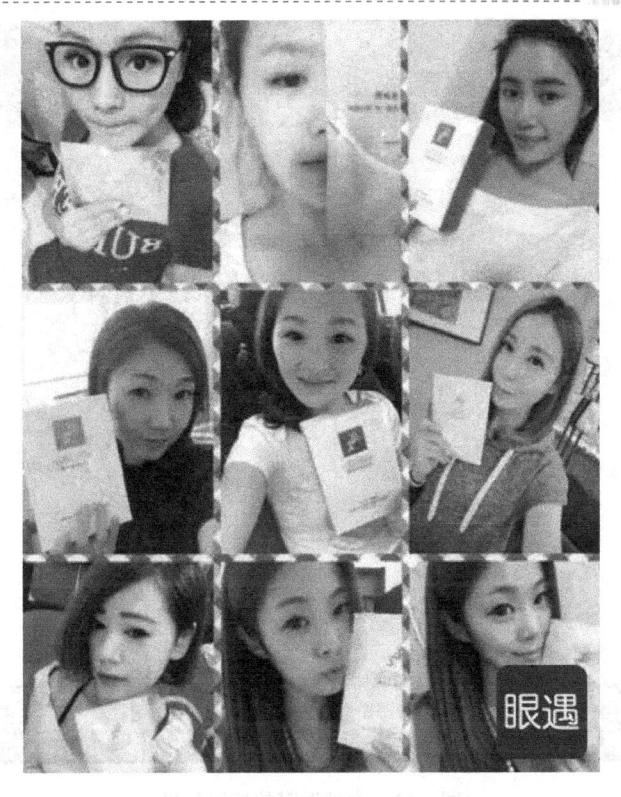

图 6.12 人们反馈面膜试用情况的截图

亮艾在短时间内拥有了很多代理商，其中一个代理商的微信朋友圈信息如下。

2014 年 6 月 27 日：你们良好的反馈是我坚持下去的理由。（附图：人们反馈面膜试用情况截图）

2014 年 7 月 03 日：还在对我们亮艾有质疑的小伙伴看过来，又有代理拿去亲自检测了，结果完全合格，不要以为咱们亮艾有效果，就以为添加了重金属或者荧光剂！（附图：产品检测报告。）

2014 年 6 月 10 日：亲们，这是一款我亲自试用了的面膜，我可以负责任地告诉你们，这款面膜绝对值得信任哦！

微信营销做的是熟人营销，是以熟人的信誉为担保的产品营销，这位代理商以自己的信誉为担保，通过自己亲自试用的效果，再借由试用者的反馈和产品质检报告，向我们输入了一个观念：她代理的这个面膜效果好，而且无伤害、无添加有害物质。

案例二：女神发膜客户反馈

爱美是人的天性，谁都想拥有一头秀发，想让自己更完美。此时此刻，有需求的顾客就会寻求方法。女神发膜就是抓住了这一点。

女神发膜的成分功效宣传：发膜是美发的重点，通过高浓度的精华成分，来提升发质，滋养头皮，从而提升发丝光亮程度。而女神发膜中含有氨基酸复合物和活性麦蛋白，最合适修护特定纤维元素，赋予秀发光亮度，如图 6.13 所示。

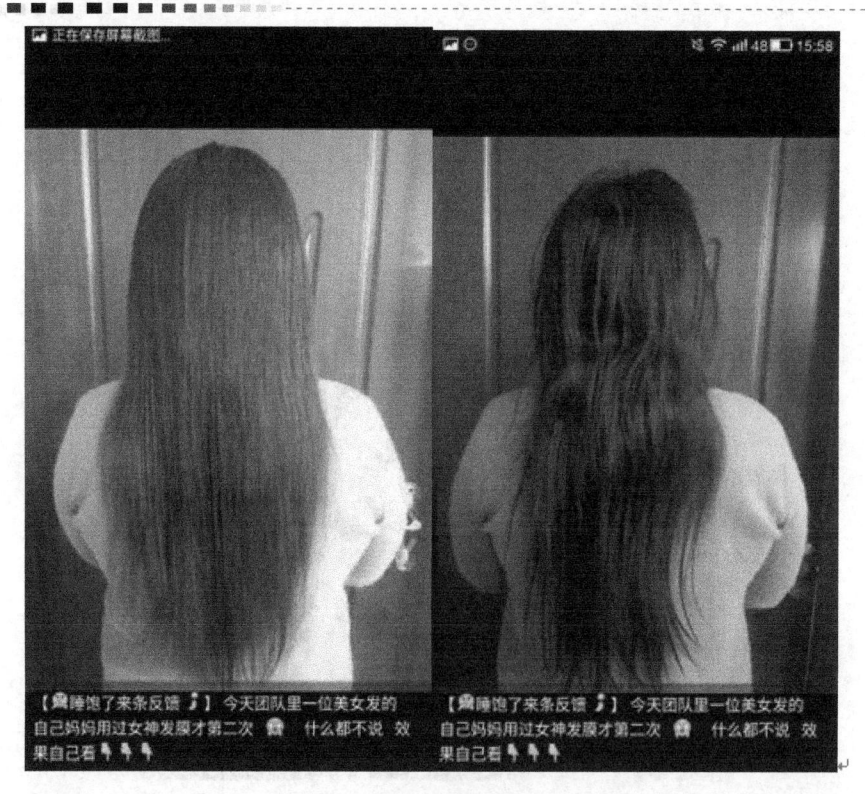

图 6.13　女神发膜的使用效果

2. 旁敲侧击影响客户

对于很多个人微商，只要在朋友圈写两类文章，分别"旁敲侧击"地证明两件事情完成"促销"：我的客户很多，这些客户对我的服务很满意；我很有名气，也很忙。

案例一：背影哥——神秘感打造中国神秘营销第一人

作为中国神秘营销第一人，女神范 CEO，背影哥所到之处，必然受到很多"粉丝"的热烈追捧，但他的合影照片永远都只有一个背影（图 6.14），这样凸显的神秘感也吸引了人们的广泛关注，抓住了消费者的好奇心理，和消费者进行一场雾里看花的营销大战。这也是背影哥成功的一个重要因素。

他是女神范爱微淘的创始人，是美腿团的团长，是北京女神范文化传媒的 CEO，是模特界的大咖，是微商领域的引领者，也是"80 后"创业的典范。种种光环的围绕下，他仍以背影示人，坚持以自己的"B 面"打造自己的神秘形象。他涉及娱乐圈、时尚圈、移动互联网、美业圈、投融资圈、培训圈、培训行等，充分地扩展知名度，拥有百万"粉丝"，以"粉丝"营销见长，由此可见，在背影哥的营销学中，人脉的重要性已经被发挥到了极致。人际关系是衡量一个人能力的标尺，但是只结交一些无关紧要的人对于成功来说意义并不大，放眼背影哥的人脉，可谓是涉猎于各行各业、各个领域。

图 6.14 背影哥的剧照

案例二：成功的面膜促销

在前面亮艾面膜的案例中，我们提到了一位代理商的朋友圈信息，下面再看她之后的几条朋友圈信息。

2014年7月11日：感谢各位亲们的大力支持，才做一个月的我，没想到昨天有这么多的回头客，其中还有异性回头客哦！

2014年7月24日：今天的单大部分已发货，部分单因为快递不顺路，所以明天我再联系其他快递，争取明天全部发出！图6.15为一叠铺满桌面的快递单。

图 6.15 一叠铺满桌面的快递单

2014年8月15日：全部断货，怎么活啊！都调不到货，亲们只能耐心等待几天了！购买者反馈效果聊天记录的截图如图6.16所示。

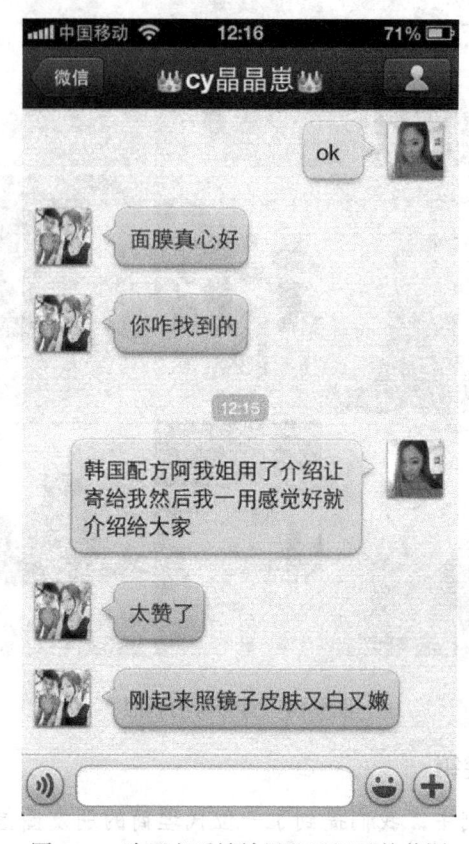

图6.16 购买者反馈效果聊天记录的截图

综合以上信息，这个"亮艾"品牌的微营销是非常成功的。首先，以面膜这类日常品作为主打产品，拥有广阔的用户市场和回报潜力。

接着，以代理者的信誉为担保，通过自己和他人的试用图和反馈聊天记录，以及时不时地传达出货俏紧缺的信息，让人相信这是一个值得信赖，反馈良好，供不应求的好产品。

然后，通过亮艾又通过登陆《美丽俏佳人》栏目、在央视播放广告、品牌获奖等方面，塑造了亮艾资金雄厚，获权威和社会认可的品牌形象。

这类看似分享自己代理日常生活的信息，隐秘又巧妙地通过分享别的人试用感受和成功案例，让看到她信息的人都能感受到其产品的美丽，建立起人们对亮艾的信任感之后，再激发人们的购买需要和欲望，最后通过简单的促销活动，达成可观的交易行为，这便是大众化产品在微信的基本促销步骤和形式。

6.4.3 无法抗拒的成交魔法

在讲解本小节之前，我们再来进一步解读"亮艾"成交文案，看它是如何一步一步进入用户的内心，挖掘人们的欲望，激发人们的购买欲，达成促销目的的。下面通过案例来分解整个促销环节的重要步骤。

案例：亮艾微信营销

以下是另一个亮艾微信营销者的朋友圈信息。

2014年09月26日：每次上班都要对着电脑一天，感觉皮肤越来越差，都变黄脸婆了！要怎么办啊？

2014年11月21日：范爷说，妆可淡，面膜不可断！

2014年12月23日：恭喜亮艾荣获"品牌恭喜榜·2014年度最具成长力品牌"大奖，如图6.17所示。

图6.17 亮艾获奖图

2015年1月06日：大家说她多大？听说她38岁，瞬间觉得自己好老（图6.18）。

2015年1月15日：我宁愿为价格解释一时，也不愿为质量解释一世，亮艾，替我来爱你！

图6.18 一个看似20出头的美女拿着亮艾面膜自拍图

接下来，我们来分析总结"亮艾"代理商的成交文案设计。

第一步，发掘需求。第一条信息传达出因为整天面对电脑，导致皮肤越来越差，渴望解决的需求，目的是找出有认同感的人群，激发共鸣，挖掘他们渴望解决问题的需求。

第二步，引出解决方案。这个比较简单，就是发掘需求后，提出解决方法。怎么解决电脑肌的问题呢？范爷说，面膜不可断！借名人的话来巧妙引出选择这类产品的重要性，借力推力，增加面膜可以解决皮肤问题的可信度。

第三步，选择品牌。这一步是至关重要的，就是用户在不需要到需要的转变后，如何将自己的产品和品牌推销给用户，让用户信赖而接受选择你的产品。在这里，这个亮艾微营销商选择了社会对其品牌的肯定和奖励来确立品牌的优势。

第四步，产品优势价值分析。在用户肯定你的品牌之后，接下来就要进入正题——为什么要购买你的产品，你的产品有什么值得用户非你不可吗？这一步就是介绍产品的优势，第四条信息也就是表达使用该品牌面膜后，能让肌肤然如新生，年轻10岁的产品价值。

第五步，价值塑造。营销不可避免会涉及金钱问题，你要让别人购买你的产品，就要让别人接受你的产品报价，让人觉得物有所值，才能心甘情愿地付款。第五条信息的目的也是如此，告诉人们这是好产品，价格高也是自然的，为了便宜而购买到劣质的产品，就得不偿失了，让人们接受他们的产品报价。

第六步，促销活动。在你接受了产品的品牌、价值和原来报价后，突然等到该产品举行促销优惠活动，由此激发购买欲和成交行为。

以上这 6 个步骤，构成了一个完整的成交法阵，形成一个无法抗拒的魔法，一步一步将用户引入自己的布置的大网中。

简而言之，就是在用户以为他不需要这类产品时，做到下面几个环节：你要让用户发现自己的不足和需要；再告诉他为什么要选择这类产品；以及在这类产品中我这个品牌有什么优势；我的产品有什么特别价值；我的产品质量价值远超它的报价；最后，利用活动实现促销。

此外，我们要强调一点。微营销者是以个人信誉为担保而进行起到发散性营销的活动，所以营销的产品必须符合微营销定律之一产品质量为上的原则，不能卖劣质产品给熟人朋友。

作为微营销的运营者，我们所做的这一切，都是为了帮助人们去决策，让人们更清楚他们的需求，从而找到更好的解决方案，而不是去欺骗人们购买他们不需要的产品。

微促销环节所有技巧的实施和运用，都是为了将产品与用户需求匹配，把产品卖给确实有需要的人。

综上所述，我们便完成了微营销的最终环节——"微促销"的技巧和奥义解读。

现在，我们稍加回顾这三大环节。

微引流就是利用诱饵将分散的目标用户引进前来，与商家达成初步但脆弱的关系。

微沟通就是商家借助微信公众号之类的方式，实现与用户的互动沟通，在了解用户的情感需要和价值需求后，并能给予满足，而与用户形成深厚的关系，以此来长久留住用户。

微促销是微营销前面两个环节一切铺垫的最终意义所在，就是在引进客户，了解用户后，运用营销技巧尽可能将产品卖给所有需要的用户。

本章小结

微商是当前最流行的一种社交圈子和营销圈子，掌握微商不仅仅是时尚潮流，也是一种非常棒的营销模式。

本章详细介绍了如何在微时代做好营销推广，具体来说，就是做好微营销的 3 个重要环节："微引流"、"微沟通"和"微促销"。

微引流是微沟通和微促销环节的前提和基础，有用户，有"粉丝"。微沟通是联系微引流和微促销环节的中心，一方面巩固微引流的成果，另一方面也为开启微促销环节做足铺垫，起到重要的承上启下的作用。而微促销则是微引流和微沟通所有营销行为的最终目的，没有促销，就没有回报，微营销就没有存在的价值，只有通过有技巧的促销，实现成交行为，获得盈利，才能为微引流和微沟通环节提供帮助和支持。

这就是微营销三大环节的意义和关系，三者互为关系，相互辅助，缺一不可，共同构成了一个过程完整、流程紧密的微营销系统。微营销系统看似简单，其实内里乾坤，变换万千，只有真正抓住微营销的命脉奥义，掌握三大环节的技巧和规律的微营销者，才能切实运筹帷幄，决胜千里。

课后思考

1. 学会并实践微信加好友的多种方法。
2. 微信营销的大忌有哪些？
3. 微信营销成交的沟通技巧有什么？
4. 微营销成交的法宝是什么？
5. 怎么理解大众创业和万众创新？
6. 微信引流的技巧是什么？
7. 微信营销的奥秘是什么？

下 篇
营销内功

第7章

一句话营销打动用户

学习目标

1. 给自己一个最明确的定位
2. 给自己的品牌一个特色的定位
3. 给自己的文章一个有吸引力的标题

本章重点

1. 找好市场需求,做好市场定位
2. 提炼出产品的亮点,用一句话提炼出来
3. 软文高流量标题的写作手法

本章难点

如何一句话打动用户

假如有一个聚会,在很多人轮流做自我介绍的时候,你能脱颖而出给大家深刻印象吗?

假如有一场面试,在很多人的简历中,你能脱颖而出给面试官深刻印象吗?

如果你是公司产品部经理,你能用简短的一句话或者几句话打动你的用户吗?

如何用一句话打动客户呢?我们从3个角度来阐述:① 给自己一个最明确的定位;② 给自己的品牌一个特色的定位;③ 给自己的文章一个有吸引力的标题。

7.1 从广告语学习一句话营销语

7.1.1 切合品牌或企业所要传播的定位

在第 3 章我们学习了网络营销的起点是做好定位,因为广告语是品牌主张的一个载体,

一个核心的载体，它在广告语中起到非常关键的作用。事实上，无论做什么类型的广告，包括电视广告、平面广告等，定位是在先的，在定位的基础上进行各项表现，而广告语也一样，必须符合品牌或企业的定位。

在定位的基础上进行创作、提炼，形成一句有效的传播口号，即我们所说的广告语。

"怕上火，喝王老吉"，这样短短的一句话，把它所要说的"王老吉是预防上火的饮料"说出来了，这就符合王老吉的品牌定位。而此前，王老吉的广告语是"健康家庭，永远相伴"，这种过于泛化的广告语是没有效果的，这与其原来的定位过于泛化有关。

在这方面，宝洁公司的几个洗发水品牌做得非常好。例如，海飞丝的广告语"头屑去无踪，秀发更出众"、"去头屑，让你靠得更近"就将它的定位和主要的独特卖点"去头屑"明确地传达出来了；还有飘柔广告语"亮丽、自然、光泽"与"柔顺头发"的卖点定位一致；潘婷广告语"独含 VB5，滋养你的秀发"与"营养头发"的卖点定位一致。促销广告语集合如图 7.1 所示。

图 7.1　促销广告语

7.1.2　必须有冲击力、感染力

好的广告语应简洁凝练、明白易懂、朗朗上口、新颖独特、富有情趣、主题突出等，能够打动消费者，让人在情感上产生共鸣，从而认同它、接受它，甚至主动传播它。

纵观我们所熟悉的广告语，如"吃了娃哈哈，吃饭就是香"、"人头马一开，好事自然来"，或许你已经很久没有看过或见过它的广告了，但你依然记得，历历在目、印象深刻。

好的广告语是有销售力的。在市场竞争中能够有效地区隔竞争产品，在同类产品中脱颖而出。例如，TCL 美之声无绳电话的广告语"方便谁都做得到，声音清晰更重要"非常有效地打击了竞争对手。当时，其竞争对手步步高等无绳电话所诉求的是"方便"，广告语是"方便千万家"，因为它们把传统的固定电话机当作自己产品的竞争对手。而 TCL 美之声无绳电话的出场，是以"清晰"作为卖点的，一句"方便谁都做得到，声音清晰更重要"让 TCL 美之声无绳电话在众多产品中脱颖而出，从而开辟了广阔的市场。相似地，创维当年也是以一句"不闪的，才是健康的"广告语，在长虹、康佳、TCL等几个一线品牌夹缝中挤出了市场。

7.1.3 易于传播

易于传播它表现在易读、易记等几个方面。如何才能够做到这几点？要简短、无生僻字、易发音、无不良歧义、具有流行语潜质。

广告语不宜说得太多、太长，要注意信息的单一性，一般以6～12个字为宜。卖点太多，语句太长，都不便于记忆和传播。例如，某眼镜店的广告语"眼睛是心灵的窗户，为了保护您的心灵，请为您的窗户安上玻璃。"你记得住吗？以下几句简短的广告语，就非常简短，一语中的，让人印象深刻：新一代的选择（百事可乐）、想想还是小的好（大众甲壳虫汽车）、想做就做（耐克）、好吃看得见（康师傅）。

另外，还需讲究语言文采。好的广告语，能让人回味良久，如"钻石恒久远，一颗永流传"、"滴滴香浓，意犹未尽"、"只溶在口，不溶在手"等，都堪称经典。

需要明确的是，广告语不是玩文字游戏。它不是华丽的辞藻的堆积，切勿讲求诗一般的意境。但必须注意，要讲究用词用句，保持结构、语法的正确性。

7.1.4 广告语创作的禁忌

1．过于恶俗

一些广告语采用强行推销的手法，容易让人反感。例如，脑白金的"今年过年不送礼，送礼只送脑白金。"这种广告语，怎么不令人反感？

2．大众化，无差异性

一些广告语只是表现出产品品类的共同之处，没有自己的独特之处。例如，某打字机广告语"不打不相识"根本没有独特性；洗衣粉广告说"干净"，饮料说"好喝"等，同样如此。单纯的没有同质化的诉求不能表现出产品的独特之处，凭什么来打动消费者？当然，也有一些特例，如一个新品类上市之初，消费者对该品类缺乏认知，那时则应注重品类共性的诉求，而非强调个别品牌的特性。例如，雀巢咖啡刚进入中国大陆时，人们对咖啡类产品缺乏了解，对这个舶来品，可能会想到苦、涩、难喝，所以雀巢则诉求"味道好"，以打消人们的误解，一句"味道好极了"大刀阔斧地打开了市场。

3．诉求点过多

什么都想说的广告，将会什么都没说好。广告理论中有一个非常重要的一点，就是"只说一点（just say one）"，说好一点，就足够了，只要这一点对消费者有吸引力，必然可以打动消费者。

4．太过冗长

前面已经说过，太长的广告语，难于阅读，难于记忆，不利于传播。语言不够精练，会导致太长，显得罗嗦。另外，诉求点多也往往导致长度过长。

5．模仿

模仿他人，就不容易出众。缺乏差异性，往往不能让人注意、记住。这一点如果在诉求点上，将会特别明显。如果诉求点上与他人相同、相似或相近，就很难脱出别人的"桎梏"，所产生的促销力度是明显小很多的。当然，小品牌产品表达方式上有时也可打打"擦边球"，借鉴一些知名品牌广告语，可能会产生更好的效果。例如，在三源美乳霜广告语"做女人挺好"非常流行时，有个品牌打出"做男人，也是挺好"的广告语，一时也甚为流行。我们曾经为一个核桃露提炼了一句广告语"喝了乐福记，精神就是好"，它就是借助了知名品牌娃哈哈的影响力，相信各位看过以后也会记得住"乐福记"品牌核桃露和它的卖点。

7.1.5 一句话营销语创作的角度

1. 创作的出发点

（1）熟悉性。

熟悉性是影响广告语回忆（包括即时回忆、日后回忆）的因素。一句广告语能否给人留下深刻的印象，其中最为关键的因素就是广告语重复呈现的次数。

（2）广告语的字数。

字数的多少与广告语的回忆成绩成反比，也就是字数越多回忆效果越差。在广告实践中，人们普遍强调广告语不能太长、字数不能太多，这是合理的。

（3）广告语的独特性。

越是独特的广告语，受试者的记忆越牢固。广告语较长不容易记忆，反之较短也未必就能记住，关键在其是否具有独特性。

（4）音乐与广告词的完美结合。

轻松愉快的广告歌，能减少收听者的抗拒，是记忆度极强的诉求工具。广告若采用广告歌的方式来进行，在广告结束后，会产生余音效果，透过听觉暂留的概念，对消费者的记忆有正面的助益。

（5）声音是广播广告之中最重要的一环。

突出的声音、特别的嗓音、回音以及令人容易记住的广告歌，可以运用合成的声音来制造音效，让消费者能够把声音和产品结合起来而有印象。

（6）广告画面对记忆力的影响。

画面是否有冲击力、形象突出，色彩的表达就决定了是否能在第一时间抓住消费者的眼球。

（7）广告创意。

广告创意，就是要使广告与众不同。"创意"的首要目的就是吸引注意力，使消费者潜意识或刻意地记住广告语。

（8）拉近与消费者的距离，使人在情感上产生强烈的共鸣。

情感的共鸣能充分调动广告中的情感因素，这种情感的融入，使许多人乐于接受，并在心灵上深受震撼，从而牢牢记住了广告语，成为该产品的忠实顾客。

2. 增强一句话营销语的记忆因素

要增强一句话的记忆力，可以从以下因素下手，抓住其中关键，创作出易于记忆的成功的营销语。

（1）从广告内容增强广告记忆的方法。运用押韵的广告文案；采用广告歌的广告表现手法；尽量用干净的、纯净的广告内容，适当减少广告识记材料的数量。

（2）从广告传播途径增强广告记忆的方法。适时重复广告和变化重复，拓宽传播途径。

（3）从广告创意增强广告记忆的方法。创意就是一个广告的灵魂，利用好的广告创意，让消费者与广告之间产生通感，使受众身临其境，感怀其情。提高了广告受众的涉入程度，自然让人久久不能忘怀了。

3．创作的多种角度

广告语不是简单的文字游戏，广告语的创作是一门学问。它不仅仅表现在语言艺术上，更表现在营销智囊中。创作广告语的角度还有更多，需要综合考虑以上各种角度来衡量广告语，结合前面所说的符合定位、易于传播等综合因素进行考虑，在创作中不断修正，才能创作出更优秀的广告语。

（1）产品的独特卖点：根据产品与其他竞品的不同之处，诉求产品特征，以利益吸引消费者。例如，消除细菌，爱心妈妈的选择（舒肤佳）等P&G系列产品、安全与耐用（VOLVO汽车）、想想还是小的好（大众甲壳虫汽车）、给孩子最安全的乘车空间（喜力三门车：面向有小孩的小家庭）。

（2）消费者认同的社会信条：容易让消费者在认同广告语的同时，接受本品牌。例如，想做就做（耐克）；好东西要和好朋友分享（麦氏咖啡）；成功自有非凡处（碧桂园）；要做就做最好（步步高）；思想有多远，我们就能走多远（红金龙香烟）等多个香烟品牌的广告语。

（3）竞争角度：独辟蹊径，寻找不同的细分市场，或者从竞争角度诉求自己的地位，如非可乐（七喜汽水）、我们是老二（美国Avis出租车公司）。

（4）提问或挑衅的口气：采用一种提问或挑衅的口气，可以引起消费者的注意，如你能说出它的味道吗（屈臣氏苏打水）、现在你知道它的味道了吧（养生堂清嘴含片）。

（5）提醒消费者：如畅饮诸葛酿，认准江口醇（江口醇诸葛酿酒）；你该用大功率电池了（TCL高能电池）。

（6）心理利益：从心理上诉求产品所带来的利益，也是吸引消费者注意的一种方式。特别是同质化的产品，在难以找出产品的独特卖点时非常有效。例如，送礼体面过人（丹麦蓝罐曲奇）；金利来，男人的世界（金利来）；甜蜜如拥抱（阿尔卑斯牛奶糖）。

（7）好的感受：诉求产品所给人带来的感受。例如，挡不住的感觉（可口可乐）；味道好极了（雀巢咖啡）；滴滴香浓，意犹未尽（麦氏咖啡）。

（8）消除消费者存在的误解：一般用于新产品，在上市之初，打消消费者原来存在的错误观念。例如，学琴的孩子不会变坏（三叶钢琴）；科技让你更轻松（恒基伟业）；戴博士伦，舒服极了（博士伦隐形眼镜）。

（9）语言文采：出色的语言表达方式也会让人耳目一新。例如，钻石恒久远，一颗永流传（De Beers）；牛奶香浓，丝般感受（Dove巧克力）。

（10）企业形象/品牌形象：多通过一些大气的说法，用于为企业或品牌作为形象宣传。例如，一呼天下应（润迅传呼）；山高人为峰（红塔集团）；鹤舞白沙，我心飞翔（白沙香烟）；沟通从心开始（中国移动）。

（11）引起品质联想：以诉求原产地、企业背景或专家身份，让人产生品质优良的联想。

例如，世界品质，一脉相承（广州本田汽车）；选品质，选雀巢（雀巢系列产品）；越了解宽带，越信赖网络快车（中国电信网络快车）；来自上海通用汽车（上海通用汽车）。

（12）消费者定位：直接告诉消费者自己的定位，引起目标人群的关注。例如，新一代的选择（百事可乐）、男士的选择（乔士衬衫）。

（13）吸引人注意（炒作）：以一些新奇独特的角度或手法，突出广告的差异性，引起受众的注意。例如，新飞广告做得好，不如新飞冰箱好。

（14）创造概念，引领潮流：通过挖掘或创造某些概念，形成一种说法，引导消费者的观念。例如，好麦片，七成浮上面（皇室麦片）；不闪的，才是健康的（创维健康电视）。

（15）公益：一些受限制的行业，采用公益广告来建立品牌形象。以烟草、酒类为多。

（16）攻击竞争对手：这也是炒作的一种方式，可能会引起对手的反击，从而引起大众的关注。例如，方便谁都做得到，声音清晰更重要（TCL 美之声无绳电话）。

（17）体现个性：通过诉求一些个性化的理念，引起消费者共鸣。例如，我就喜欢（麦当劳）；爱我所爱（TCL 某款手机）；不在乎天长地久，只在乎曾经拥有（飞亚达表）；我能（中国移动全球通）。

（18）心理暗示：以比喻的方式提醒消费者。例如，苹果熟了（金正 DVD 机）、玫瑰开了（万利达 DVD）。

（19）号召：通过煽动性语气来影响受众。例如，一起来生力（生力啤酒）；喝杯青酒，交个朋友（贵州青酒）；加把劲，伙计（万基洋参）。

（20）体现公司对消费者的关心：一般用于公司广告语，或用于建立形象。例如，我只在乎你真正的满意（中国联通）；全心全意小天鹅（小天鹅）；我们一直在努力（爱多）；为顾客创造价值（TCL 公司）；大家好，才是真的好（广州好迪）。

技术链接——自媒体营销与传统广告营销

自媒体营销具有传统营销不具备的诸多特征，自媒体营销具有使传播不受时空限制、传播渠道多样化、传播信息可沉淀带来的长尾效应等优势，而当下，任何单一媒体渠道都很难完成对目标人群的有效覆盖，而自媒体能在覆盖全媒体平台的基础上，借助有不同话语权的主体，打通不同人群、渠道、时间和空间，形成受众精准、传播迅速、效果可期的链条。

1. 自媒体与传统媒体的区别

首先是传播主体发生了变化。在传统媒体时代，传播主体是指传统的新闻机构，或者掌控机构的个人，受众则是指接受大众传媒的个体；而自媒体的传播主体是指网络上有独立的传播主体的个体，它可以是网络上的任何一个人。

其次，传播方式发生了变化。传统媒体严格遵循一对多的传播模式，它的传播方式是线式的；而在自媒体的传播过程中，它完成了由点到点、点到面的一对多、一对一、多对多、多对一的网状传播方式。传播方式的转变使自媒体的传播效果与传统媒体有着很大的不同。

2. 自媒体与新媒体的区别

首先，自媒体继承了新媒体的传播特点。同样依赖网络 Web 2.0 的支持，自媒体几乎完成了新媒体能完成的所有任务。用户既是内容的浏览者，也是内容的制造者。所谓网站内容的制造者，是说互联网上的每一个用户不再仅仅是互联网的读者，同时也成为互联网的作者；不再仅仅是在互联网上冲浪，同时也成为波浪制造者；在模式上由单纯的"读"向"写"以及"自视频"发展；由被动地接收互联网信息向主动创造互联网信息发展，更加人性化。

其次，自媒体与同样以网络为依存的新媒体相比，它拥有了更大的话语空间与自主权，使用者可以自由地构建自己的社交网络等。自媒体成为大众张扬个性、表现自我的最佳场所。

7.2 为自媒体文章起标题

7.2.1 自媒体文章标题

近年来自媒体特别火，很多人的店铺通过QQ空间或是借助其他平台作为自媒体平台去发布营销信息，打造自己的自媒体之路。而微信订阅号相信大家也都并不陌生，但公众号内容的阅读量并不高，大多时候很多订阅号的内容都无法被用户看到。这其中最大的问题就是文章标题，如果用户看到你的标题无法勾起他点击或是阅读的兴趣，再好的内容也都是白费。

如果满分是100分，那么标题就可以占60分，而内容只占40分。这个时候我不禁想问：大家的文章标题及格了吗？

二八定律我们经常听到，它也同时适用于很多地方，相信在这里我们也可以用二八定律去看待。一篇文章，10个人里面会有8个去看文章标题，而只有两个人会去读文章正文，所以如果标题没有写好，将流失很大一部分用户阅读量。这就说明，我们在日后的文章写作中，应该花至少一半的时间在标题上。

如何去写一个吸引人的标题，基本要求如下。

1．标题短小而精致

很多文章标题都写得很长，却没有突出什么内容，这种做法会让用户生厌，没有明确性。文章标题应力求简短精致，寥寥数字，让人一看便知。

典型案例

标题举例：制订减肥计划是好还是不好？

标题说明：① 用问题来作为标题更容易引起读者的兴趣；② 用这种大白话来作为标题更容易吸引眼球，就像和读者聊天一样。

2．标题用否定措辞

人大都讨厌被人否定，否定会让人感到不适，而在文章标题中我们用"不"、"没有"、"禁止"等词时，一般都会得到更多的关注。

典型案例

标题举例：你没有做过这些，别说自己是女汉子

标题说明：标题里面很好地用到了否定词，引起用户的注意，同时也让用户对于文章中的

那些事感兴趣了。

3. 标题使用数字化

人对数字是很敏感的，而数字很多时候也在记录我们的效率，在文章标题中使用数字是一种捷径，标题的数字越大，其传播性也更广，所以我们在标题中能用数字的就不要用中文。

典型案例

标题举例：在家能做的 10 项运动

标题说明：标题里面很好地阐述了文章的内容，同时也运用了数字化，让用户通过标题就可以大致了解文章内容，同时也会让他对那 10 项运动感兴趣。

4. 标题使用个性化

在这个互联网信息泛滥的时代，太过于普通的标题，很多用户都会直接过滤掉，更别说阅读你的文章内容了。这个时候就需要我们通过标题去勾起用户的好奇心。

典型案例

标题举例：10 种膳食减肥方法，第 6 种很重要

标题说明：标题里面有阐述了文章的内容，同时又运用了人的好奇心，让用户一看到标题就想让人一探究竟，为什么第 6 种很重要。提醒大家：这类标题要谨慎使用，使用过度会失去其效果。

7.2.2 好标题的实战攻略

要写好标题可以多参考文章标题的八大要素，如图 7.2 所示。

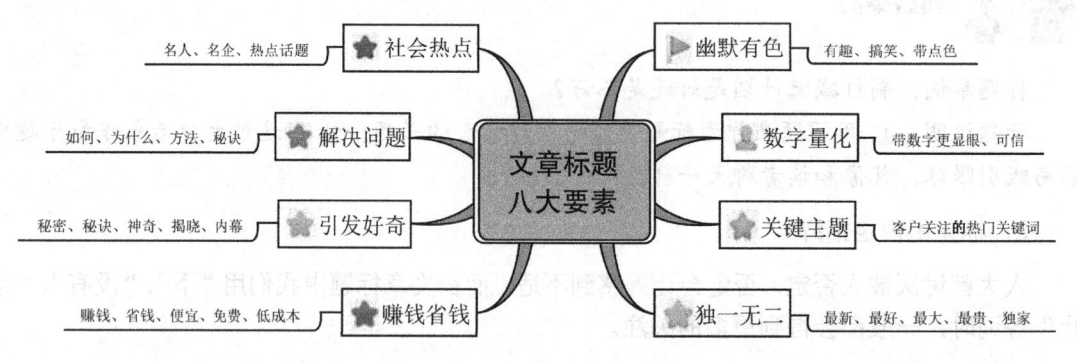

图 7.2 文章标题的八大要素

1. 建立"好奇心的缺口"

Upworthy 大概是最成功的内容营销公司之一，它们之所以能在社交媒体上取得如此大的成功，是因为有它们有自己的特色。

Upworthy 在分析自己成功的原因时提出过这样一点：要确保每一篇文章的标题都有"好奇心的缺口"。简单地说，就是文章的标题一定要能引起读者强烈的好奇心，点进来后又能耐心地读完整篇文章。

米特·罗姆尼（2012年在美国总统选举中败给了现任总统奥巴马）是 Upworthy 上一个经典的案例。

标题太含糊，读者们没兴趣：米特·罗姆尼又说坏话了。

标题太具体，读者们可能已经预料到了整个故事的内容：米特·罗姆尼说："我要把中产阶级绑在我的车顶上。"

最后的标题定为："你永远无法相信米特要对你做什么"。这个标题不仅能引起人们点击阅读的兴趣，而且又足够神秘，诱使人们读完后再分享这个故事。

2．多用数字：我们的大脑会更容易理解

BuzzFeed（美国新闻聚合网站）完美地诠释了文章摘要是多么重要。我们面对着大量的内容但是苦于没时间阅读全部文章，考虑到这一点，摘要的重要性也就不言而喻了。

Takipi（一个云端软件管理服务）研究发现，如果能在标题中有效地运用数字，那么特殊形式的数字更容易被分享。例如，同样是"10 种方法来……"，你应该用"10 种"，而不是"十种"。这项分析称如果标题中有较高的数值（如"100 种 ……的方法"），或是标题以数字开头，那文章被分享的次数会更多。

这些统计结果都是有真凭实据的。斯坦福商学院教授齐普·希斯和企业教育顾问丹·希斯发现了"黏住"的六大原则之一就是要让内容具体化，要多用数字和具体的事实，而不是一味地空谈阔论。

3．选好合适的词语

特殊的词语总是更受欢迎，尤其是当它们出现在标题中的时候。根据 Takipi 的研究，最受欢迎的博文标题中包含以下词语。

（1）明智（Smart）。
（2）让人吃惊的（Surprising）。
（3）科学（Science）。
（4）历史（History）。
（5）黑客（Hacks，or A Variation Like Hackers）。
（6）巨大的/大的（Huge/Big）。
（7）批判性的（Critical）。

如果你要发推，这里有一些在 Twitter 上最经常被转发和分享的关键词。

（1）你（You）。
（2）Twitter。
（3）请（Please）。
（4）转发（Retweet）。
（5）发帖（Post）。
（6）博客（Blog）。
（7）社交的（Social）。

(8) 免费（Free）。

(9) 媒体（Media）。

(10) 帮助（Help）。

(11) 请转发（Please Retweet）。

(12) 重大的（Great）。

(13) 关注（Follow）。

(14) 怎样（How to）。

(15) 顶尖（Top）。

(16) 检验（Check out）。

有趣的是，Takipi 调查发现，很多人认为"你"是一个非常有力的词语。但实际上，这个词并不会影响一篇博文的分享次数。

4．起一个罕见的题目

Takipi 团队分析了大量的科技类博文，想要研究出在社交媒体上哪些文章被分享的次数较多，以及它们有什么共同点。最终它们发现如果在标题中使用消极、阴暗或有侵略性的词语，那么文章被分享的次数会更多。

例如，相比包含"做"和"开始"等字样的标题，"不"、"没有"和"停止"这样的字眼可能给文章带来更多的分享量。另外，有侵略性的或是听起来有点暴力的词语也会起到鼓励人们分享的作用例，如"杀死"、"死亡"和"恐惧"这样的词也更容易被分享。

Takipi 的文章中从科技博客 Tech Crunch 选取了 3 篇相似的文章作为范例，其中两篇文章的标题非常受欢迎："甲骨文公司采取措施扼杀开源数据库"、"甲骨文在与 IBM 数据库的竞争中血流不止"。

但是以下这个标题被分享的次数还不及上面两篇的 1/3："对甲骨文来说重要的是机器，不是在新世界中做白日梦"。当然，写消极的内容，或是试着让内容变得消极，并不能帮助我们过上更幸福的生活。运用这个技巧的时候，我们还是可以选用积极的主题，但是要用相反的方式来表达。下面这个标题就很好地运用了这个技巧："不做以下 10 件事可以让你的生活更幸福，有科学为证"。

5．公告不可能受欢迎（要把它们变成故事来讲）

哪类内容不会受欢迎？公告被分享的次数最少。

在 Takipi 对科技类博客的研究中，"宣布"、"赢得"、"庆祝"和"增加"这样的字眼经常在分享榜单中垫底。

另外，"失败"一词在榜单中排在前 50%。这也证实了前面的观点：消极词语更容易被分享。

我们知道公告一般都很无聊，但可以把公告变成故事。有一个例子可以非常好地诠释这一点。宣布 Buffer 用户已经达到 100 万时，我们没有采用公告的方式，而是用很多图片和重要事件把 Buffer 的整个历程拼凑成了一个故事。

实际上讲故事是激活我们大脑最有效的方式。当别人听你的故事时，你可以带领他们去感受你在某种情境下的某种情感。下面的神经耦合模型描述了这一点：听一个人讲述他的经历时，你大脑内相同的情感区域被激活了。

6. 要了解谁在读你的文章，然后投其所好

Upworthy 发现中年妇女是网上最大的分享群体。如果你想要你的文章被分享的次数更多，就要努力把她们拉到你的阵营中。

这就意味着要尽量避免说术语和俚语，选择简单的词语，说简短的句子，再少些咒骂类的词语。

想找到能取悦读者的窍门？多试试不同的方法吧。我们通常会给一篇 Buffer 博文起几个标题，然后检验一下在社交媒体上哪一个标题的效果最好。有时测验结果相差之大让我们很吃惊。因此，在写文章或是修改题目的时候，别忘了你的读者，还有他们的态度，以及他们期待读到什么内容。

7. 让你的内容更出人意料

我们的大脑喜欢出人意料的内容。齐普和丹在研究中提出的"黏住"理论有六大原则，其中之一就是利用"令人惊讶"这个元素。根据他们的研究，如果你说些让人意想不到的内容，打破常规模式，这能帮助你成功地捕捉到读者的注意力。

这里有两个因素在起作用："令人惊讶的事"一开始吸引读者的注意力，然后"感兴趣的事"帮你留住读者。

我们经常用这个方法，如"Instagram 八大惊人最新统计最大化地发挥了图片社交网络的作用"、"任务清单的惊人历史和如何做出切实可行的清单"、"Twitter 话题标签的惊人历史和 4 种充分利用标签的方式"。

为什么这类词语这么强大？据格雷戈里·伯恩斯说，意外的奖励对我们有着惊人的影响："这意味着我们的大脑觉得突如其来的惊喜更有价值。这跟人们说我喜欢什么没有太大的关系。"

所以说惊喜更能刺激我们的神经，而且比起已知的事情（即使这是我们很喜欢的事情），未知的一切更容易吸引我们的注意力。

8. 多用动词，少用名词

社交媒体科学家丹·萨瑞拉分析了 2000 条含有链接的推文，发现相比使用大量名词和形容词的推文，包含副词和动词的推文有更高的点击率。

有趣的是，在大学申请材料中动词也是较有说服力的。哈佛大学商学院 MBA 招生部负责人迪·利奥波德说优秀的学生推荐信中都使用了大量的动词，因为动词比形容词更有力度。

7.2.3 典型案例

（1）在标题里提出疑问。

微商到底还能走多远？为什么说微商大部分将要被淘汰？我们经常可以看到行业类的文章，如果你的标题是提出疑问式，用户群体一定会关心。在介绍技巧的同时，软性地把自己的品牌植入是很好的方式。疑问式和相应的内容：《微商会被淘汰？》这样的标题切中了微商群体，切中了他们的命运和疑问。

（2）结合时事。

郭美美的"肉体买卖"经济学为何能夜入几十万；如何塑造个人品牌；跟芮成钢学装×不完全指南；阅兵仪式背后默默无闻的英雄们，这也是结合时事，并且有长尾效应。一个事件结束之后还有一个讨论的空间，这时候进行完美的结合就很好了，也算是结合时事。

（3）创造新名词。

揭开"新科技美容"神秘面纱，为您详解什么叫"科技美容生活化"。大家可以结合产品，

结合要销售的东西,结合最近要突出的服务,把它包装成一个新名词。

(4)传递新消息,并运用"新推出"、"引进"、"宣布"这类词汇。

微商洗牌在即!各大传统化妆品巨头宣布进军微商圈!纷纷新推出微商子品牌!

(5)给读者建议,告诉读者应该采取哪些行动。

立刻把这篇文章收藏并转发到朋友圈,你会发现与你思维观点相同的那群人。

(6)利用数字与数据。

让公众号在3天内吸收3200位精准用户的技巧!这种数据大家会比较感兴趣。结合时事从选题到标题,建议大家只要事件很火的时候,要定期看百度、风云榜、新闻的排行榜,文章的标题要刚好击中用户的痛点,再结合自己的品牌。

(7)承诺会提供对读者有用的信息。

如何避免在朋友圈购买产品时犯下大错。

(8)强调你能提供的服务。

即日起,我们的新款袜子提供微信预购,就如同订杂志一样简单。提出推荐性的意见,做比较,说明好处,让读者脑海中浮现画面。

(9)讲故事,描述一段过程。

我坐在电脑前时,他们还在群里讨论今晚的培训课程,然而当我开始回忆……

(10)提出推荐性的意见。

现在就必须关注的五大全新移动电商化妆品品牌。

(11)说明好处。

删除我们朋友圈的"僵尸好友",已经从困难变容易。

(12)做比较。

只需要支付雅诗兰黛一半的价格,就能够解决您的皮肤粗糙干燥暗黄等问题。

(13)使用能够让读者脑中浮现画面的词汇。

为什么有些伪劣化妆品会在你的皮肤里"投下剧毒"?

(14)引述见证。

超过18000份体验礼盒的试用反馈报告证明,我们的产品至今没有产生过敏刺激等不良反应!或者这样一个标题:月均8%,这么选就对了。这样的标题,大家也会点击,因为股票基金在赔钱,这个大环境结合了时事,又跟理财相关。

(15)提供免费的特别报告、目录或宣传册。

我们的报告免费揭露那些大咖鲜为人知的秘密,告诉你所谓自媒体明星如何赚钱,并且利用粉丝快速致富。

(16)直接点出服务内容。

O2O吸粉WiFi路由神器,所有经销商都免费赠送,帮您线下拓客!

(17)勾起读者的好奇心。

你必须买进的理财通理财基金,不是你想的那一支!

(18)承诺要公开秘密。

揭露朋友圈所谓自媒体大咖的阴暗勾当!走近"传说中"的"××联盟"!

(19)具体说明。

在时速60英里的驰骋下,新劳斯莱斯的最大噪声来自电子钟。

(20)锁定特定类型读者。

征求专业线美容院从业者。

(21)加入时间元素。

不必麻烦，在家里也能教你半小时做美容。

（22）请强调省钱、折扣或价值。

价值66元的全新美容科技化妆品体验礼盒，现在只需要0.1元就可以得到！提供读者无法在其他地方得到的度假好处。

（23）给读者好消息。

在家里带孩子也能拥有创业的好机会！

（24）提供能够取代竞争对手产品及服务的其他选择。

没地方存货？没时间发货给自己的客户？没事，我们帮你工厂直接代发！

（25）提出一项挑战。

你的头皮健康经得起指甲测试吗？

（26）强调有保证。

我们代运营承诺：保证您的品牌在朋友圈的成交额提高3倍，否则退费。

（27）名列价格。

一整箱味道工坊牛肉干，只需要99元！

（28）做出看似矛盾的说法。

靠"内线交易"致富，而且100%合法！

（29）提供读者无法在其他地方得到的独家好处。

鲜为人知的交易秘密武器，让您获利翻5倍以上。

（30）提出读者关心的事。

为什么大部分的微商卖货只会刷屏？最终以失败收场？我们提供突破之道。

（31）不妨用"听起来难以置信……"句型。

听起来难以置信，但今天一款刚刚上市的新产品，不久的未来可能将改变整个行业的格局。

（32）画大饼。

让您年轻20岁！

（33）强调商品的投资报酬率。

（34）运用"为什么""原因""理由"来写。

制作公司在拍摄重要的电视广告时，偏好采用Unilus Strobe牌灯光设备的7大理由。

（35）回答关于商品或服务的重要问题。

面对微信零售客户时要回答的7个问题……我们对每个问题都有好答案。

（36）强调买就送。

免费送给您。现在订购就送价值888元的免费好礼。

（37）协助读者达成目标。

帮您在未来30天内推出微营销突破性的营销计划，而且完全免费！

（38）做出看似矛盾的说法或承诺。

不需要加盟费，只要您想打造自己的微商团队，就能帮您实现梦想！

7.3 如何一句话打动搜索引擎

7.3.1 搜索引擎的关键词

SEO与投放关键词广告，它们都有不同的优势和不足，就如同西药与中药的区别。投放关键词广告见效很快，一旦不再继续投放，效果也随之消失；SEO 虽然见效较慢，通常需持续 3 个月才能开始见效，但其优点在于效果持久。

关键词优化是让网站目标关键词在某个搜索引擎上得到更好的排名。让更多的用户都能快速地查找到自己的网站关键词。企业开展 SEO 的工作，就应该选择好需要优化的关键词，一般来讲。关键词有 3 种类型。

1．流量词

流量词是行业内对产品或业务的统称。流量词的流量本身就很高，客户的目的不明，搜索次数多，投入回报低，优化效果不明显，因此要首先排除流量词，如饰品、箱包、玩具等。

2．核心词

核心词反映企业具体经营模式或经营范围。客户搜索核心词的目的相对聚焦，搜索次数居中，需要企业重点管理，因此是首选的优化词，如汽车饰品、义乌饰品批发等。

3．长尾词

长尾词更具体地描述企业产品或客户的需求。客户搜索交易目的明确，投入产出比较高，从企业实际投入产出比的角度考虑，若企业没有专业的优化团队，或者人员不足，可以首选优化长尾词，如日韩饰品、饰品连锁经营等。

下面讲的是从 SEO 角度来定位发布信息的标题的一种思路，让搜索引擎印象你的标题，是最新原创的。

在百度搜索"办公家具"的结果如图 7.3 和图 7.4 所示。

比较这两种不同的搜索结果大家会发现，结果是不一样的。这也是告诉大家，如果在同一个平台网站上发布信息，要从不同关键词去定位标题关键词。图 7.3 中，慧聪网里的企业"上海协盛家具"的信息已经排名在首页，如果其他企业继续用"办公家具"就不太容易能排名出来。图 7.4 中，恒泰家具厂用关键词"办公家具批发"，就很容易占据了排名第一名。

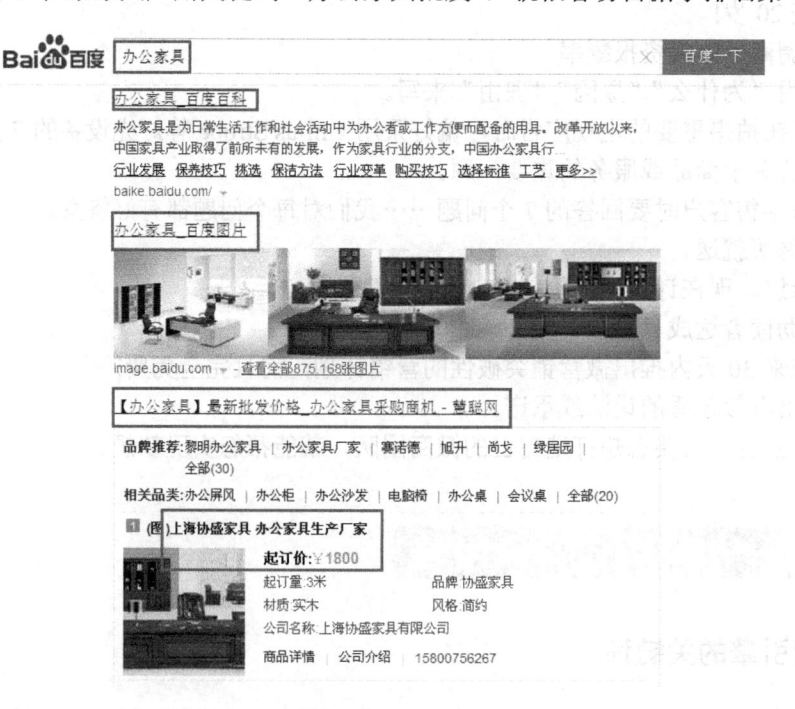

图 7.3　百度搜索"办公家具"结果

图 7.4　百度霸屏"办公家具批发"

7.3.2　优化技巧

1．位置布局

关键词是一篇文章的核心，其布局十分重要。关键词出现在重要的位置或者采取重要的格式，百度蜘蛛就会给予它更高的权重，所以在进行网站优化时，要留意关键词的位置布局。不能盲目布局或添加关键词，这样会得不偿失的。据我的经验总结，关键字出现在标题第一位的网站权重往往高于出现在后面的排名。

2．密度

对于关键词的密度，大家众说纷纭，至今也没有一个固定的标准，所以每个站长在对待关键词密度的时候总是有点犹豫不定，加多了怕被搜索引擎认为作弊，加少了怕无法达到关键词优化。一般情况下，只要是让关键词分布得比较合理，比较自然，一般都不会有什么问题，即使达不到上面的那个标准也无所谓，搜索引擎同样也会给你这个页面比较高排名的。

3．网页内容中

关键词在网页内容中的出现，也是很有逻辑性的，用黑体、斜体来强调关键词，一两次就足够了。这样不仅能吸引浏览者的眼球，也能获得搜索引擎的重视。也可以在网页最底部放上关键词，当然要符合逻辑和语法，并对用户友好。

7.3.3　用一句话来搜索

用一句话来搜索，是指把一句话作为关键词，输入到搜索框中去搜索。最常用的是选取文章中的一句话来搜索，如"大自然的规律是任何识者都会同意的"、"复活节岛是地球上最孤独的一个岛屿"。

用一句话来搜索，能找出包含这句话的内容，看似简单，实则强大无比，用处多多。用一句话来搜索，最能体现出关键词的神奇。

1．用处之一

好不容易找到一篇符合要求的科学发展观心得体会范文，但只有第一段，要想看全文，请注册。怎么办，一定非得注册吗？当然不用。选取第一段中的一句话，放到搜索框中查找。由于互联网的开放分享，独一无二、只有一个网站才有的情况是极少的，一般情况下都能找到其他网站提供的全文。

2．用处之二

在网上看小说，但有些网站的广告实在有点多，换一家来看。最快的方法还是选用小说中的一句话，这样搜索的结果全都是这篇小说。

3．用处之三

看到一个好结果，但打不开见面，快照也用不了。此时，可以选取摘要中的一句话，或者标题，作为关键词来搜索。

实用技巧

1．双引号：精确匹配

用一句话来搜索，我们的目的是想让这句话完整地出现，但有可能被搜索引擎拆分。这不合要求，解决办法是使用双引号。双引号的作用是精确匹配，要求结果全都是这句话完整地出现。

2．强调一点：特异

尽量选用特异的一句话，只在你想找的文章中出现。这样，结果才最大可能地纯粹，完全是你想找的内容。如果选择的话太平常，结果中可能有不相干的。

本章小结

本章详细介绍了如何做出高流量的文章标题——一句话打动用户是整篇文章的精髓。

本章具体从广告学角度、营销学角度、搜索引擎角度多方面地阐述了如何做好"一句话打动用户"的高流量标题。

本章采用理论和案例相结合的方式，通俗易懂。真正地掌握好本章的思想和操作手法，距离高手就不远了。

课后思考

1．你能用一句话介绍自己，让对方对自己印象深刻吗？

2. 你印象最深刻的广告语是什么？谈谈原因。
3. 你能给某一次活动策划一个打动人的标题吗？
4. 你朋友圈里印象最深刻的文章是什么？哪句话最能说明问题？
5. 对教师课堂上的内容，你能写一个高流量的"课堂笔记"的标题吗？
6. 把自己定位的好标题，作为关键词发布排名到百度首页。

第 8 章

如何写高流量的文章

学习目标

1. 理解高流量思维角度
2. 掌握高流量文章选材的要领
3. 掌握搜索引擎对原创文章的要求

本章重点

1. 理解高流量思维角度
2. 掌握搜索引擎对原创文章的要求

本章难点

高流量文章的撰写思路和手法

8.1 如何打造热点事件的高流量

不论从微信朋友圈,还是各大新闻网站、论坛、博客,我们每天都可以看到很多高流量的文章,各种新闻事件文章、各种情趣故事文章、各种社会评论文章、各种科技应用文章、各种明星娱乐爆料、各种神奇事件的解密、各种社会问题等,角度很多,高流量的文章让我们应接不暇。

这些文章是如何写出来的呢?一句话:一切来源于生活。

8.1.1 热点事件

热点营销也就是借势营销,将销售的目的隐藏于事件中,将产品的推广融入到一个消费者喜闻乐见的环境里,使消费者在这个环境中了解产品并接受产品。具体表现为通过媒体吸引消费者眼球、借助消费者再次传播、依靠轻松娱乐的方式等潜移默化地引导市场消费。热点事件主要通过顺势、造势、借势等方式，以求提高企业或产品的知名度、美誉度，树立良好的品牌形象，并最终促成产品或服务销售的营销策略。

热点事件主要可分政治性事件、危机性事件、娱乐性事件、新闻性事件、体育性事件和公益性事件等。

（1）政治性事件主要是国家之间、政党之间等发生的相关事件，如大阅兵，习近平访问美国、访问英国，英国地铁大罢工，巴黎恐怖袭击事件，俄罗斯和叙利亚，缅甸战事，泰国前总统英拉被弹劾等。

（2）危机性事件如经济危机、卢布暴跌、人民币升值、旺铺倒闭潮、互联网经济泡沫等。

（3）娱乐性事件是指大众参与的、能够引起震撼和狂热的事件，如《爸爸去哪儿》、《奔跑吧兄弟》等节目开播。

（4）新闻性事件主要指一些重大的突破性事件，如俄罗斯飞机在埃及坠落等。

（5）体育性事件是指重大体育赛事，如郎平破宿命带队首夺世界冠军。

（6）公益性事件是指与社会公益活动结合起来的一些事件和活动，如柴静雾霾调查纪录片《穹顶之下》、2015慈善蓝皮书发布。

如何利用事件来进行营销呢？引用当下的社会热点，进行品牌活动的嫁接，可以起到事半功倍的效果。

经典案例——经典的新闻热点营销

美国总统克林顿曾经携第一夫人希拉里到日本进行国事访问，行程中安排希拉里前往东京都大学进行一次演讲。由于当天的风比较大，演讲又在一个露天广场举行，希拉里在演讲中不时被风扬起裙子，很多人都在现场拍摄了照片，其中有一位在冲洗照片时，竟发现其中有一张可以清晰地看到第一夫人的裙内内裤。

这无疑会是一件新闻热点事件，但如何利用这个新闻获取更大的价值是接下来最重要的问题。因为如果新闻热点事件不能与自己的产品有效嫁接，便失去了营销的价值。也就是说，只有美国第一夫人的内裤是自己公司的产品，这张照片才能产生价值。

当时拍下这照片的人名叫植田二郎，他立刻联系了一家本土的内裤生产厂家三木，并向他要了一个厂家的LOGO，通过技术处理将LOGO巧妙地洗印到照片上，然后连夜赶写了一个题为："第一夫人春光泄漏，珍贵内衣钟情三木"图片新闻，并将此新闻隔日刊登在头版头条。一时间各大报纸杂志和电视广播媒体争相转播刊发，希拉里春光泄漏与三木内衣的新闻在全日本迅猛传播。这一连串的事件自然成为人们热衷于口的街谈巷议，如此巧妙的事件杠杆，立刻将原本名不见传的三木内衣品牌与美国第一夫人建立了内在联系，这等于是请了第一夫人做了品牌形象代言，而且是完全免费的。

而当希拉里看到这篇报道时，也只能生气，无处发火。她知道这个图片是真的，三木内衣是假的，是三木厂家在利用自己进行商业炒作，如果要对此事进行追究，恐怕会落入人家的陷阱，因为这样的事越描越黑，连带的新闻会越炒越大，这对自己毫无益处，却会给三木这个厂家带来更多的商业利益。由此第一夫人只得听之任之，而三木内衣也因为与第一夫人之间的关系所形成的营销风暴而一举扬名，并畅销日本。

作为策划过程来说，需要对不同事件进行全面分析，寻找切入点，在合适的时间内采取合适的方式，使事件与营销策划有效结合。在新媒体盛行的时代，每天都在爆料和传播很多有趣的事情，一件件地丰富着我们的饭前茶后。寻找一个群体符号形象，然后站在对立面颠覆这个形象，用群体软肋拉升仇恨值，绑定时下社会热点，然后利用分解逻辑去绑架你的思维，一个热点新闻往往就这么出来了。围绕热点事件、热门新闻或热门话题以评论、追踪、观察、揭秘、观点整理、相关资料等方式结合自己要推广的品牌，即可写成一篇好的软文。

8.1.2 如何借力热点事件

借助热点事件来宣传自己的产品，这是一件事半功倍的操作手法。热点事件本身就有很高的关注度，很多媒体关注的焦点，也会成为大众最近关注的焦点，在百度上搜索相关词的人也会更多，此时借助热点事件与产品联系起来，自然就会提升产品的曝光度。

大家经常遇到的情况是，当看到一个热点事件时，无法形成一种灵敏度，无法将热点事件与产品联系起来。所以"要培养一种营销思考习惯"，需要不断地强迫自己去思考，从营销策划角度去思考。例如，你知道人的星座和佩戴假发的关系吗？我问了很多同学，都说星座和佩戴假发的习惯没有直接影响，但是若要创造出一种关系，那就是星座和性格有关系，性格和佩戴假发的发型有关系，然后就豁然开朗了。下面我们来具体分析如何借力热点事件。

1．要有公众可参与性

"超级女声"为什么能够轰动全国，因为决赛时全国有接近 1/3 的人都在收看，而且不少人都在通过拇指互动。有的还动员亲友参与其中，大众在娱乐的时候也娱乐着自己。

首先热点营销要有公众可参与因素，才能起到显著的效果，事件本身如果能够很好地策划，利用某一事件来激发人们的好奇心理，营销者将会收到良好的市场促销效果。

例如，在谢亚龙下课风波闹得沸沸扬扬的那段时间，联想在某门户网站体育频道推出了一篇"想乐就乐，就算谢亚龙不下课"的话题，点开后可以看到联想雪莲花的功效与作用。这个广告推出当天就获得了 11 万次的点击，而回帖数也达到 2000 多条。

对于新闻热点营销来说，影响的范围越大自然效果就会越好，往往营销失败的主因就是缺乏公众的参与，也就是说策划营销的主体事件，没有足够的影响力和吸引力。

2．具有有效的营销衔接价值

社会上每天都会发生大大小小的事件，每一件事都有可能成为新闻，这就要看策划者的新闻营销敏感度。找到新闻热点后，最重要的问题就是怎么把公司和产品或者概念链接到新闻之中，最好要融入得不露痕迹。

脑白金在这一点上是比较成功的，当时克隆技术是被大家炒得沸沸扬扬的新闻热点，脑白金巧妙地利用了这个新闻点，并且把脑白金技术巧妙地融入进去，创造了《生物技术的两大突破》，把脑白金技术和克隆技术相提并论，刚刚刊登出来的时候被很多人误解为新闻，传播效果相当好，甚至被很多报社当作科技新闻全文转载。可以说这起到了意想不到的传播效果。

3．找到关注者的沟通兴奋点

2008 年世界杯期间，各大门户网站是怎样互动的？新浪网利用"围观世界杯"吸引更多网友的关注，数以万计的微博实时评论，24 小时全天候刷新，异常火爆。

而东风日产针对世界杯主题开展的落地活动可谓别具一格。它们从 32 位球迷消费者中层层选拔出 8 位选手，历经近乎残酷的"激战"后，两位选手脱颖而出，成为南非世界杯"超级球迷"。这两人将获得 10 万元的月薪，可谓"史上最牛兼职记者"。10 万元兼职月薪成为这场营销事件的噱头，不管人们怎么评论，众人都知道和记住了这个汽车品牌。这种营销战术对品牌知名度的提高意义是比较深远的。

同时，很多事件都是需要自己精心策划后再执行的，而事件营销策划必须与自身的宣传目的有着密切的联系。一些大事件总能引起社会关注和公众的兴趣，只要找到合适的切入点，巧妙地把企业、产物和事件结合起来，然后尽量让消费者自发参与进去，以沟通来创造事件之外的真正价值。

实践证明，一切能吸引消费者参与互动的营销方式，往往都会取得较好的回报。

4．一定有效把握新闻热点的时效性

一般新闻热点持续的时间不会很长，时效性也是新闻热点的一个瓶颈，要学会趁热打铁。

例如，在汶川地震时，很多企业捐了财物，在第二天的报纸或电视上露了一下脸就没有消息了，这从营销角度上不能不说是一次失败。而王老吉却利用这次捐款1亿元来炒作新闻，让王老吉这个品牌家喻户晓，成就了王老吉的美名，同时也让王老吉的销售量一路攀高。

在众多捐助企业中，王老吉捐出了1亿元，但和它捐一样多，或者捐的比它多的企业都很多。为什么只有王老吉的影响力最成功？要知道新闻不炒作就没有价值。很多企业做了公益，甚至公众都不知晓。那么，王老吉究竟做了什么？首先，王老吉整合了消费者的爱国意愿；其次，王老吉整合了当时的时事热点，整合了各大媒体资源，利用论坛资源及网络新闻等免费资源进行宣传，当时流行着一句话：要捐就捐一个亿，要喝就喝王老吉。正因如此，通过当时的社会活动，加上网络媒体的宣传，王老吉用1亿元的捐款换来了至少10亿元才能做到的广告宣传效果。

8.2　如何借助新闻热点写软文

首先需要了解这个热点事件的来龙去脉，做到这点比较容易，只要你肯花时间去了解。当你了解这个事件的来龙去脉以后，就需要提炼这个过程中的某个点或者几个点与你的产品卖点相联系。

例如，前段时间柴静的《穹顶之下》非常火爆，引起了大家的广泛关注。在这个过程中，就有不少的企业和个人充分运用了这个事件，如一些光伏企业借此事件宣传，因为该纪录片中强调要改革能源管理体制，提高环保部门的执法权力，老百姓应该使用清洁煤炭，有效过滤油气燃烧的排放。《穹顶之下》的宣传图如图8.1所示。

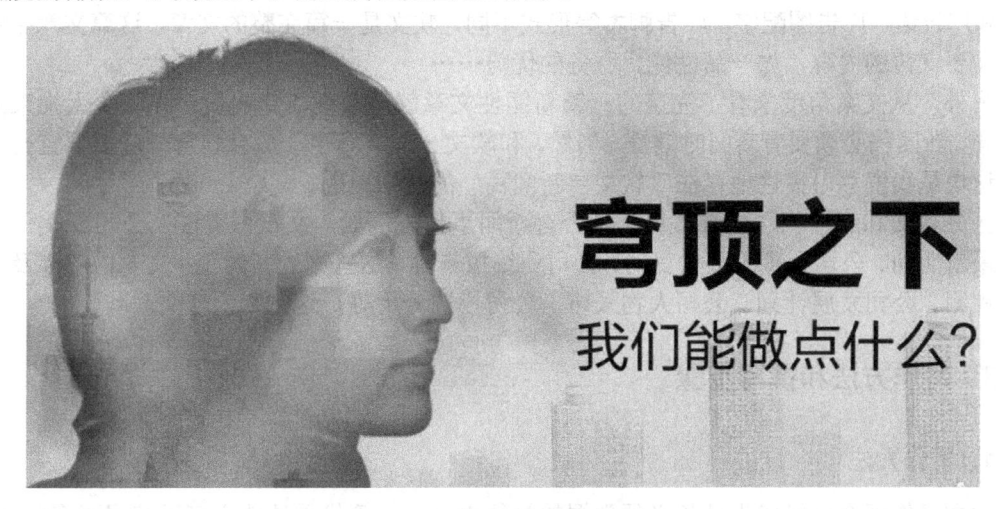

图8.1　《穹顶之下》宣传图

卖口罩的公司也做了很多文章，通过《穹顶之下》中的雾霾来源，阐述雾霾对人体的危害，然后提出解燃眉之急的办法——口罩。下面我们来分析怎么借助热点事件撰写软文。

8.2.1 软文的概念

软文是相对于硬性广告而言的，是由企业的市场策划人员或广告公司的文案人员来负责撰写的"文字广告"。与硬广告相比，软文之所以叫作软文，其精妙之处就在于一个"软"字，好似绵里藏针，收而不露，克敌于无形。软文追求的是一种春风化雨、润物无声的传播效果。如果说硬广告是外家的少林功夫，那么软文则是绵里藏针、以柔克刚的武当拳法，软硬兼施、内外兼修。软文营销才是最有力的营销手段。

软文是指通过特定的概念诉求，以摆事实讲道理的方式使消费者走进企业设定的"思维圈"，以强有力的针对性心理攻击迅速实现产品销售的文字（图片）模式。

软文有两种，一种是狭义的，另一种是广义的。软广和硬广是相对的，不是直白的广告表达方式都可以称为软广。

狭义的定义：指企业花钱在报纸或杂志等宣传载体上刊登的纯文字性的广告。这种定义是早期的一种定义，也就是所谓的付费文字广告。

广义的定义：指企业通过策划在报纸、杂志或网络等宣传载体上刊登的可以提升企业品牌形象和知名度，或可以促进企业销售的一些宣传性、阐释性文章，包括特定的新闻报道、深度文章、付费短文广告、案例分析等。

软文有3种基本类型：新闻型软文、行业型软文、用户型软文。

新闻型软文：包括新闻通稿、新闻报道、媒体访谈。

行业型软文：包括权威论证、观点交流、人物访谈、实录。

用户型软文：可分为综合型、促销型、争议型、经验型、知识型、故事型、恐吓型、悬念型、娱乐型、总结归纳型、爆料型、情感型。

8.2.2 软文和新闻的区别

软文和新闻并没有太大区别。从文案角度来看，一篇完整的宣传性文章就相当于一篇软文。和广告语、广告图配字、广告脚本等形式不同，软文是一篇完整的文章，这篇文章必定要包含需要宣传的内容，如产品性能、服务的优势……

另外，从文案角度来看，完整的一篇新闻性文章就是常说的新闻稿。和软文无拘束的主题不同，新闻稿必须要有新闻时效性。当然，和软文一样文章也一般会包含一些需要宣传的内容。这也是我们总习惯性地存在"软文=新闻稿"的认知原因。

区分软文和新闻稿，就看文章里是否有新闻事件。例如，文章内容涉及公司获奖信息、公司最新活动、公司人事的重大变动、公司业绩报告等，这些则为新闻稿；文章内容涉及公司产品评测、公司发展计划、公司人物采访、公司模式分析等，这些则为软文。

8.2.3 写作方法和撰写步骤

1. 写作方法

软文写作现今已经成为站长必须掌握的技能之一，一篇优秀的软文可以获得更多的效益。写好文章首先就要是自己的亲身体验，这样的文章写出来才算得上是"干货"，有内容才容易引发他人的共鸣，写自己知道的、经历过的、平时工作过程中的一些发现、心得和经验。同时也要站在消费者的角度出发，去发现、理解他们所想的、所需要的，才能真正地吸引客户。

（1）多看别人的高流量文章。

自己的经历总有被写完的一天，当黔驴技穷时不妨换个角度，多看他人的文章，分析文章中提出的一些观点或者方法，以及文章中提出的一些思路，在吸收经验之余给自己写作找到灵感的源泉。看他人的文章时也可以借鉴他人的文笔、写作思路，纳百家之长补己之短。

（2）多看行业新闻。

欲知天下事就必须多听多看，现代社会是一个资讯发达的社会，互联网又是社会发展的热点，每天都有日新月异的变化或者各种让人瞩目的事件，这一切都是写软文、写心得的好来源，通过关注行业内的焦点新闻、事件，写出自己的感受和评论。

① 软文目的决定标题写法。

对于不同目的的软文，其标题的写法也是完全不同的。永远不要低估网络用户的心理，一定要明确传播目的是什么。

② 软文的第一段要写好。

第一段也可以叫作前言，或者摘要、导读，是文章最画龙点睛的段落。软文的第一段要能抓住精准用户，让人继续浏览文章。

③ 软文要简洁、简洁、再简洁。

让网友只看一眼就能看到自己关心的、想要的内容。在这个信息爆炸的社会，简洁明了才能吸引网友。

④ 软文要写的有吸引力。

站在客户体验角度去构思文章脉络，能把你的受众深深地打动或者是感动，让他们知道这篇软文是在帮助他们，而不是在做营销。

2．撰写步骤

撰写广告软文之前需要做什么准备？按以下3步去理清思路。

（1）明确营销主题。

（2）了解客户想要什么。

（3）选择与文案相匹配的表现形式。

软文营销要求实施者具备综合型的素质，一般新人上手难以发挥软文营销的内在魅力，可能不止一家电商企业在软文营销的路上遇到困惑。那么软文营销应该如何实施呢？

第一，市场背景分析。

软文营销是营销行为，做市场分析是十分必要的，了解电商企业面对的用户特点，才能准确地策划软文话题，选择正确的媒体策略。就电商企业而言，有各自擅长的领域，如母婴类商城面对的是育龄女性，体育用品商城面对的是爱好健身的人群。

第二，软文话题策划。

软文话题的策划要准确把握用户群的特点，根据营销的导向性来策划话题。对于刚起步的电商企业运营团队，应该注重用户信任的建立；对于成熟的电子商务企业，应该侧重活动和特色产品的推广，直接带动商城的销售；对于品牌推广，文章话题侧重企业的公关传播，突出企业的社会责任感。

第三，软文媒体策划。

软文媒体的选择就是软文传播的媒体策略。很多企业往往是重发布轻策划，最后却说软文营销的效果看不出来，总结为软文发布商不给力，这都不是问题的根源。正是因为这点，很多专业服务商应运而生，通过分析企业发稿需求，它们为企业量身定制新闻营销发布方案，为企业提供新闻源套餐、外链套餐、新闻门户套餐、行业套餐等多样化发稿服务，让企业精准命中目标客户。

第四，软文写作。

软文写作就是按照软文策划案编撰软文文案。需要一位有行业知识背景的文案，现在流行的叫网络写手，对于稍微有点软文写作经验的人来讲并不难，只是耗费脑力和时间，需要细心去琢磨。

第五，软文发布。

软文发布是将上一步编撰好的文稿发布到策划好的目标媒体上，但目前有很多公司就专门经营这一业务，打着门户媒体的旗号招揽业务，软文发布上去之后与实际新闻媒体发布的效果大相径庭，一定要避免这种情况。

第六，软文效果评估。

软文营销的效果其实是企业最关心的问题，如何评价软文营销的效果呢？应该综合品牌和销售情况、网站流量、电话咨询来考虑。一般来讲，以发布之后几天网站的销售和流量提升来考核不是合理的，软文自身的优势在于网络口碑与推广的持续效果。

一般来讲，企业做软文营销，把握好这 6 个方面，便可以顺利地实施软文营销。但是企业各有背景，实际操作需要有经验的顾问做项目经理，整体管控软文营销的实施，这样效果才能保证。

拓展内容——软文撰写的方式

软文虽然千变万化，但是万变不离其宗，主要有以下几种方式。

1. 软文悬念式

软文悬念式也可以叫设问式。核心是提出一个问题，然后围绕这个问题自问自答。例如，"人类可以长生不老？"、"什么使她重获新生？"、"牛皮癣，真的可以治愈吗？"等，通过设问引起话题和关注是这种方式的优势。但是必须掌握火候，首先提出的问题要有吸引力，答案要符合常识，不能作茧自缚，漏洞百出。

2. 软文故事式

通过讲一个完整的故事带出产品，使产品的"光环效应"和"神秘性"给消费者心理造成强暗示，使销售成为必然。例如，"1.2亿买不走的秘方"、"神奇的植物胰岛素"、"印第安人的秘密"等。讲故事不是目的，故事背后的产品线索是文章的关键。听故事是人类最古老的知识接受方式，所以故事的知识性、趣味性、合理性是软文成功的关键。

3. 软文情感式

情感一直是广告的一个重要媒介，软文的情感表达由于信息传达量大、针对性强，当然更可以叫人心灵相通。例如，"老公，烟戒不了，洗洗肺吧"、"女人，你的名字是天使"、"写给那些战'痘'的青春"等，情感最大的特色就是容易打动人，容易走进消费者的内心，所以"情感营销"一直是营销百试不爽的灵丹妙药。

4．软文恐吓式

恐吓式软文属于反情感式诉求，情感诉说美好，恐吓直击软肋，如"高血脂，瘫痪的前兆"、"天啊，骨质增生害死人"、"洗血洗出一桶油"。实际上恐吓形成的效果要比赞美和爱更具备记忆力，但是也往往会遭人诟病，所以一定要把握度，不要过火。

5．软文促销式

促销式软文常常跟进在上述几种软文见效时，如"北京人抢购×××"、"×××，在香港卖疯了"、"一天断货三次，西单某厂家告急"……这样的软文或者是直接配合促销使用，或者就是使用"买托"造成产品的供不应求，通过"攀比心理"、"影响力效应"多种因素来促使人们产生购买欲。

6．软文新闻式

所谓事件新闻体，就是为宣传寻找一个由头，以新闻事件的手法去写，让读者认为就仿佛是昨天刚刚发生的事件。这样的文体有对企业本身技术力量的体现，但是，告诫文案要结合企业的自身条件，多与策划沟通，不要天马行空地写，否则，多数会造成负面影响。

7．软文诱惑式

实用性、能受益、占便宜这3种属于诱惑式软文，这种软文对读者是有帮助的，所以能使访问者主动地点击或者是到处寻找。因为它能给访问者解答一些问题，或者告诉访问者一些对他有帮助的东西。这里面当然也包括一些打折的信息等，这就是抓住了消费者爱占便宜的一个心理。

上述7类软文绝对不是孤立使用的，是企业根据战略整体推进过程的重要战役，如何使用就是布局的问题了。

8.2.4 高质量的软文是怎样炼成的

1．写作语言通俗化

软文能卖货还在于其语言的通俗化，要能照顾到大多数阅读者的理解能力。

软文的阅读者是普通的消费者，它拒绝华丽辞藻的修饰，拒绝连篇累牍的描述，它需要将思想和灵感通俗化、商业化、锐利化。一篇能卖货的软文一定是能被人轻松阅读并理解的，这是前提和基础。没有语言的通俗易懂，软文只能曲高和寡，没有回应，自然谈不上带动产品销售。

将艰深的道理浅显化，消费者不但能理解而且深刻地记住了这种说法。

2．应用黄金分割法则

黄金分割法则在生活中已经被人们广为应用。科学试验证明，人们无论是在审美方面，还是在接受信息方面，最容易接受符合黄金分割法则的图片和信息。因此，能卖货的软文在结构上也应该非常科学。

根据市场调查，市场上最能卖货的软文都是软广告和硬广告适当配合后的结果；而且，广告软文和硬平面的比例越接近黄金分割比例,软文越具有杀伤力。软文中图片和文字的配比如果符合黄金分割法则,也不容易让受众产生审美疲劳,阅读时会更感轻松舒适。另外,在文字内容的安排上,如果对产品机理描述的篇幅与病例叙述的比例也符合黄金分割法则,肯定比通篇说理或通篇说病例更有效果。

3. 挖掘新闻点

寻找宣传亮点是许多企业颇为头疼的事情,其实这里面有许多技巧,掌握了它们,写软文就变得简单多了。

不可否认,企业是一个理性的机构,没有漂亮的人格化特点,它不像影视明星那样,有很多传奇可写,大多数企业是自成立之日起一步一步发展起来的。也许就是这个原因,大多数企业在面对媒体时,总觉得没有什么可说的。

其实,在这个时代,越来越多的人成为企业人,因而,也就有越来越多的人关注企业的人、事、物。从媒体的视角来看,这里面充满着有价值的东西。如果能用媒体的眼光看待企业内部的一切,你就会惊奇地发现:原来自己的企业还有这么多亮点。

我们认为,从企业以下几个方面最容易挖掘到新闻点。

(1)产品。

企业开发了非常有价值的新产品,从中找出具有新闻性的东西。

假设一个简单的例子:如果海尔公司开发出了家用机器人这样的新产品,相信只要你把消息透露给媒体,众多的媒体就会争相报道。原因就是这种产品意味着社会的进步,媒体的特点决定了它们必将关注此事。采用纳米技术的家电产品为什么能引起媒体的广泛关注?就是因为这种技术是跨时代的,这种产品以前没有。要经常看到自己产品中的"第一",它能给什么人带来巨大的利益,它的与众不同之处在哪里。

(2)领军人物。

每个企业的领军人物都有特点,不论是他的性格、业绩,还是经历,都有可能引人注目,这些就是亮点、新闻点。在领军人物身上做文章,就避免了"企业没有人格"这个特点,把重点转向了活生生的人的身上。在读者眼里,这样的文章往往可读性强,因而阅读率也高。

事实上,自改革开放以来,国内已出现了不少企业界的明星,而随着企业家时代的到来,这样的明星会越来越多,他们也将像影视明星一样,受到崇拜、追捧。软文操作人员要善于发掘企业领军人物的亮点,这也是媒体需要的极好素材。

(3)行业地位。

有的企业处在比较受人瞩目的行业里,由于媒体对该行业的关注,因而这些企业也免不了被加以报道。例如,在互联网热潮的时候,媒体争相报道了各种各样的网站;在备受关注的电信业里,华为、大唐、波导、TCL、科健等企业也自然成为媒体报道的焦点。软文操作人员应该抓住媒体的这一特点,及时将一些行业内的动向、资料编成软文,提供给媒体,借以宣传自身的企业。

(4)事件。

有些企业本身并不引人注目,但是其发生的事件很有新闻价值。例如,深处内地的某小型企业突然被某跨国公司兼并,因为媒体对跨国公司的关注使得这个小公司也备受关注。在微波炉行业里,格兰士是处于垄断地位的,它可以达到行业同类产品的最低价,但是原来从未涉及此行业的美的公司突然进入这个行业,并且把价格定得比格兰士还低,这立刻成为一个新闻。

又如，苏宁、国美频繁的价格战，以及当年 VCD 行业的标准之争等，也都是较大的新闻事件。当这类事件发生时，企业应及时与媒体联系，借媒体之力，把企业要说的告诉大众。

（5）活动。

有特点、有影响力的活动大都会引起媒体的关注和报道。在这方面，一些广告公司、策划公司已经做得很深入了，企业对此也比较熟悉。这里需要强调的是，在企业赞助或策划某活动时，要站在媒体的角度，充分挖掘活动的社会意义，为媒体报道和评论做资料上的准备。

（6）企业管理方法。

一些成功企业的经营管理方法逐渐被人们所关注，因而很多媒体开始专门报道这类话题，如中央电视台的《经济半小时》节目、一些研究企业的报刊如《21 世纪经济报道》、《中国企业家》等常常会对企业做深入的报道。因此，软文操作人员可以把有特点的企业文化、有成效的经营管理方法等加以总结，这都会成为很有价值的东西。

4．再次强调新颖独特的软文标题

一篇软文好不好决定了：① 软文的标题是否吸引人；② 是否有让用户读下去的动力；③ 能否让大家疯狂地转载。所以写好软文的标题至关重要。高流量标题的定位方法有很多种，前面章节做过专门介绍，这里不再赘述。

5．深度挖掘热点事件背后的问题

在写热点软文的时候，对于热点事件一定要善于发现和总结，要发表自己独有的观点，可能这个观点会引起众多读者的关注，他们或许不同意你的观点，或许同意你的观点，从而造成两方面的争论，只要能够达到任何其中的一种效果，自然就是相当不错的软文。

天津港发生爆炸事件时（图 8.2），有很多人转载了爆炸现场的图片和文章，有的人给失去生命的人默哀，有的人歌颂消防官兵……当"坚持住，加油，保重"等感叹声、赞美声一边倒的时候，有人在写责任人，把日本大火时候的处理措施拿来对比，政府官员遭殃了，有做气体探测仪的厂家写了很多关于环境探测、消防探测的文章，把日本、德国关于危险品的管理方法做比较，拉动大家的仇恨值，厂家产品受益了……

所以在分析完热点事件的结论之后一定根据这个结论衍生到你需要推广的软文方面，这样才能够起到推广的作用。

图 8.2　天津大爆炸

6. 热门软文的发布平台要多样化＋频率

通常发布软文的时候，一定要从多个不同的媒体进行，不要只在某一家网站，这不仅不利于网站的优化，也不利于软文的阅读人群的推广，更不利于软文的覆盖面。

大家从图 8.3 中可以看到，关于"公务员辞职卖瓜子 4 个月销售收入 5000 万"的新闻，参与报道的媒体很多，中国日报网、搜狐网、前瞻网、搜索新闻网、凤凰网、中华网还有兰州晨报等都相继进行了报道。

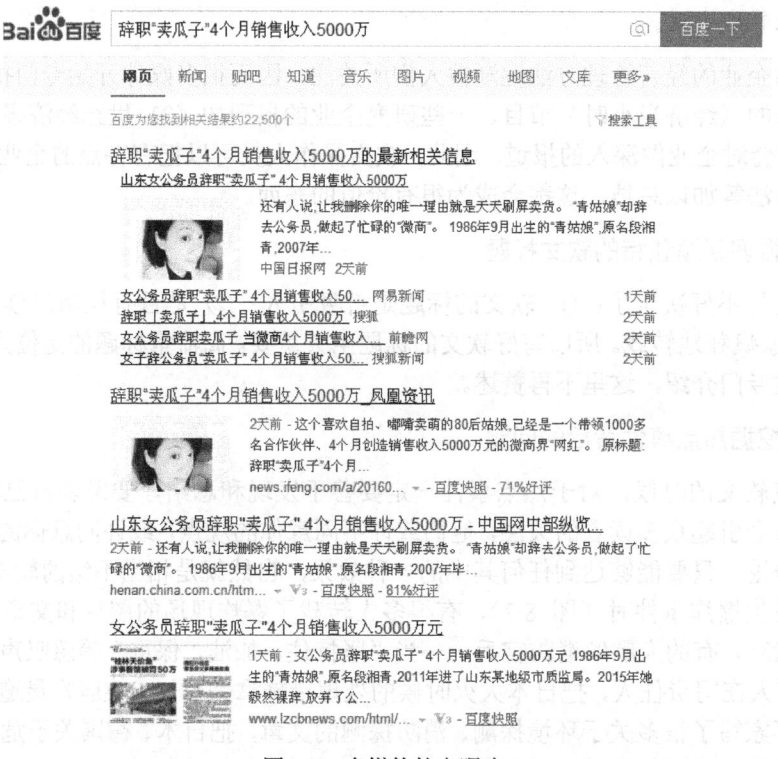

图 8.3　多媒体软文曝光

从被百度收录的时间来看，可以发现一天前、两天前、3 天前等时间，说明文章也在持续性地被不同媒体进行报道。

7. 热门软文编辑的 SEO

很多人想到用热点事件做软文营销，但是只是为了推广自己的产品，却忽略了网站的 SEO。

许多做新媒体的人并不觉得热点事件和推广的产品关键词有任何关系，只是为了曝光而曝光，甚至很多新媒体人根本不懂 SEO 相关的知识，这是做 SEO 效果的最大损失。

一方面，从软文里体现出来关键词，前面所讲的百度霸屏就是这样的一种效果原理。

另一方面，从软文的锚文本角度，适当使用软文内的锚文本可以增加网站的流量。

只要通过合理的逻辑推理，让这些热点事件能够有效地和自己网站的关键词相联系，不管是从文章的开始，还是在结尾，只要带上合理的网站关键词，再加上合理关键词的锚文本，那么独立网站 SEO 的效果就会有很大的提升，而且不会影响到软文营销推广的效果。

所以记住，不论写任何角度的软文，都要注重 SEO 角度的编辑方式。

本章小结

本章详细介绍如何写出高流量的文章。真正掌握了这一章,你基本上就是网络营销的高手了。

本章教你学会如何借力、如何造势、如何打造和包装自己。

软实力才是真正的实力,希望大家认真学习提高自己。

课后思考

1. 根据该章提到的热点事件的划分,分别找出几个当前的热点事件。
2. 对于行车记录仪产品最合适和当前哪些新闻事件结合?
3. 找一篇你认为好的软文,分析软文的写作手法。
4. 找一篇软文和一篇新闻,对比一下不同的写作手法。
5. 以自己喜欢的角度,撰写一篇高流量的文章。

生态铁军点石成金助力打造阿里巴巴外贸新生态

人物：严 杰

　　严杰，从一个普通的大学教师走到今天，成为一名专业的电子商务讲师，并获得如此的成功，是受到了马云老师的启发。在他的一次演讲《赢在中国》的启发下开始了自己的创业，一次次的失败并没有让他放弃，而是凭借着自己的坚持，凭借着自己那一颗充满激情的心创造了属于自己的奇迹，点石成金便是他最大的成功。这一切的成功并不是偶然的，而是他坚持努力的结果，是必然的。2015年点石成金用自己的努力为阿里国际站供应商提供了更为精心的服务，而严杰也为更多的创业者提供了视频讲座以及电子商务知识的培训，在众多的产品中，最受人欢迎的便是那超能的P4P机器人，更好的解决了阿里国际站外贸直通车P4P中存在的出价高，费时费力，乱烧钱等问题，保证P4P每一分钱都真正的运用到实处，软件通过阿里官方渠道一经推出，受到了阿里国际站众多供应商的青睐。

　　严杰也表示，在未来将不断的为客户提供更多的服务，开设更多丰富的课程，让他们在电子商务平台找到属于自己的优越感和成就感，梦想就在前面！

生态铁军点石成金助力打造阿里巴巴外贸新生态

信息时代的发展下，互联网也得到了最大的发展，其中最最令人瞩目的可谓是电子商务的迅速发展。

提起互联网的发展，不得不说的便是那网络世界里的传奇人物——马云，他更是阿里巴巴国际网站的创始者，掀起了电子商务平台的发展狂潮，从2003年的淘宝网到2004年的第三方支付平台支付宝等都是他给电子商务带来的重大成就。多年来，他联合多家快递企业成立了菜鸟网络科技有限公司，同时启动中国智能骨干网项目建设，而其创造的阿里巴巴集团更是于2014年9月19日正式于纽约证券交易所挂牌上市。

多年的记者生涯里，也曾多次采访过电子商务界的成功人士，了解过他们创业路上的艰辛，却都不如这一次的更加令人兴奋。电商行业里的成功人士们，不仅仅给自己带来了成功，也为更多热爱电子商务，热衷于互联网的年轻人带来了更多机会。今天，我们要讲的就是一个年轻的大学老师，同时也是阿里巴巴协议讲师——严杰，在阿里巴巴主办的全球B2B生态峰独揽七项大奖：

2015年度培训之家最具影响力讲师
外贸直通车2015年度最佳讲师
2015年阿里巴巴外贸圈名人堂年度受欢迎名人
2015年度培训之家十大影响力课程
2015年度阿里巴巴讲师突出贡献奖
2015年度最丰富课程内容提供服务商
2015年度最高人气课程服务商
国内首届"电商好讲师"的全国邀请大赛银奖

严杰老师，作为阿里巴巴协议讲师，聘任为中国电子商务讲师评定标准专业委员会的电子商务高级讲师，受邀到"中国淘宝村"揭阳市军埔村给《军埔学校》来自全国的揭阳级学生做网络营销实战培训。

这个吃苦耐劳，踏实肯干的 80 后严杰受到了揭阳市陈东市长的热情接见，并参加晚宴。陈东市长，亲民务实，带领着众多的干部和群众，在国家"一带一路"的战略框架下，按照省委、省政府"加强与欧美等发达国家直接经济合作"的要求，开始了与德国的合作，实施引进型创新，大力发展实体经济，推进制造业平台。经济、技术、文化各方面得到全面的发展，同时大力推进"互联网"战略，电商好讲师大赛、电商人才大赛等的举办，为我国迎来了更多资深的高级电子商务讲师。并将在对"互联网"的借助下，迈出探索供给侧结构性改革新步子，努力形成后发达地区的先发优势。

反侵权盗版声明

电子工业出版社依法对本作品享有专有出版权。任何未经权利人书面许可，复制、销售或通过信息网络传播本作品的行为；歪曲、篡改、剽窃本作品的行为，均违反《中华人民共和国著作权法》，其行为人应承担相应的民事责任和行政责任，构成犯罪的，将被依法追究刑事责任。

为了维护市场秩序，保护权利人的合法权益，我社将依法查处和打击侵权盗版的单位和个人。欢迎社会各界人士积极举报侵权盗版行为，本社将奖励举报有功人员，并保证举报人的信息不被泄露。

举报电话：（010）88254396；（010）88258888
传　　真：（010）88254397
E-mail：dbqq@phei.com.cn
通信地址：北京市万寿路 173 信箱
　　　　　电子工业出版社总编办公室
邮　　编：100036